징조 Ⅱ

The Harbinger II
: The Return
by Jonathan Cahn

Copyright © 2020 by Jonathan Cahn

Originally published in English under the title of
The Harbinger II : The Return
by Frontline Charisma Media/Charisma House Book Group
600 Rinehart Road
Lake Mary, Florida 32746

Korean Translation Copyright © 2021 Pure Nard
2f 16, Eonju-ro 69-gil Gangnam-gu Seoul, Korea

The Korean edition is published by arrangement with Charisma House.
All rights reserved.

본 저작물의 한국어판 저작권은 Charisma House와의 독점 계약으로 '순전한나드'가 소유합니다.
저작권자와의 허락 없이 이 책의 일부 또는 전체를 무단 복제, 전재, 발췌하면 저작권법에 의해 처벌 받습니다.

징조 II

초 판 발 행 | 2021년 5월 31일

지 은 이 | 조나단 칸
옮 긴 이 | 이재진

펴 낸 이 | 허철
총   괄 | 허현숙
편   집 | 김선경
디 자 인 | 한영애
제   작 | 강대성
인 쇄 소 | 예원프린팅

펴 낸 곳 | 도서출판 순전한나드
등록번호 | 제2010-000128
주   소 | 서울특별시 강남구 언주로69길 16 (역삼동) 2층
도서문의 | 02) 574-6702
팩   스 | 02) 574-9704
홈페이지 | www.purenard.co.kr

Printed in Korea

ISBN 978-89-6237-337-0 03230

THE HARBINGER II

징조

II

조나단 칸 지음 | 이재진 옮김

차례

Part 1 귀환

1장_ 돌아온 누리엘 ——— 9
2장_ 푸른색 코트를 입은 소녀 ——— 16
3장_ 돌아온 선지자 ——— 22

Part 2 드러나지 않은 것

4장_ 성문 ——— 33
5장_ 탑들 ——— 41
6장_ 성벽 ——— 48
7장_ 슬리콧 ——— 55
8장_ 기초들 ——— 62
9장_ 밤의 연설 ——— 70
10장_ 강가의 집 ——— 79
11장_ 신비한 배 ——— 90
12장_ 파라샤 ——— 97
13장_ 맹금류 ——— 113
14장_ 파수꾼 ——— 122
15장_ 두 탑의 땅 ——— 131

Part 3 　분명하게 나타난 것

16장_ 산 위의 남자 —— 139
17장_ 징조들 —— 154
18장_ 바빌로니아 말 —— 166
19장_ 시들어 가는 것 —— 175
20장_ 탐무즈월 9일 —— 183
21장_ 숨겨져 있는 것 —— 195
22장_ 형상 —— 210
23장_ 벽 위의 글씨 —— 225
24장_ 심판의 나무 —— 235
25장_ 도벳 —— 248
26장_ 합쳐짐 —— 265

Part 4 　남겨진 것

27장_ 폐허의 아이들 —— 275
28장_ 흔들림 —— 279
29장_ 전염병 —— 288
30장_ 돌이킴 —— 310
31장_ 4월의 바람 —— 322
32장_ 서쪽 계단 —— 333
33장_ 섬 —— 342
34장_ 어린양 —— 352
35장_ 파수꾼의 날 —— 364

역자 후기 —— 378

이 책은 이야기 형태로 되어 있지만,
이야기 속에 계시된 것은 실제입니다.

귀환

PART 1

THE HARBINGER

| 등장인물 |

누리엘: 프리랜서 작가. 우연히 고대의 인장을 손에 넣어 미스터리를
 풀어 가는 과정 중 선지자를 만나 징조에 대한 계시를 받는다.
선지자: 정체를 알 수 없는 신비한 남자. 미스터리의 장소에서 누리엘
 을 기다리며 비밀을 계시해 줄 뿐만 아니라, 다음 미스터리의
 단서들을 제공한다.
애나: 누리엘과의 친분으로 징조와 관련된 미스터리들을 듣게 된다.

1장
돌아온 누리엘

누리엘이 물었다. "어디서부터 시작할까요?"

애나가 대답했다. "인장 이야기부터요. 당신은 고대의 글자가 새겨진 작은 점토 인장을 손에 넣었는데, 그게 뭘 의미하는지 알 수 없었어요. 인장에 대해 조사하다가 신비한 남자와 마주쳤지만, 그의 이름도, 어디에서 왔는지도 몰라요. 그리고 그가 알아서는 안 되는 것들이나 알고 있을 리가 없는 것들을 어떻게 알게 되었는지도요. 당신은 그 사람을 '선지자'라고 불렀어요. 그가 인장의 의미를 알려 주면서 미스터리가 시작되었죠. 내가 지금 잘 정리하고 있나요, 누리엘?"

"네, 완벽해요."

"그 사람은 그 인장을 또 다른 인장으로 바꿔 주었고, 당신은 그를 다시 만날 때까지 그 의미를 알아내야 했어요. 선지자와는 예상 못한 상황이나 초자연적 일들이 벌어질 때 마주치곤 했지만, 그는 항상 정확한 시간과 장소에 있었고, 만날 때마다 인장의 온전한 의미가 드러났죠. 각각의 인장은 또 다른 계시, 더 큰 미스터리의 또 다른 퍼즐 조각이 되었어요. 모두 아홉 개의 인장, 아홉 개의 미스터리, 그리고 아홉 개의 계시가 있었죠."

누리엘이 말했다. "계속해요."

"그 미스터리의 중심에는 고대 이스라엘의 마지막 날에 나타난 신호들, 다가오는 심판과 재앙, 멸망을 경고하는 아홉 개의 징조들이 있었어요. 그런데 놀라운 것은 바로 그 아홉 개의 징조가 현대 미국 땅에서 다시 나타나고 있다는 거예요. 일부는 뉴욕시와 워싱턴 DC에서, 일부는 물건이나 사건이나 발언들, 심지어 미국 지도자들까지 관련되어 나타났는데, 그렇게 되도록 배후에서 조정하는 사람이 없는데도 섬뜩할 정도로 정확하게 일치했죠. 그러므로 고대와 마찬가지로 그 징조들은… 지금 미국에 경고하고 있는 거예요."

애나는 누리엘이 한마디 하지 않을까 잠시 말을 멈추었다. 그러나 그가 침묵을 지키자, 계속해서 말했다.

"모든 만남과 미스터리와 계시들 끝에, 그 선지자는 이제 성취될 목적을 위해 당신이 태어났다고 하면서 이 소식을 널리 전하여 비밀을 드러내고, 경종을 울리라고 명령했죠."

누리엘이 말을 받았다. "파수꾼의 부르심이었죠."

"그날 밤 이야기는 여기에서 중단되었어요. 당신은 선지자가 명령한 대로 그 소식을 널리 전하고, 그 계시를 이야기의 형태로 기록했죠."

"일어난 일의 명칭이나 세부 내용을 바꾸어 미스터리가 밝혀지며 경고하는 양식으로 만들자는 것은 애나 당신 생각이었어요."

"그런데 당신은 한 번도 책을 써 본 적이 없었죠."

"맞아요. 어떻게 해야 할지 몰랐죠. 그 책은 스스로 기록된 것처럼, 이야기가 그냥 책 속으로 흘러들어 갔어요."

"출판되지 못하는 책들이 많은데, 당신 책은 나왔어요. 그 모든 과정이 어땠는지 못 들었네요."

"원고를 마무리한 그 주간에 비행기를 타고 달라스에 갈 계획이었어요. 노스캐롤라이나 샬롯을 경유하게 되어 연결 항공편을 기다리는 동안, 눈을 감고 기도했죠. 하나님이 개입해 주셔서 이 메시지를 세상으로 보내 달라고요."

"그래서요?"

"눈을 떠 보니, 왼쪽에 한 남자가 앉아 있었어요. 눈을 감을 때는 분명 거기 없었는데, 그 사람이 내 쪽으로 몸을 돌리며 그 메시지가 뭐냐고 묻더군요."

"시작부터 좀 신비롭네요."

누리엘이 대답했다. "조금 신비로운 만남이었죠."

"그래서 무슨 이야기를 나누었죠?"

"처음에는 그저 일상적인 대화였어요. 그런데 그의 말투가 바뀌더니, 내 눈을 뚫어지게 바라보며 긴박한 어조로 말했어요. '누리엘, 하나님이 당신에게 메시지를… 그러니까 한 권의 책을 주셨습니다. 그것은 하나님으로부터 온 거예요. 하나님은 그 책을 미국과 전 세계로 보내실 것입니다. 그러면 누리엘 당신의 삶이 달라질 거예요. 당신은 많은 사람에게 알려지게 될 거예요.'"

애나가 말했다. "선지자를 만난 건가요? 당신이 책에서 이야기를 시작하며 쓴 내용이잖아요. 공공장소에 앉아 있는데, 왼쪽에 있던 남자가 당신 쪽으로 몸을 돌리며 대화가 시작되었죠. 그 사람은 당신에게 예언적으로 선포했어요. 그로 인해 당신은 이 나라에 예언적 말씀을 전하게 되었고요."

"그래요. 하지만 그 일은 책이 기록된 후에 일어났어요."

"그러니까 그 사람은 알고 있을 리가 없다는 거죠?"

누리엘이 말했다. "네, 그럴 리가 없었어요. 아직 아무도 읽은 적이 없으니까요."

"그러면 그 사람은 누구죠?"

"하나님의 사람이겠죠. 그냥 나와 같은 비행기에 타게 되었는데, 내가 그렇게 기도할 때 바로 옆자리에 앉게 된… 믿는 사람이요."

애나가 물었다. "하지만 그 사람은 어떻게 그 사실을 알았을까요? 왜 그런 말을 하는지 당신에게 얘기해 주던가요?"

"그 사람이 내 옆에 앉았을 때, 주님이 메시지를 전하라고 말씀하셨데요. 주저하다가 결국 전한 거죠."

"그다음은 어떻게 되었어요?"

"그 만남 후 얼마 지나지 않아 어느 출판사 대표의 연락을 받았어요. 공항에서 만난 그 남자에게 그날의 일과 내가 쓴 책에 대해 들었다고 하면서, 그게 어떤 책인지 모르지만 관심이 있다고 하더군요. 그래서 그 책이 미국과 세상에 알려지게 된 거예요. 사람이 아니라 하나님의 손으로 하신 일이었죠."

"그 계시가 책이 되어 미국에 나온 것도 초자연적인 일이었네요. 그래서 얼마나 많은 사람들이 그 책을 읽었죠?"

"수백만 명이라고 들었어요."

"모든 것이 공항의 남자가 말한 대로 되었네요, 누리엘. 당신은 갑자기 유명해졌고, 전국을 다니며 강연과 인터뷰를 하고 있어요. TV나 인터넷 매체마다 출연하고, 워싱턴 DC에서 정부 지도자들에게 강연까지 하고 있으니 정말 대단해요. 겸손해지기 어려울 정도네요."

누리엘이 말했다. "아니, 그건 내가 한 일이 아니에요. 오히려 그 사실에 겸손해져요."

애나가 대답했다. "그래요, 그런 일은 그냥 일어나지 않죠. 책을 쓸 줄 모르는 사람이 심판의 아홉 가지 징조에 대해 썼고, 수백만 명이 그 책을 읽었어요. 이런 일은 그냥 일어나는 게 아니죠."

누리엘이 말했다. "그냥 일어나는 일은 하나도 없어요."

애나가 말했다. "하지만 그 일은 이루어져야 했어요. 선지자가 그렇게 될 거라고 말했으니까요. 고대와 마찬가지로 말씀이 선포되면 그 일이 이루어져야 해요."

그 후 애나는 누리엘과 마찬가지로 입을 다물었다. 그녀는 손을 뻗어 테이블 가장자리에 놓여 있는 커피잔을 움켜쥐고 마시기 시작했다. 그러나 누리엘에게서 시선을 떼지는 않았다. 그녀는 그의 반응이나 미세한 표정의 변화 하나도 놓치지 않으려 했다. 옆에 물이 있었지만, 누리엘은 그것에 손도 대지 않았다. 그는 깊은 생각에 잠긴 것처럼 먼 곳을 응시하고 있었다. 그러다가 마침내 입을 열었다.

"좋아요, 애나. 왜죠?"

"왜라니요? 뭐가요?"

"나를 부른 이유 말이에요. 지난번에 여기 와서 무슨 일이 있었는지 말해 준 이후 수년간 당신은 그 이야기를 꺼내고 싶어 하지 않았어요."

"방해가 되고 싶지 않았거든요."

"방해가 되고 싶지 않다니요?"

"모든 게 이전에 한 번도 들어 본 적이 없는 일들이었어요. 마치 어떤 신성한 대상을 대하는 것 같아서… 손대면 안 될 것 같았어요. 하지만 멀리서 모든 것을 지켜봤어요. 당신의 글을 읽었고, TV에 당신이 나오면 시청했어요. 인터넷으로 당신에 대해 검색하기도 했고요. 그냥 그 일에 다가갈 수 없다고 생각했을 뿐이에요."

"그렇다면 더 궁금하네요. 왜 지금이죠?"

애나가 말했다. "그게… 알아야겠더라고요."

"무엇을요?"

"당신은 해야 할 일을 했어요. 임무를 완수한 거죠. 그 소식을 전했어요. 그런데 그다음은요? 그 책은 심판의 위험에 처한 나라의 신호와 징조들을 계시했어요. 그게 시작이었죠. 뭔가 더 있어야 해요. 지금 우리는 어디에 있죠?"

"책에 없는 내용을 밝히라는 건가요?"

"다른 계시들이 있었나요?"

"선지자가 내게 말해 준 것 외에는 없어요."

"그때 이후로 그를 본 적이 없나요? 또 다른 미스터리나 계시는 없어요?"

누리엘은 대답 대신, 왼손으로 턱을 괴고 시선을 내리깔았다. 그의 반응은 애나의 관심을 증폭시켰다. 그녀는 조용히 그의 대답을 기다렸다. 그러나 그는 자리에서 일어나 오후의 햇살이 뜨겁게 내리비치는 유리창 쪽으로 다가가서 도시의 스카이라인을 바라볼 뿐이었다.

애나가 다시 물었다. "그래서 다른 계시는 없었나요?"

"그렇게 말하지는 않았어요." 그는 창문에서 시선을 떼지 않고 말했다.

"누리엘, 당신이 그 책을 다 쓴 뒤에 선지자에게서 연락이 왔나요?"

그 순간 누리엘은 그녀에게 말을 하는 것이 계획의 일부일지도 모른다는 생각이 들었다.

"그렇다고 볼 수도 있습니다."

"그의 소식을 들었다는 말인가요?"

"네."

애나가 물었다. "어떻게요?"

누리엘이 애나를 돌아보며 말했다.

"그가 돌아왔습니다."

2장
푸른색 코트를 입은 소녀

"가요, 누리엘." 애나가 자리에서 일어나며 말했다.

그녀는 그를 사무실 밖 복도로 데리고 나갔다. 복도 끝에는 큰 회의실로 연결된 문이 있었다. 회의실 중앙에는 짙은 갈색 나무로 된 긴 테이블이 놓여 있었고, 외벽은 거의 대부분이 유리로 되어 있어 그 너머로 거대한 고층 건물들이 파노라마처럼 펼쳐져 있었다.

"여기 앉아요." 애나가 테이블 상석에서 손짓하며 말했다.

누리엘이 자리에 앉자, 그녀는 그의 오른쪽에 도시의 전경을 등지고 앉으며 말했다.

"이 자리가 더 좋아요. 방음이 잘 되거든요. 마실 것 좀 줄까요?"

누리엘이 대답했다. "그냥 물이면 돼요."

애나는 테이블 상석에 있는 인터폰을 눌렀다.

"물 한 잔, 커피 한 잔 부탁해요."

잠시 후 한 여성이 커피와 물을 들고 나타나자, 애나가 말했다.

"고마워요. 방해받고 싶지 않으니 전화 연결하지 말아요."

여성이 물었다. "회의실에 계시는 동안만요?"

"이 시간 이후 내가 다른 말할 때까지요."

애나는 커피에는 손도 대지 않고 누리엘이 물 마시는 모습을 지켜보았다. 그리고 다 마신 것처럼 보이자 말했다.

"자, 누리엘, 시작할까요?"

"그 일은 책 사인회에서 시작되었어요."

"사람이 많이 모였겠죠?"

"그랬어요. 강연을 끝내고 긴 테이블에 앉아 사인을 하는데, 보통은 사람들이 책을 들고 줄 서서 기다리잖아요. 그런데 그날은 특이하게 줄이 없었어요. 혼잡하고 어수선했죠. 많은 사람들이 테이블을 둘러싸고 여기저기서 책을 내밀었어요. 나는 사인을 하고 책 주인이 맞기를 바라며 돌려주었죠. 절반 정도 사인했을 때, 어떤 소녀가 군중 사이에서 나타나더니 테이블 맞은편에 섰어요. 여섯 살이나 일곱 살 정도 되어 보였고, 곱슬곱슬한 금발에 파란 눈, 연한 푸른색 코트를 입고 있었는데, 뭔가 이상했어요."

"뭐가요?"

"먼저 어머니든 아버지든 함께 온 사람이 아무도 없는 것 같았어요. 어린 소녀 홀로 많은 사람들 속에 서 있었거든요. 게다가 그 아이에게는 말로 표현할 수 없는 무언가 있었어요. 다른 사람들은 사인을 받으려고 몰려드는데, 그 아이는 다른 사람들과는 상관없는 것처럼 서 있었어요. 사인해 달라고 조르지도 않고 거기 서서 나를 보며 부드럽게 미소 짓고 있었죠. 내가 아무 말도 하지 않았다면, 그 아이는 결국 마지막에 사인을 받았을 거예요."

❖ ❖ ❖

내가 "책에 사인해 줄까?" 하고 묻자, 소녀는 "네, 좋아요"라고 답하며 책을 내밀었다. 나는 책 안쪽을 펼치고 펜을 들며 물었다.

"이름이 뭐니?"

소녀가 대답했다. "그냥 작가님 이름만 있으면 돼요."

나는 그대로 사인을 해서 돌려주며 말했다. "자, 여기 있다."

그러자 소녀는 내 오른손을 살며시 잡아 손바닥이 보이게 돌리더니, 그 위에 어떤 물건을 올려놓으며 말했다.

"자, 이거 받아요."

◆◆◆

"뭐였어요?"

"붉은 빛이 도는 황갈색 점토로 된 작고 둥근 물체였어요."

"인장이요?"

"네."

"고대 인장이요?"

"그런 것 같았어요."

"선지자가 준 인장 같은 건가요?"

누리엘이 말했다. "그래요. 징조들의 인장과 똑같았어요."

"어쩌면 그 아이는 그 책을 읽고 이야기에 나오는 것과 똑같은 모양으로 인장을 만들었을지도 몰라요."

"아니, 완전히 똑같았어요. 그건… 모든 면에서 선지자의 인장과 동일한 것이었어요."

"하지만 어떻게?"

"그건 나도 모르겠어요."

❖❖❖

사람들은 무슨 일이 벌어지고 있는지 몰랐다. 그들은 소녀가 감사의 표시로 내게 선물을 주었다고 생각하는 것 같았다.

소녀가 말했다. "누리엘, 당신은 위임받은 메시지를 전달하는 사명을 다했어요." 그것은 더 이상 어린 소녀가 하는 말이 아니었다.

"당신은 경고했고, 이제 시간이 다 되어 가고 있어요."

"그게 무슨 뜻이지?"

"당신이 보지 못한 때… 사명의 첫 부분이요."

내가 물었다. "왜 그런 말을 하는 거니? 누가 그런 말을 하라고 했지?"

소녀는 대답하지 않았다.

"인장은 어디서 났지? 누가 줬어?"

소녀가 대답했다. "친구요."

"어떤 친구?"

소녀는 대답하지 않았다.

"준비하세요, 누리엘."

"무엇을?"

소녀가 말했다. "그때를, 계시를 위해 준비하세요."

"그게 무슨 말이니?"

"그가 오고 있어요"

"누가 오는데?"

"그 사람이 돌아오고 있어요."

"누가?"

"그가 돌아오고 있는데… 당신의 예상과는 다를 거예요."

"예상하다니? 뭘 말하는 거니?"

"그렇다면 그는 더욱 당신의 예상과는 다르게 올 거예요. 돌아갈 준비를 하세요, 누리엘… 그 일은 이렇게 시작됩니다."

"정확히 어떻게 시작한다는 거니?"

소녀가 말했다. "이 모든 것은 인장에서 시작해요."

나는 도대체 무슨 일이 일어나고 있는지 이해하려고 인장을 내려다보았다. 그리고 다시 고개를 들어 소녀를 보았는데… 소녀의 모습이 보이지 않았다. 사람들 사이로 푸른색 코트가 사라지는 모습이 보였다. 나는 소녀를 붙잡으려고 자리에서 일어나 군중 속으로 들어갔다. 책 사인회는 엉망이 되었다. 나는 사람들을 헤치고 가 보았지만, 소녀의 흔적은 보이지 않았다. 이미 사라진 뒤였다.

✦✦✦

"그 아이와 함께 있던 사람은 없었나요?"

"네."

"소녀가 누구인지 아는 사람도 없고요?"

"주변 사람들에게 물어봤지만, 아무도 그 아이를 보지 못했다고 하더군요."

"그 아이는 누구였을까요?"

"추측만 할 뿐이에요."

"어떻게 인장을 손에 넣었을까요?"

"짐작이 가지만, 장담할 수는 없어요. 하지만 그 아이가 그곳에 나타난 것은 우연이 아니에요. 그 아이는 메신저로 보냄을 받은 거예요."

"누가 보낸 걸까요?"

"그게 의문이에요."

"그 후에는 어떻게 했어요?"

"자리로 돌아가서 책 사인회를 끝냈죠. 하지만 마음은 다른 곳에 가 있었어요. 조금 전에 일어난 일과 그 의미는 뭘까 하는 생각이 끊이지 않았어요. 그날 밤, 호텔 방에 홀로 앉아 인장을 꺼내어 살펴봤어요. 선지자가 준 인장들과 마찬가지로 뭔가 새겨져 있었어요."

"뭐가요?"

"수염이 긴 고대 남성이 오른쪽을 바라보며 왼손에 숫양의 뿔을 잡고 부는 모습이었어요."

애나가 말했다. "파수꾼이 나팔을 불고 있는 거네요. 누리엘 당신이 마지막으로 선지자를 만났을 때, 받은 말이잖아요. 선지자는 이 메시지를 널리 전하라고 하면서 당신에게 파수꾼의 사명을 주어 경고하게 했어요."

"그랬죠."

"그런데 이제 파수꾼의 형상이 새겨진 또 다른 인장을 받았어요. 당신이 마지막으로 선지자를 만났을 때 그 모든 일이 중단되었으니, 곧 또 다른 계시를 받겠네요. 인장은 곧 드러날 계시의 상징이었어요. 그러므로 중단된 곳에서 다시 시작될 거예요. 당신은 인장을 받을 때마다 선지자와 만나게 되었어요. 그게 바로 그 소녀가 준비하라는 것이었네요. 선지자가 돌아오니 준비하라는 거예요."

누리엘이 대답했다. "그래요, 선지자가 돌아올 거예요… 하지만 내가 예상하지 못한 방식으로 나타나겠죠."

3장
돌아온 선지자

"그 후에는 어떻게 했죠?"

"나는 그냥 마지막으로 그를 만나 처음 파수꾼에 대해 들은 곳으로 가 보았어요."

"거기가 어딘데요?"

"그가 최초로 나타난 곳, 우리가 처음 만난 곳, 허드슨강이 내려다보이는 벤치요. 그래서 거기로 갔어요. 그런데 벤치만 그대로 있더군요. 앉아서 30분 정도 기다렸지만 아무 일도 일어나지 않았어요. 일주일 정도 지난 후에 다시 가 봤지만, 마찬가지였어요. 어떤 단서나 계시를 찾을까 싶어 다시 인장을 살펴보다가 아무것도 찾지 못하고 잠이 들었어요. 그날 밤 꿈을 꾸었는데, 뉴욕의 허드슨강 서쪽을 걷고 있었어요. 오후 늦은 시간에 바람이 많이 부는 날이었고, 하늘에는 구름이 잔뜩 끼어 있었어요. 그런데 저 멀리 벤치가 보이더군요."

"바로 그 벤치요?"

"네. 그래서 거기로 가서 앉았어요. 그리고 외투 주머니에 넣어 둔 인장을 꺼내어 살펴보았죠."

"파수꾼의 인장 말이죠?"

"네. 그런데 바로 그때 내가 혼자가 아니라는 것을 깨달았어요. 왼쪽에 한 남자가 앉아 있었어요."

❖❖❖

"폭풍이 오겠어요."

그 사람, 선지자가 강을 바라보며 말했다. 그는 내 기억 속의 모습 그대로였다. 검은 머리의 중동인은 바짝 깎은 턱수염에 만날 때마다 항상 같은 코트를 입고 있었다.

"손에 있는 건 뭐죠?" 그는 시선을 돌리지 않고 물었다.

"인장이에요."

"고대의 인장이요?"

"그렇습니다."

"보여 줄래요?"

나는 인장을 그에게 넘겨주었다.

그는 그것을 살펴보며 "파수꾼이네요" 하고는 이어서 물었다. "파수꾼이 하는 일은 뭐죠?"

"그는 성벽 망대에 서서 먼 곳을 살피며 위험의 조짐, 곧 적이나 접근하는 군대 등을 찾아냅니다."

"그래서 멀리 위험의 조짐이 보이면 어떻게 해야 했죠?"

"숫양의 뿔로 만든 나팔을 불어 위급함을 알려야 하죠."

"성안에 거하는 사람들이 알도록… 경고를 들은 사람들이 구원받게 하려는 거예요."

그는 지난번에 헤어지며 마지막으로 나에게 사명을 줄 때도 그 말을 했었다. 그래서 나는 위기를 알리고 경고하기 위해 책을 쓰게 되었던 것이다.

"그래서 파수꾼은 경고했나요?" 그는 여전히 강을 바라보며 물었다.

내가 물었다. "경고했나요? 저는 모르죠."

"파수꾼은 위험을 알렸나요?"

"그랬을 겁니다."

"그렇다면 사람들은 그 소리를 들었나요?"

"많은 사람들이 들었지만, 듣지 않는 사람들도 적지 않았어요."

"그러면 그들은 경고를 받아들였나요?"

"많은 이들이 받아들였어요… 하지만 대다수는 신경쓰지 않았죠."

그가 말했다. "그럼 그들은 여전히… 위험에 처해 있는데도 자고 있군요. 그렇다면 파수꾼의 사명을 완수하지 않은 거네요."

내가 물었다. "그게 무슨 뜻이죠?"

그제서야 그는 내쪽으로 몸을 돌리며 말했다.

"당신의 부르심이 끝나지 않았다는 말입니다, 누리엘. 당신의 사명은 끝나지 않았어요. 남은 것이… 받게 될 것, 즉 알려야 할 것들이 더 있다는 말이에요."

"당신은 내가 기억하는 모습 그대로네요."

선지자가 말했다. "이건 꿈이지만, 다행이군요. 내가 예상하지 못한 방식으로 당신에게 나타날 거라는 말을 듣지 못했나요?"

"푸른색 코트 입은 소녀 말이군요."

"그래요."

"들었죠."

"그러면 내가 이런 식으로 당신에게 나타날 것을 예상했나요?"

"아뇨… 그런데 정말 온 건가요?"

"무슨 말이죠?"

"내가 당신 꿈을 꾸고 있는 건가요, 아니면 당신이 내 꿈속으로 들어온 건가요?"

"그게 중요한가요?"

✦✦✦

애나가 물었다. "그래서 어느 쪽이었죠? 당신 생각대로였나요, 아니면 생각지도 못한 것이었나요?"

"시간이 지나봐야 알 것 같아요."

"어느 쪽인지 말해 주지 않았군요?"

"내가 보고 있는 것을 알아낼 방법이 없었어요. 완전히 능력 밖의 일이었죠."

"그러면 어떻게…"

"성경에서는 꿈을 통해 계시들이 주어지는 경우가 있었어요."

"선지자는 어떤 경우죠?"

"꿈이나 환상 가운데 주어지는 계시들은 하나님의 사자인 천사들이 말을 전하거나… 심지어 하나님이 직접 말씀하시는 경우도 있었어요. 그러므로 그건 천사나 하나님이 말씀하시는 꿈이라기보다는, 하나님이나 그분의 사자가 실제로 꿈을 통해 말씀하시는 경우였죠."

"그렇다면 선지자가 꿈을 통해 당신에게 이야기하는 것이었네요?"

"선지자는 자신이 꿈속에서 이야기하고 있는지의 여부는 중요한 게 아니라는 말이었을 겁니다."

"하지만 그 사람이 꿈에서 그렇게 말했잖아요."

"중요한 건, 계시가 선지자나 꿈, 또는 꿈속의 선지자를 통해 임하는지는 상관없다는 거예요. 계시가 어디로, 어떻게 임하는지가 아니라, 계시 자체가 중요하다는 거죠. 그 계시는 나에게서 나올 수 없는 것이니까요."

"그래서 그다음엔 어떻게 되었죠?"

◆ ◆ ◆

나는 선지자에게 말했다. "그래서 당신이 돌아온 거군요. 때가 된 거예요."

선지자가 말했다. "드러나야 할 것이 더 있습니다."

"더 있다고요?"

"하지만 기초부터 세워야 해요. 한 나라가 경고를 받는 이유는 뭘까요?"

나는 "심판의 위험 때문에요"라고 대답했다.

"그러면 심판의 위험에 처한 나라는 어디일까요?"

"하나님의 뜻에 맞서 싸우는 나라요?"

"그렇다면 구체적으로 어떤 나라가 그런 위험에 처하고 더 많은 책임을 질까요?"

"특히 하나님의 뜻과 길들, 그리고 그분의 은혜와 복을 잘 알면서도 돌아서서 이제는 그것들을 거역하는 나라겠죠."

"그러면 시작부터 하나님의 뜻에 바쳐진 고대 문명이 있나요?"

내가 말했다. "고대 이스라엘이요."

"그 외에 다른 문명은 없나요?"

"미국도 있어요."

"이 두 나라를 연결하는 것에는 또 뭐가 있죠?"

"나라가 세워진 방식이 같아요. 미국은 고대 이스라엘과 같은 방식으로 세워졌어요."

"고대 이스라엘은 어떻게 되었나요?"

"이스라엘은 하나님의 길을 떠나 쇠락의 길을 걸었어요."

"그렇다면 미국은 어떤가요?"

"미국도 마찬가지로 쇠락의 길을 걷고 있고, 하나님의 길에서 돌아섰죠."

"고대 이스라엘은 결국 어떻게 되었죠?"

내가 말했다. "심판 받아 멸망했습니다."

"그런데 왜 지금 그게 중요할까요?"

"고대 이스라엘의 몰락은 심판으로 치닫는 국가의 본보기로 그 진행 과정을 보여 주기 때문이에요."

"그 본보기가 된 나라에서 구체적으로 어떤 일이 벌어졌죠?"

"하나님은 그들을 부르셨습니다. 선지자와 메신저들을 보내어 경고하며 돌아오라고 간청하셨죠. 그러나 그들은 귀 기울이지도, 돌아오지도 않았습니다. 진동이 있어야 겨우 들을 정도로 마음이 완고해졌어요."

"그래서 어떤 흔들림이 있었나요?"

"국가를 보호하는 울타리가 해제되고, 원수가 그 땅을 칠 수 있게 되었습니다… 이것은 그들이 돌아오도록 정신 차리게 하시려는 것이었어요."

"미국은 어떤가요?"

"미국도 마찬가지로 하나님의 음성에 마음을 완고히 하여 진동, 흔들림이 있었습니다. 나라를 보호하는 울타리가 해제되었어요."

"그게 언제죠?"

"2001년 9월 11일, 미국을 보호하는 울타리가 해제되어 적의 공격을 받았습니다. 이것은 나라를 하나님께 다시 돌아오게 하려는 경고의 소리였죠."

"그래서 미국은 하나님께 돌아왔나요?"

"아뇨."

"본보기대로라면 다음에는 어떻게 됩니까?"

"진동 후에는 돌이킬 수 있는 기회, 즉 하나님께 돌아갈 수 있는 은혜의 시간들이 주어집니다."

"그런 기회의 시기에 고대 이스라엘은 어떻게 했죠?"

"그들은 돌이키지 않았습니다. 그렇게 기회의 시간이 끝나 버리고 심판이 내려져 나라가 멸망했어요."

선지자가 말했다. "그러니 기억해요, 누리엘. 심판은 하나님의 마음이 아니에요. 하나님은 한 국가나 영혼을 향해 그런 마음을 품지 않으십니다. 심판은 피할 수 없는 결과이지만, 구원이 그분의 마음입니다. 아무도 멸망하지 않는 것이 그분의 뜻이에요. 그분은 구원과 자비와 용서를 베푸사 치유하고 회복시키고 싶어 하십니다. 선은 악을 멸망시키게 되어 있어요. 그러므로 틀림없이 심판이 임할 것입니다. 그러나 선의 본뜻은 구원하고, 회복하고, 경고하는 거예요. 그래서 하나님의 부르심을 듣는 이들이 돌아와 구원받도록 나라들에 흔들림을 허락하시는 것입니다."

내가 물었다. "지금 미국은 어떤가요? 미국은 돌아오지 않았습니다."

선지자가 말했다. "아직 끝나지 않았어요. 더 많은 것이 드러날 것이고, 더 많은 것을 보게 될 것입니다. 그리고 더 많은 일이 이루어져야 합니다."

"어떤 것이 더 드러나야 한다는 건가요?"

"그때 일어나지 않은 일들… 그러나 이제 일어날 일들 말이에요."

"그때라면… 첫 번째 진동이 9.11이었죠?"

"그랬죠."

"하지만 내게 징조들을 알려 주면서 이미 보여 준 게 아닌가요?"

"당신은 큰 미스터리의 일부분만 보았을 뿐이에요. 당신에게 계시된 것보다 더 많은 사실이 숨겨져 있어요."

"왜 그때 공개하지 않았죠?"

"한 번에 모든 것을 보여 줄 수는 없었습니다. 혹시 그럴 수 있다고 해도 당신이 감당하기에는 벅찼을 거예요. 그리고 그때가 아니라 지금 공개되어야 하는 것이고요."

"그때 일어나지 않은 일들이라면… 9.11 이후 일어난 일을 말하는 건가요?"

"네, 구체적으로 우리가 마지막으로 만난 후 오늘까지 일어난 일들 말이에요."

"그러면 더 많은 현상과 신호들, 더 많은 징조들이 있다는 건가요?"

"당신이 보게 될 겁니다."

"이제 일어날 일들이라면… 당연히 미래의 일이겠죠?"

선지자가 말했다. "물론 미래의 일이기도 하고, 진행 중인 일도 있습니다."

"진행 중인 일이 바뀔 수도 있나요?"

선지자는 말했다. "두고 봐야겠지요. 하지만 지금은 한 가지만 기억해요, 누리엘. 기록해서 남겨야 해요."

"네? 그게 무슨…"

"잠에서 깨면, 당신이 본 것을 잊지 말고 기록해요."

◆◆◆

애나가 말했다. "그래서 일어나 전부 기록해 놓았나요?"

"지난번에 선지자를 만났을 때 사용하던 녹음기에 저장해 놓았어요. 그리고 만일의 경우에 대비해 항상 가지고 다니고 있죠."

◆◆◆

선지자가 말했다. "다시 만나면, 아직 드러나지 않은 것들이 밝혀지게 될 것입니다."

"지난번에 보여 주지 않은 게 뭐죠?"

"처음에는 숨겨져 있었지만 이제 밝혀져야 할 미스터리들이 있어요."

"어째서 지금이죠?"

"그 미스터리들에 지금 우리가 거하는 곳과 이제 일어날 일들에 대한 열쇠가 있기 때문이에요."

"미국 말이군요."

"미국과 다른 많은 나라들이요. 미국은 나라들의 머리이고, 현재 세계 질서의 중심입니다. 많은 나라들, 문명, 세계 그리고 시대를 대표하고 있죠. 미국에서 일어나는 일은 결국 다른 나라들에 영향을 미칠 겁니다."

"그 다른 미스터리들을 뭐라고 해야 할까요?"

"'드러나지 않은 것'이요."

드러나지
않은 것

PART
2

THE HARBINGER

4장
성문

"그래서 당신은 일어나서 그 꿈을 기록했어요. 그리고 무슨 일이 있었죠?"

누리엘이 말했다. "아무 일도… 한동안은 아무 일도 없었어요. 어떻게 해야 할지도 몰랐죠. 선지자는 내게 어떤 지시나 명령도 남기지 않았어요. 내게 있는 건 인장이 전부였죠. 하지만 다음을 알려 주는 어떤 정보도 얻을 수 없었어요.

그런데 나중에 꿈으로 나타났어요. 나는 두 개의 거대한 황금 문 앞에 서 있었습니다. 모래 빛의 커다란 돌들로 지어진 성벽의 문은 빗장이 단단히 걸려 있었어요. 나는 고대 도시 바깥쪽에 서 있었는데, 문과 성벽의 크기로 보아 아주 큰 도시였어요. 그리고 두 개의 황금 문에는 어떤 형상이 새겨져 있었습니다."

"어떤 형상이요?"

"오른쪽 문에는 산들이, 왼쪽에는 거대한 횃불처럼 보이는 것이 있었어요. 타오르는 횃불 위쪽으로 태양이 있었는데, 빛이라기보다는 뾰족뾰족한 돌기처럼 보이는 광선을 내뿜는 형상이었어요. 물을 상징하는 것처럼 보이는 몇 개의 곡선, 그러니까 물결 무늬들이 산들과 태양, 횃불을 분리하고 있었습니다."

"그건 무슨 의미일까요?"

"그 당시에는 몰랐어요. 그 커다란 형상을 올려다보며 이해하려고 애쓰고 있는데, 어떤 음성이 들렸습니다."

✦✦✦

"어떻게 생각해요, 누리엘?"

나는 목소리가 들려오는 쪽으로 몸을 돌렸다. 선지자였다. 고대에 있다는 것을 제외하면 모든 것이 첫 번째 꿈과 동일했다.

내가 대답했다. "모르겠어요. 도와주시겠어요?"

"이건 성문이에요. 고대의 큰 도시들은 성벽으로 둘러싸여 있었고, 거주민이나 방문객이 드나드는 문들이 있었죠. 이 문은 다른 세계로 가는 관문이자, 상거래가 쏟아지는 교역의 중심지, 물건을 사고파는 장터였어요. 그리고 장로들이 앉아 결정을 내리고 재판하며 다스리는 곳이었죠. 성문은 이렇게 도시의 세력이나 왕국의 위대함을 상징했어요. 그래서 권력이나 부, 위대함을 상징하는 것들로 장식하고 꾸몄죠. 니느웨의 문들이 그랬고 바빌론의 문들이 그랬어요. 성문은 도시 그 자체 또는 그 도시가 자리잡은 왕국이나 제국, 문명을 상징했어요."

바로 그때 멀리서 우르릉거리는 소리가 들렸다.

선지자가 물었다. "무슨 소리가 들리죠, 누리엘?"

"우르릉거리는 소리요."

"조금 더 귀 기울여 봐요."

"말발굽 소리… 그리고 전차들의 소리예요."

선지자가 말했다. "이쪽으로 향하는 말발굽 소리… 적의 군대가 침략하며 공격하는 소리예요."

선지자가 그렇게 말하는 순간, 우리는 순식간에 다른 곳으로 이동했다. 우리는 성문 옆 성벽 꼭대기에 서 있었다.

"저기를 봐요, 누리엘." 선지자가 먼 곳을 가리키며 말했다. 적군의 모습이 보였다. 깃발을 든 고대의 군대와 말, 전차, 창과 칼과 화살로 무장한 병사들, 그리고 사다리와 공성 병기들… 흉벽이 보였다.

선지자가 말했다 "적군이 성문으로 다가오고 있어요. 성문은 성벽에서 가장 취약한 곳입니다."

"그래서 성문을 닫고 빗장을 걸었어요."

"공격이 성문에 집중될 겁니다."

군대가 성문으로 다가왔다. 불화살과 투석기, 그리고 공성퇴의 집중 공격이 이어졌다. 나는 우리의 안전이 걱정되기 시작했다.

선지자가 말했다. "걱정하지 말아요. 우리는 그냥 지켜보는 거라 아무 해도 당하지 않을 겁니다."

맹렬한 공격이 이어지면서 성문이 흔들리더니, 공성퇴의 마지막 한 방에 무너져 버렸다. 그리고 군대가 밀고 들어오며 모든 것이 끝나 버렸다. 도시는 그렇게 사라졌다. 나는 선지자와 함께 한때는 위대한 고대 도시의 성문이었지만 지금은 연기 나는 폐허에 불과한 곳을 내려다보았다.

"저건 무엇을 의미할까요, 누리엘?"

"심판과 관련이 있는 것 같아요. 이스라엘에 심판이 임할 때, 적의 공격을 받는 경우가 많았으니까요. 그래서 심판은 적군이 성문에 나타나는 것으로 시작되었죠."

"그래요. 적군이 성문에 나타났다는 것은 심판이 시작된다는 의미였어요. 그래서 모세는 하나님으로부터 멀어지면 어떤 일이 벌어질지 경고했죠. '그들이 전국에서 네 모든 성읍을 에워싸고…(신 28:52).' 심판의 날은 적군이 성문 앞에 나타나며 시작되었습니다.

'네 원수들이 네 모든 성문들 안에서 너를 괴롭히는 포위와 곤경 가운데서…(신 28:55, 한글킹제임스 성경).' 그래서 심판의 날에는 적들이 그 나라의 성문을 압박하곤 했습니다.

주님은 에스겔 선지자를 통해 이렇게 말씀하셨어요. '그 모든 성문을 향하여 번쩍번쩍하는 칼을 세워 놓았도다…(겔 21:15).' 그래서 성문에 칼, 즉 폭력이 집중됩니다. 예루살렘 성에 심판이 내려진 후에는 다음과 같이 기록되었어요. '모든 성문들이 적막하며… 성문이 땅에 묻히며…(애 1:4, 2:9).' 성문의 파괴는 그 나라의 심판을 상징합니다. 심판은 성문에서 시작됩니다. 그래서 한 나라의 심판도 그 나라의 문에서 시작되죠."

"분명 이것도 미국과 관련이 있을 텐데, 미국에는 성벽이나 성문이 없어요."

선지자가 물었다. "그래요?"

"네."

"하지만 있는 걸요."

그의 말이 끝나자마자 모든 것이 바뀌었다. 나는 지상에 높이 솟은 건물 꼭대기에 서서 강으로 둘러싸인 거대한 도시를 내려다보고 있었다. 왜 그것을 즉시 알아차리지 못했는지는 모르겠다.

선지자가 말했다. "당신은 미국에 대해 잘못 알고 있어요. 성벽으로 둘러싸인 도시는 없지만, 문은 분명 있습니다."

"무슨 말이죠?"

그는 주변을 가리키며 말했다. "여기, 이곳이 문입니다."

"문 같은 건 보이지 않는데요."

"당신은 성벽으로 둘러싸인 도시를 찾고 있지만, 미국은 더 이상 성벽을 쌓지 않아요. 하지만 문은 지금도 있어요. 누리엘, 여기가 바로 미국의 문입니다. 이 도시, 이 강, 이 만, 이곳이요."

"이해가 되지 않아요."

"맨해튼, 허드슨강, 뉴욕항… 뉴욕은 미국 문명의 문이에요. 저기 맞은편 땅이 보이나요?"

"네."

"저길 뭐라고 부르는지 알아요? 바로 '게이트웨이'예요. 성문을 통해 고대 도시로 들어가던 것처럼, 뉴욕을 통해 미국으로 들어가게 됩니다. 고대의 성문은 어떤 곳이었죠?"

"사람들이 드나들었죠."

"다른 어느 곳보다도 이 문을 통해 많은 사람들이 미국으로 들어왔어요. 저기를 봐요." 선지자가 왼쪽을 가리키며 말했다.

"엘리스섬이에요. 수백만 명의 이민자들이 이 땅에 들어오기 위해 통과한 문, 미국의 문이라고도 알려져 있죠. 고대의 성문에서는 또 무슨 일이 있었죠?"

내가 대답했다. "거래가 이루어졌어요. 각종 상품과 물품들을 사고파는 시장이었습니다."

"이 문은 미국 교역의 중추로, 이 나라 매매의 중심인 중앙시장이 자리잡고 있습니다. 고대의 문은 그 외에 또 어떤 곳이었죠?"

"권력과 부, 위대함의 상징이었어요."

"뉴욕이라는 문도 미국 문명의 힘, 부, 위대함을 상징합니다."

"황금 문에 새겨진 형상은 바로 이거였네요."

"네, 산들, 그게 맨해튼이었습니다. 맨해튼은 원래 산이 많은 섬이었어요. 그러니까 물은 허드슨강이고요."

"그러면 물 맞은편에 있던 태양과 횃불은요?"

"저길 봐요, 누리엘. 엘리스섬 왼쪽으로 뭐가 보이죠?"

"자유의 여신상! 횃불! 그리고 뾰족뾰족한 빛을 발산하는 태양… 왕관!"

선지자가 말했다. "그래요. 그리스의 태양신 헬리오스, 고대 로도스의 거대한 조각상을 본뜬 것이죠."

"여신상의 받침대에도 '나는 황금 문 옆에서 내 등불을 듭니다!'라는 시구가 새겨져 있어요."

"그래요. 통로, 미국으로 들어가는 문입니다."

"그러니까 고대 도시의 황금 문은 이것을 가리키는 것이었군요."

"그리고 미스터리도요." 선지자가 말했다.

"미스터리요…?"

"심판의 미스터리요. 심판은 문에서 시작됩니다. 그래서 이런 식이어야 했습니다."

"무슨 말이죠?"

"심판은 문에서 시작되어야만 했어요. 그게 무슨 뜻일까요?"

바로 그때 무언가 머릿속에 떠올랐다.

"9.11! 여기서 시작되었어요. 뉴욕에서 시작되어야만 했군요."

"이스라엘의 심판은 어떻게 시작되었죠?"

"성문 앞에 적군이 나타났어요."

"심판의 날은 그렇게 적이 성문 앞에 나타나면서 시작됩니다. 그러면 9.11은 어땠죠?"

"미국의 적이 미국의 문에 나타났어요."

"멀리… 중동에서 온 테러범들이 뉴욕시에 나타났어요. 성문에 나타난 적, 심판의 조짐이었죠. 그런데 그들은 나타나기만 한 것이 아니었어요. 이 말씀을 기억해요. '그들이 전국에서 네 모든 성읍을 에워싸고…(신 28:52).'

그들은 9월 11일에 미국의 문을 공격했습니다. '네 원수들이 네 모든 성문들 안에서 너를 괴롭히는 포위와 곤경 가운데서…(신 28:55, 한글킹제임스).' 그래서 미국은 9월 11일 이 문에서 시작된 재앙으로 고통받았습니다. 그들은 뉴욕에서 미국을 공격했어요. 그게 다가 아니에요. 구체적으로 어디에서 공격이 일어났죠?"

나는 "남부 맨해튼이요"라고 대답했다.

"그곳은 미국 문의 일부를 이루는 구역입니다. 더 정확하게는 강이 내려다보이는 맨해튼 남부 가장자리가 관문이죠. 공격은 첫 번째 비행기가 저 강, 관문을 가로질러 목표물에 도달하면서 시작되었어요. 이어서 두 번째 비행기가 관문인 뉴욕 항구 위로 날아갔죠. 그래서 재앙은 이 나라의 문, 정확하게는 그 입구에서 일어났습니다."

"그날 그라운드 제로에서 피어오르는 파괴의 구름을 자유의 여신상이 내려다보는 사진을 본 기억이 나요."

선지자가 말했다. "황금 문, 그 입구에서요. '그 성문은 슬퍼하며 곡할 것이요…(사 3:26).' 이스라엘의 심판 때와 마찬가지로, 문들은 애곡과 탄식의 장소가 되었습니다. 그렇다면 그 문은 무엇을 경고하는 걸까요?"

"글쎄요…"

"문은 진입이 시작되는 곳이고, 심판이 시작되는 통로입니다. 성경의 패턴을 기억해요. 첫 번째 공격, 경고가 임한 후, 기회의 시간이 옵니다.

문에서 벌어지는 일은 시작을 나타냅니다. 2001년 9월 11일에 일어난 일은 심판의 시작이자 출발점이었어요. 만약 미국이 돌이키지 않으면… 그날 시작된 일은 돌이킬 수 없는 결말에 이르게 될 겁니다."

선지자가 그렇게 말하면서 꿈은 끝났다.

◆◆◆

애나가 말했다. "받아들이기 쉽지 않네요."

"이건 시작에 불과해요."

"그러면 다음 계시는 언제 받았죠?"

누리엘이 대답했다. "저마다 적절한 시기가 되어 임했어요. 그다음 계시는 일주일 후에 왔고, 중단된 부분부터 계속되었는데… 훨씬 더 구체적이었습니다."

"어떻게 시작되었는데요?"

"어린 시절의 모습이 보였어요."

5장
탑들

"꿈속에서 나는 작은 아이의 모습으로 다른 아이들과 함께 교실에 앉아 있었어요. 책상 위에는 흰 종이, 색종이, 신문, 잡지 등 각종 종이와 가위, 풀이 놓여 있더군요."

"미술 시간이었군요."

"그런 것 같았어요. 나는 돌 색깔의 종이 한 장을 발견하고는 작은 조각으로 잘라 다른 종이에 붙이며 어떤 모양을 만들었습니다."

"어떤 모양이요?"

"탑이었어요. 그 순간 내가 무엇을 보고 있는지 깨달았습니다. 그건 어린 시절의 한 장면이었어요. 무슨 이유에선지 나는 그 순간을 한 번도 잊은 적이 없었어요. 하지만 이어서 일어난 일은 내가 한 게 아니었습니다. 나는 그림을 완성하고는 탑이 똑바로 서 있는 것처럼 보이도록 책상 위에 세워 놓았어요. 그런데 그림이 내 손에서 미끄러져 바닥에 떨어졌습니다.

자리에서 일어나 그것을 주우려고 허리를 굽혔는데, 그 순간 모든 것이 바뀌었어요. 그 그림도, 교실도 사라졌고, 나는 더 이상 아이가 아니었어요. 고대 중동처럼 보이는 곳 한가운데에 서 있더군요. 저 멀리 긴 옷에

샌들을 신은 사람들이 보였어요. 모두가 중대한 건축 사업에 관계된 사람들이었습니다. 측량하는 사람들도 있었고, 거대한 돌을 옮기는 사람들, 감독하는 이들도 있었어요.

설계된 대로 건물이 지상에서 올라가기 시작하면서, 내가 보고 있는 게 무엇인지 깨달았어요. 내가 어린 시절의 교실로 돌아가 그 그림을 떠올린 데는 이유가 있었습니다. 그건 그냥 탑이 아니라… 바벨탑이었어요. 그러니까 나는 바벨탑 건설 현장을 보고 있었던 거예요."

"선지자와 처음 만났을 때 아홉 개 인장 중에 바벨탑이 있었던 것 같은데…"

"네, 지구라트(ziggurat)였죠."

"지구라트는 또 뭐죠?"

"직사각형 모양으로 만들어진 계단식 탑이요. 그게 지금 내 앞에서 올라가고 있었어요. 금방 구름에 닿을 것처럼 높이 솟아 있더군요. 하지만 그 이상은 올라갈 수 없었어요. 그때 왼쪽에서 선지자의 목소리가 들렸어요."

◆ ◆ ◆

"저들은 이렇게 말했어요. '성읍과 탑을 건설하여 그 탑 꼭대기를 하늘에 닿게 하여 우리 이름을 내고 온 지면에 흩어짐을 면하자(창 11:4).' 누리엘, 성경에서 '탑'의 원어가 뭔지 알아요?"

"아뇨…"

"미그달(migdal)이라는 말로, 히브리어 가달(gadal)에서 유래된 말입니다. 가달은 위대함에 대한 말이에요. 문자 그대로 위대해지거나, 증가하거나, 확대되거나, 높아지는 것을 의미하죠. 그리고 어근인 가달도 '탑'으로 번역할 수 있어요. 이것이 문제의 핵심입니다. 바벨 사람들은 자신들의 이름을 날리기 위해 탑을 쌓으려 했어요. 그들은 위대함을 추구했죠."

그러면서 선지자는 탑을 가리켰다. "봐요, 누리엘."

지상에서 올라가는 다른 탑들의 모습이 보였다. 세우는 사람이 없는데… 높이와 폭, 외관만 다를 뿐, 처음에 본 것과 똑같은 지구라트들이 저절로 세워지고 있었다. 그곳은 탑의 도시, 지구라트의 스카이라인, 바벨탑이 되었다.

선지자가 말했다. "그래서 왕이나 왕국은 세계 권력의 정점에 오르면, 자신의 위대함을 기념하기 위해 탑을 세웠습니다. 고대 세계의 탑은 그것을 세운 문명의 힘과 영광을 과시했어요. 그 높이는 그것을 세운 이들이 이룩한 최고의 경지를 증거하는 형상이자 상징이었죠. 미그달이라는 말에 계시된 것처럼 탑과 위대함의 관련성은 현대까지 계속 이어지고 있습니다."

"어떻게요?"

"미국이 강대국으로 부상하면서 탑들도 올라갔죠. 20세기에 이르러 어느 나라나 제국도 도달하지 못한 권력과 위대함의 정점에 이르면서, 탑, 곧 고층 빌딩들도 이 땅의 그 누구도 이룩하지 못한 최고 높이에 도달하게 되었습니다."

"엠파이어 스테이트 빌딩."

"그래요."

"쌍둥이 빌딩도 있어요."

"하지만 쌍둥이 빌딩은 미국이 부상하는 시대에 세워진 것이 아니라 무너지는 시대에 세워졌어요. 미국이라는 나라의 도덕적, 영적 기초를 외면하고 하나님과 그분의 길에서 벗어나며 세워진 것이었죠. 즉 세계 다른 나라들에 비해 미국의 세력이 쇠하던 시기에 올라갔습니다. 그런데 탑을 뜻하는 히브리어에는 또 다른 의미가 연결되어 있어요."

"그게 뭐죠?"

"교만입니다. 그래서 고대 세계의 탑은 그것을 건설한 나라, 왕국, 문명의 오만방자함과도 연결되어 있었어요. 하나님과 상관없는 위대함, 힘, 영광을 추구하며 그분의 뜻을 거스르는 것이… 교만입니다."

"바벨탑처럼요."

"그러므로 탑은 그 나라의 오만방자함을 상징하기도 합니다. 그래서 미국이 하나님으로부터 멀어지면서 쌍둥이 빌딩이 올라간 것이에요."

그때 동일한 높이의 지구라트 두 개가 다른 것들보다 우뚝 솟아 있다는 것을 알아차렸다. 그들은 세계무역센터 쌍둥이 빌딩을 나타내는 것이었다.

"한 나라의 심판이 시작되면, 높이 들어 올려진 것이 낮아지게 됩니다. 선지자 이사야가 그날에 대해 뭐라고 기록했는지 알아요?

그는 '대저 만군의 여호와의 날이 모든 교만한 자와 거만한 자와 자고한 자에게 임하리니 그들이 낮아지리라(사 2:12)' 했습니다.

또 이렇게 말했죠. '그날에 자고한 자는 굴복되며 교만한 자는 낮아지고 여호와께서 홀로 높임을 받으실 것이요(사 2:17).' 그날에는…"

선지자가 이어서 말했다.

"사람의 교만이 심판을 받습니다. 그리고 높이 들어 올려진 것이 낮아집니다."

바로 그 순간 고대의 스카이라인이 현대의 스카이라인으로, 각각의 지구라트가 초고층 빌딩으로 바뀌었다. 가장 높은 두 지구라트도 쌍둥이 빌딩으로 바뀌었다.

"이처럼 심판 아래 있는 문명은 높이 들어 올려진 것들이 바닥에 내던져지는 모습을 보게 될 것입니다."

"쌍둥이 빌딩은 높이 들어 올려졌다가 9월 11일에 완전히 무너져 내렸어요."

선지자가 말했다. "한 나라에 심판이 임하는 날에는 원수들이 높은 곳을 무너뜨립니다. '그들이 네 음행의 제단을 헐고 네 음행의 산당을 부술 것이며(겔 16:39, 바른성경).'"

내가 말했다. "그래서 9월 11일에 미국의 높은 곳들이 적들, 곧 테러리스트들의 손에 넘겨져 파괴되었어요."

"그리고 성경은 그 나라의 높이 솟은 곳들뿐만 아니라, 더 구체적으로 심판의 날에 '모든 높은 망대'(사 2:15)에 파괴가 임할 것이라고 말씀합니다."

나는 그 말을 받아 되뇌었다. "모든 높은 망대… 탑… 쌍둥이 빌딩…"

선지자가 말했다. "한 나라가 심판받는 날에는 '그들이… 그 망대를 헐 것이요…(겔 26:4)'라고 기록되어 있습니다. 스바냐 선지자는 '높은 망대를 치는 날(습 1:16)'이라고 경고했고, 이사야 선지자는 '망대가 무너질 때(사 30:25)'라고 말했습니다. 타락한 국가를 상징하는 높은 탑이 쓰러질 때… 심판이 시작됩니다."

내가 말했다. "그래서 9월 11일, 미국의 높은 탑이 무너진 날에 그 모든 일이 일어난 거로군요."

선지자가 말했다. "고대 도시와 왕국들에 나타난 것과 동일한 징조가 이제 미국에도 나타났습니다."

"그리고 전 세계가 그것을 보았죠."

"누리엘, 적이 성문을 공격한 이유가 뭘까요?"

"성문이 성벽에서 취약한 부분이니까요."

"그러면 사람들이 그 문을 강화하기 위해 어떻게 했는지 알아요?"

"아뇨."

"그들은 문 옆에 탑을 쌓았습니다. 그래서 문에는 탑, 곧 망대가 있는 거예요. 이것은 무엇을 나타내는 걸까요?"

"미국의 문에는 높은 탑들이 있을 거라는… 아! 뉴욕…"

선지자가 말했다. "뉴욕은… 특히 탑, 높이 솟은 고층 건물들로 유명한 곳이죠. 그리고 한 나라의 심판이 시작될 때, 적은 그 성문의 탑들을 공격합니다."

"미국의 문에 있는 탑들이요."

"그런데 고대 성문에 있는 탑, 그러니까 망대들이 어떻게 생겼는지 알아요?"

"아뇨."

"그들은 문 양쪽에 탑, 곧 망대를 세웠습니다. 같은 재질로 동일한 형태의 탑을 건설했어요. 그래서 성문 앞에는 두 개의 탑이 나란히 서 있었습니다. 쌍둥이 빌딩처럼요."

"쌍둥이 빌딩!"

선지자가 말했다. "그래서 9월 11일에 적들이 미국의 문에 서 있는 쌍둥이 빌딩을 공격하면서 심판이 시작된 거예요."

내가 물었다. "네? 그게 무슨 뜻이죠?"

선지자가 대답했다. "문은 끝이 아니라 심판의 시작을 경고하는 거예요. 탑은 그 나라를 상징합니다. 미국 문명은 하나님의 목적을 위해 세워졌어요. 그러나 미국은 어떤 문명도 이룩하지 못한 가장 높은 곳으로 올라가 탑을 쌓았어요… 미국 문명의 기초에 반하는 거대하고 높은 탑이었죠. 그러므로 미국이 그 기초를 회복하지 않으면… 탑은 무너지게 될 것입니다."

✦✦✦

"그 후에 잠에서 깼어요."

"그다음에는 어떻게 되었죠?" 애나가 물었다.

"그다음 계시는 나를 미스터리의 다른 영역으로 데려가 주었어요. 그것은 이전에 선지자가 공개한 적 없는 완전히 다른 측면이었습니다."

6장
성벽

"나는 박물관에 있었어요."

"현실에서요? 아니면…"

"그다음 꿈에서요. 나는 고대 유물들이 전시되어 있는 복도를 따라 걷고 있었어요. 그러다가 거대한 돌벽 앞에 이르렀는데, 높이가 적어도 15미터 이상은 되어 보였습니다. 그 벽에는 어떤 조각이 새겨져 있었는데, 그 형상들과 모양이 어쩐지 익숙했어요."

애나가 말했다. "선지자와 처음 만난 곳이 박물관의 석조 구조물 앞이었잖아요."

누리엘이 말했다. "네, 고대 앗시리아 구조물 앞이었죠. 그런데 꿈에서도 그걸 보고 있었어요."

"어떤 형상이 새겨져 있었죠?"

"전투 장면이었어요. 앗시리아 군대가 성벽으로 둘러싸인 도시를 포위하고 있는… 가만히 그걸 지켜보고 있는데, 그 형상들이 살아났어요."

"살아나다니요? 무슨 말이에요?"

"그들이 움직이기 시작했어요. 그와 동시에 전투 소리가 들렸습니다.

앗시리아 병사들이 성벽을 향해 화살을 쏘고 투석기로 돌을 던져 넣기 시작했어요. 성을 지키는 자들은 보루와 성문 옆 망대에 서서 침략자들에게 돌과 횃불을 던지고 있었습니다. 그 후 앗시리아인들이 성벽 앞에 경사로를 쌓기 시작하더니 공성 무기들을 경사로 위로 밀어 올리기 시작했어요.

전투가 격렬해지면서, 성벽 앞의 땅과 경사로에 점점 더 많은 공성 무기들이 늘어서는 모습이 보였어요. 공성퇴로 성벽을 여러 차례 공격하자, 처음에는 아무 효과도 없는 것처럼 보였는데 갑자기 한쪽 벽에 구멍이 뚫렸습니다. 그러자 공격과 타격이 그곳으로 집중되더군요. 그러더니 성벽이 무너졌어요. 얼마나 크게 무너졌는지 군대 전체가 홍수처럼 밀고 들어갈 수 있을 정도였어요. 그때 그 도시가 멸망하리라는 것을 알았습니다. 그 후에 움직임이 멈추면서 모든 것이 제자리로 돌아가더니 급격히 굳어졌어요."

❖❖❖

"적들의 포위 공격… 종말의 시작이죠."

선지자, 그가 내 옆에 서 있었다.

"무엇을 보고 있나요, 누리엘?"

"다시 고대 도시가 포위되는 모습을 봤어요."

선지자가 말했다. "고대 이스라엘의 도시예요. 당신은 이스라엘이 경고받은 장면을 보고 있었네요. '그들이 너를 에워쌀(포위할) 것이다(신 28:52)'라는 예언이 성취된 것입니다. 그런데 구체적으로 무엇을 보았죠?"

"쏟아지는 화살과 공성전이 벌어지는 모습이었어요."

"그들은 어디를 공격하던가요?"

"성문 옆에 세워진 탑이요… 그리고 그들은 성벽 전체를 공격하고 있었어요."

그러자 선지자가 말했다. "그러면 성문, 탑, 그리고 이제 성벽까지 세 군데군요. 포위가 집중된 세 곳, 심판의 시작과 관련된 세 가지 신호입니다. 우리는 성문과 탑의 미스터리 안으로 들어왔어요. 이제는 성벽의 미스터리로 들어갈 차례입니다. 자, 말해 봐요, 누리엘. 성벽은 뭐죠?"

내가 대답했다. "방어와 보호를 위해 쌓은 벽이요."

"그렇다면 고대 도시에 성벽은 어떤 의미였을까요?"

"적의 공격으로부터 도시를 지키고 보호해 주었어요."

"성벽은 성문만큼 취약하지는 않지만, 가장 많은 부분을 차지했어요. 그래서 사실상 적이 모든 방향과 위치에서 공격할 수 있었습니다. 그래서 성문과 마찬가지로 일단 뚫리면, 도시가 파괴되는 것은 시간문제였죠. 사실, 유대인들은 예루살렘의 방어벽이 뚫린 날을 기억하며 금식과 애도의 날로 지키고 있습니다. 성벽이 뚫리면서 종말이 시작되었으니까요."

"그런데… 이게 무슨 상관이죠?"

선지자가 말했다. "이것은 심판의 또 다른 징조예요. 한 도시의 심판이 시작되는 날, 그곳의 보호벽이 무너집니다. 그리고 도시뿐만 아니라 나라, 왕국, 문명도 마찬가지예요. 한 국가의 심판이 시작되는 날에는 보호벽이 뚫리는 것을 보게 됩니다… 문명의 벽이 파괴되죠."

"저는 미국의 문과 탑은 분명 보았어요. 하지만 미국을 두르고 있는 성벽은… 그런 건 존재하지 않아요. 성벽이 없으면 구멍이 날 수도 없고요."

선지자가 말했다. "하지만 있어요. 돌이 아니라서 보이지 않을 뿐이에요. 돌로 세운 방벽은 오늘날의 전쟁에서는 거의 쓸모가 없어요. 하지만 보호가 필요한 것은 고대나 지금이나 마찬가지이고 대단히 중요합니다. 그리고 미국에는 분명 성벽이 있어요. 고대에 성벽을 세운 목적은 뭐죠? 위험, 즉 적의 공격으로부터 도시나 왕국을 보호하기 위해서였습니다. 그렇다면 말해 봐요. 오늘날 국가의 성벽은 무엇일까요?"

내가 말했다. "국방력이요? 적의 공격과 위험에서 보호하는 능력 말입니다."

"미국의 성벽은 국방력, 곧 방어 조직과 체계, 군사, 무기, 정보 시스템, 전 세계의 첩보력입니다. 고대의 방어벽은 오늘날의 국방부로 대체되었어요."

내가 말했다. "국방부가… 미국의 성벽이로군요."

"네, 그러면 본부는 어디죠? 성벽의 핵심 조직은 무엇입니까?"

"펜타곤이요!" 내가 대답했다.

"그리고 9월 11일에 무슨 일이 있었죠?"

"적이 펜타곤을 공격했어요!"

선지자가 말했다. "펜타곤은 미국의 방어벽입니다. 성벽이 공격당한 것은 성경 속 심판의 세 번째 신호였어요. 한 나라가 심판 받는 날, 그 나라의 방어벽, 보호벽이 파괴됩니다. 이스라엘이 심판 받던 날, 원수들이 성벽에 나타났습니다. 그리고 9월 11일에도 적들이 미국의 성벽에 나타났죠."

그때 고대 석조물에서 우르릉거리는 소리가 들리더니 균열이 생기면서 파편들이 떨어지기 시작했고, 결국 커다란 구멍이 생겼다. 그것은 구조물에 새겨진 성벽의 구멍과 같은 위치에, 동일한 크기와 형태로 나 있었다. 구멍 안쪽에서 햇빛이 쏟아져 들어오자, 선지자가 나를 그리로 이끌면서 말했다.

"갑시다."

구멍을 통과하니 연기가 자욱한 폐허 한가운데에 서 있었다. 아무것도 움직이지 않았고, 모든 것이 급속히 굳어졌다.

내가 물었다. "내가 지금 뭘 보고 있는 건가요?"

선지자가 대답했다. "9.11 현장이에요."

"그럼 여기가 펜타곤인가요?"

"네, 펜타곤이 요새 형태로 세워졌다는 사실을 아나요? 펜타곤은 많은 성벽으로 이루어진 요새의 형태입니다. 테러리스트들이 무슨 짓을 했는지 봐요, 누리엘. 어때 보이나요?"

나는 테러리스트들이 파괴한 것을 올려다보았다.

"거대한 성벽에 큰 구멍이 뚫린 것처럼 보이는군요."

"그렇죠. 한 나라의 보호를 상징하는 곳이… 연기가 자욱한 폐허 속에 있어요."

선지자는 내가 모든 것을 받아들일 시간을 주었다.

내가 말했다. "지금까지 9.11에 대해 이야기할 때, 당신은 뉴욕에 집중했어요. 워싱턴에서 일어난 일에 대해 말한 것은 이번이 처음이에요."

선지자가 대답했다. "모든 것이 연결되어 있어요, 누리엘. 모세가 심판의 날에 일어날 일에 대해 이스라엘에 뭐라고 경고했는지 기억해요? 성문에 적이 나타날 것이라고 말했죠."

"네, 기억합니다."

"나머지 부분은 말해 주지 않았는데, 이렇게 기록되어 있습니다. '그들이 네 모든 성문을 포위할 것이다(신 28:52).'"

내가 말했다. "이 나라의 성문인 뉴욕이 공격받았죠."

"네, 그런데 이어서 이렇게 말합니다. '네가 의뢰하는 높고 견고한 성벽을 다 헐 것이다.'"

내가 말했다. "이 나라의 성벽인 워싱턴 DC의 펜타곤이 공격받았고요."

선지자가 말했다. "주목할 것은 심판의 두 가지 징조가 서로 맞물려 있다는 겁니다. 그리고 미국에서는 같은 날에 심판의 징조 두 가지가 나타났죠. 성경은 먼저 성문이 공격당한 후 성벽이 붕괴될 것을 말씀합니다. 그래서 9.11 당시 미국의 관문인 뉴욕이 먼저 공격당한 후, 워싱턴에 있는 성벽이 무너졌죠. 누리엘, 높이 솟은 모든 것이 내던져질 심판의 날에 대해 이사야가 뭐라고 예언했는지 기억해요?"

"네."

"모든 높은 망대와 모든 견고한 성벽에 심판이 임할 거라고 했죠(사 2:15). 그래서 테러범들은 먼저 미국의 높은 탑, 세계무역센터에 나타났고… 그 후에 미국의 성벽인 펜타곤에 나타난 거예요."

"성문, 탑 그리고 성벽, 심판의 세 가지 징조…"

"적이 성문과 탑, 그리고 성벽에 나타나서 세 군데 모두 공격했습니다. 문이 파괴되었고, 탑이 무너졌으며, 성벽은 뚫렸습니다. 한 나라에 심판이 시작된다는 것을 알려 주는 세 가지 신호가 한 날, 바로 2001년 9월 11일에 나타났어요."

"그게 무슨 뜻이죠?"

"성벽이 무너지면 심판이 시작되며 파멸의 문이 열리게 됩니다. 그것은 시작의 신호이자 경고였어요. 9월 11일에 미국 문명의 벽이 뚫렸습니다. 펜타곤은 미국을 위험으로부터 지키고 보호하는 성벽을 상징합니다. 그런 성벽이 뚫린 것은 미국이 안전하지 않다는 경고입니다… 나라가 보호받지 못하고 위험에 처해 있다는 말이에요. 하나님의 뜻에서 벗어나는 나라는 결국 성벽 안에서도, 그들이 신뢰하고 의지하는 방어 시설 안에서도 안전하지 않을 것입니다. 그러므로 미국이 돌아오지 않으면, 그날에 믿고 의지하던 성벽이 무너져 내리는 모습을 보게 됩니다."

◆◆◆

"다음 미스터리는 앞의 세 가지와는 다를 거예요."
"어떻게요?"
"여기에는 슬피 우는 선지자와 은밀하게 벌어지는 행위가 포함됩니다."

7장
슬리콧

"나는 황폐하게 보이는 곳을 지나가고 있었어요. 밤이었지만, 달빛에 주변의 모습을 분명하게 알아볼 수 있었습니다."

"어떤 모습이었는데요?"

"무너진 건물과 성벽, 탑의 잔해들이었어요. 고대 도시의 폐허 같았습니다… 멀리 자욱하게 피어오르는 연기와 불기둥이 보였어요. 그리고 반파된 건물이 완전히 무너져 내리는 소리가 자주 들려왔어요. 이 모든 게 조금 전에 일어난 일이라는 걸 알 수 있었죠.

계속 걷다 보니, 외국 말로 뭐라고 하는 남자의 목소리가 들렸어요. 중동 사람… 아마도 히브리인인 것 같았습니다. 그런데 그의 말투와 성량, 이야기하는 태도나 방식이 계속 변하더군요. 우는 것 같기도 하고, 간청하다가 읊조리고, 또 경배하는 것 같았어요. 이상한 것은 꽤 오랫동안 그의 그림자도 보이지 않고 음성만 들려왔다는 사실입니다.

결국은 그를 만났어요. 폐허 위에 턱수염을 기른 남자가 소박한 긴 옷을 뒤집어쓰고 앉아 있더군요. 그의 옷은 재로 뒤덮여 달빛에 빛나고 있었어요. 그는 손바닥이 보이게 두 팔을 펴고 눈을 감았다가 가끔 밤하늘을 올려다보면서 끊임없이 간청하며 울고 있었는데, 내 존재를 전혀 깨닫지 못하는 것 같았어요. 나는 꽤 오랫동안 그를 지켜보았어요. 그런데 그때 또 다른 음성이 들려왔어요. 돌아보니, 내 뒤에 선지자가 서 있었습니다."

✦✦✦

선지자가 말했다. "그의 말을 이해해야만 무슨 일이 일어나고 있는지 알 수 있는 건 아니에요."

내가 말했다. "그는 도시가 파괴되어 울고 있어요."

"맞아요."

"저 사람은 누구죠?"

"선지자요."

"어떤 선지자요?"

"예루살렘의 멸망을 슬퍼하며 애곡하던 사람들 중 한 명입니다. 하지만 그들은 슬퍼만 한 게 아니라, 하나님 앞에 나아가 나라의 죄를 고백하며 심판의 공의를 인정하고, 자비와 회복을 간구했죠."

그가 말을 마치자 장면이 바뀌기 시작했다. 여전히 밤이었고 폐허 가운데 있었지만, 잔해가 달라져 있었다.

✦✦✦

애나가 물었다. "어떻게 달랐는데요?"

"그건 그라운드 제로(9.11 테러로 붕괴된 세계무역센터)의 잔해였어요. 한때 탑… 그러니까 고층 빌딩이 있던 자리에 거대한 잔해들이 쌓여 있었고, 마치 현대 조각품처럼 삐져나와 있는 금속 기둥과 틀 위로 희뿌연 먼지와 재가 뒤덮여 있었어요. 그리고 여전히 그 위에는 베옷에 재를 뒤집어쓴 남자가 앉아서 울다가 기도하고, 두 손을 뻗어 간구하고 있었습니다."

❖ ❖ ❖

선지자가 말했다. "슬리콧이라고… 유대인들이 암송하는 일련의 기도문이 있습니다. 이것은 아주 오래된 글로, 그보다 훨씬 오래된 성경 말씀으로 이루어져 정해진 때에 선포되었죠."

"슬리콧이 무슨 뜻이죠?"

"용서, 하나님의 용서를 뜻하는 말입니다. 슬리콧은 국가의 죄, 특히 하나님의 길을 알면서도 거기서 벗어난 죄에 대해 하나님의 자비를 간구하는 것입니다. 그래서 죄의 고백과 하나님의 자비를 호소하는 것이 포함되어 있고, 심판과도 관련이 있죠. 그들이 자비와 회복을 간구하는 이면에는… 국가적인 심판의 날이 있습니다."

"어떤 형태의 심판이요?"

선지자가 대답했다. "국가적 재난, 구체적으로는 적의 공격으로 파괴와 약탈을 당하는 것입니다. 그래서 슬리콧을 국가적인 심판의 날을 위해 제정된 기도라고 합니다."

"정해진 때에 선포하도록 오래전에 기록되었다고 했는데, 정해진 때는 언제인가요?"

"대다수의 유대인들은 히브리력으로 엘룰월 말, 나팔절에 이르는 시기에 슬리콧의 첫 번째 기도를 드립니다."

"어떤 식으로 선포하죠?" 내가 물었다.

"기도의 특정 부분은 열 사람이 있어야 하지만, 나머지 부분은 적은 인원이나 홀로 선포할 수 있어요. 그래서 이 오래된 기도문은 유대교 회당과 유대인 가정뿐만 아니라 유대인들이 택한 모든 곳에서 낭독되죠. 이것은 나팔절 전의 안식일 다음 날 자정부터 시작됩니다. 그래서 토요일 밤부터 일요일 아침 새벽이나 해 뜰 때까지 첫 번째 슬리콧 기도를 드린 다음, 일요일 자정부터 월요일 새벽이나 해 뜰 때까지 두 번째 슬리콧 기도를 선포합니다. 이 기도는 새벽 무렵에 가장 많이 드리지만, 자정에서 새벽 사이에 언제든지 드릴 수 있어요. 세 번째 슬리콧은 화요일 아침 동틀 무렵에 끝이 나죠."

선지자는 잠시 말을 멈췄다.

내가 물었다. "무슨 문제가 있나요?"

"국가 심판의 날을 위한 기도는… 화요일 새벽… 바로 그날에 끝났습니다."

"그날이요?"

"2001년 9월 11일이요. 9.11은 국가적인 심판의 날을 위해 기도하는 슬리콧 기간에 일어났어요. 그래서 그날이 시작되며 국가적 재난에 대한 기도 소리가 높아졌는데, 바로 그때 재앙이 덮쳤죠. 9월 11일 아침, 한 나라가 적의 공격을 받는 것에 관한 옛 기도문들이 낭독되었습니다. 그런데 바로 그날 아침 미국이 적의 공격을 받았어요. 한때 하나님을 알다가 떠나 버린 나라에 진동이 임하는 것을 선포하던 날 아침, 하나님을 버린 미국에도 진동이 임한 겁니다."

내가 물었다. "저건 뭐죠? 내가 듣고 있는 말이 뭔지, 그게 어느 쪽에서 들려오는지 알 수 없었어요."

"봐요, 누리엘." 선지자는 폐허 뒤편으로 보이는 도시를 가리키며 말했다. 한 남자가 건물 꼭대기에 서 있는 모습이 보였다. 그는 조금 전 폐허에서 본 남자처럼 긴 옷을 머리에 뒤집어쓰고 두 팔을 들어 올린 채 기도하는 것 같았다. 거기서 조금 떨어진 또 다른 빌딩 꼭대기에 동일한 모습으로 서 있는 사람의 모습이 보였다. 그런 모습이 계속 이어지다가 불 켜진 아파트 창문으로 기도하는 것처럼 보이는 사람들의 그림자가 어른거렸다.

선지자가 말했다. "당신이 듣고 있는 것은 슬리콧을 선포하는 소리입니다. 뉴욕은 미국에서 가장 많은 유대인이 살고 있는 도시예요. 그러면 이것은 무슨 의미일까요?"

"슬리콧이 뉴욕시 전역에서 선포되었다는 말이군요."

"9.11이 시작될 때, 국가적 재난, 적의 공격, 도시가 황폐해지는 것과 관련된 오래된 기도문이 도시 곳곳에서 울려 퍼지고 있었다는 말입니다. 9.11이 일어나기 전에요."

내가 물었다. "구체적으로 뭐라고 기도하죠?"

"유대인들에게는 그들의 도시 예루살렘의 멸망을 기억하며 되돌아보게 하는 말씀입니다. 하지만 이제는 앞으로 일어날 일을 선포하기 위해 울려 퍼지는 말씀이 되었죠. 9월 11일 아침에 선포된 말씀은 미국 땅에 나타나 건물들을 파괴하려고 하는 적들에 대한 것이었습니다. '그들이 말하기를, "파괴하라! 기초까지도 완전히 무너뜨려라!" 한다.'[1]

9월 11일에 미국 문명의 영광을 상징하는 높은 탑들이 황폐해졌습니다. 그날 아침에 선포된 고대의 기도문은 다음과 같습니다. '우리의 욕망은 꺾여 버렸고 우리의 영광은 파괴되었다… 우리의 궁전은 황폐해졌다.'[1]

그리고 그날이 저물어 갈 때, 미국의 가장 찬란하던 도시가 폐허가 되는 모습을 바라보며, 많은 이들이 '하나님, 미국을 축복하소서'라고 빌게 되었죠. 그러나 재앙이 일어나기도 전에, 하나님의 자비를 간청하는 소리가 이미 뉴욕시에 울려 퍼지고 있었습니다. '나의 하나님, 귀 기울여 들으시고 눈을 열어 우리의 황폐함과 이 도시의 황량함을 굽어살피소서.'(1)

그날 밤, 온 나라와 전 세계의 많은 이들이 이 참화를 보고들었어요. 자정 무렵 아주 오래전에 정해진 대로 네 번째 슬리콧 기도가 울려 퍼질 시간이 되었습니다. 나라의 황폐함, 건물의 기초까지도 무너뜨리려는 적들의 열망, 나라의 영광이 파괴된 것이 다시 한번 언급되었죠. 그러나 9.11의 가장 큰 비극은 빌딩이 무너진 것이 아니라 생명을 잃어버린 것이었어요. 그래서 고대의 기도문은 이제 국가의 적에게 생명을 잃은 것에 대해 이야기합니다. '그들이 우리의 생명을 끊었다… 우리를 파멸시키려고 우리의 피를 흘렸다…. 난폭하고 사나운 사람들이 그들을 멸망으로 몰아넣었다…'(1)

이날의 재앙은 세계무역센터 북쪽 건물에 첫 번째 비행기가 충돌하면서 시작되었습니다. 그리고 첫 번째 참사가 아직 끝나지도 않았는데, 갑작스럽게 두 번째 비행기가 남쪽 건물에 충돌하면서 곧바로 두 번째 참사가 일어났죠. 네 번째 슬리콧 고대 기도문은 다음과 같습니다. '첫 번째 재앙이 아직 끝나지도 않았는데, 갑작스럽게 두 번째 재앙이 뒤따랐다…'(1)

재앙이 덮친 후 남겨진 가장 상징적인 이미지는 한때 그 나라의 높은 탑들이 서 있던 곳에 쌓여 있는 거대한 잔해들이었어요. 그날 밤에 드리게 되어 있는 슬리콧은 다음과 같았습니다. '내가 사는 도시가 영원히 황폐한 곳으로 전락하고, 우리의 높은 곳들이 쇠락했다…'(1)

그리고 그날 밤 온 나라가 충격과 공포에 휩싸여 그라운드 제로의 황량한 모습을 바라보고 있을 때 울려 퍼진 슬리콧은 다음과 같습니다. '먼지가 되어 버린 도시를 일으켜 세워라…'(1)"

내가 말했다. "그렇다면 아주 오래전부터 재앙의 때에 그 말씀들을 낭독하도록 정해져 있었군요."

"아니면 그 말씀을 선포하게 되어 있던 시기에 재앙이 닥친 것일 수도 있습니다. 국방부에서도 무슨 일이 벌어질지 짐작도 하지 못하던 9월 11일 아침, 한 나라와 그 도시가 적에게 공격당하는 것에 대한 고대의 기도문이 울려 퍼지고 있었어요. 특히 테러가 발생할 동부 해안과 뉴욕시에서도 선포되고 있었죠. 슬리콧 낭독은 동이 트는 새벽에 마무리되어야 했습니다. 그리고 그날 심판에 대한 고대의 말씀을 마지막으로 낭독하던 시각에 테러가 일어났죠. 6시 30분경 뉴욕시에 동이 트면서, 재난의 날을 기리는 기도가 끝났습니다. 테러범들은 이후 15분도 지나지 않아 보스턴 로건 공항에 도착했고, 거기서부터 미국의 재앙이 시작되었죠."

✦✦✦

누리엘이 말했다. "다음 미스터리는 항해 중인 수세기 전의 배에서 9.11 시간의 비밀이 밝혀졌습니다."

주

1. 랍비 아브라함 로젠펠트(Abraham Rosenfeld), 슬리콧 : 공인된 히브리어 & 영어판 전체 년도 (뉴욕: Judaica Press, 1978), 3일차 41-58

8장
기초들

그다음 꿈은 대저택 안이었다. 방과 가구들, 나무 문과 테이블, 커튼, 황금빛 샹들리에 등 집 안에 있는 모든 것이 웅장하고 화려했다. 지금까지 이렇게 호화로운 곳은 본 적이 없었다.

"그때 우르릉거리는 소리가 들리더니, 집이 흔들리며 안에 있는 모든 것이 요동치기 시작했습니다. 그리고 내가 서 있던 바닥이 무너졌어요. 모든 것이 붕괴되며 집과 함께 떨어지는데… 중력을 거스르는 것처럼 천천히, 마치 슬로모션(slow motion)으로 붕괴 현장에서 표류하는 것 같았어요. 그렇게 떨어지면서 그 집이 여러 층으로 되어 있다는 것을 알게 되었습니다. 하지만 그 모든 것이 사방에서 무너져 내리고 있었어요.

마침내 발이 바닥에 닿았습니다. 건물 기초에 서서 다른 모든 것들이 떨어져 쌓이는 것을 지켜보았어요. 그 모든 과정이 끝난 후, 폐허 속을 걷기 시작했어요. 그런데 툭 튀어나와 있는 암석 조각이 보였어요. 그것에 마음이 끌려 그 위에 덮인 잔해들을 치우기 시작했습니다. 그건 주춧돌이었는데, 그 건물의 다른 부분과 어울리지 않게 굉장히 오래된 것 같았어요. 가리고 있는 잔해들을 계속 치우자, 표면에 새겨진 글자가 드러났어요."

"뭐라고 새겨져 있었어요?"

"그걸 보기도 전에 모든 게 사라졌어요. 그 폐허 더미, 잔해들이 다 사라지고 주춧돌만 남아 있더군요. 그런데 그 주춧돌도 움직이기 시작하더니, 파도와 갈매기 소리가 들렸습니다. 어느새 주춧돌은 돛이 펄럭이는 수세기 전 배의 갑판으로 바뀌어 있었어요. 그 건물의 주춧돌이 있는 갑판을 제외한 모든 것이 나무였습니다.

나는 혼자가 아니었어요. 다른 선원들도 있었는데, 모두 5~6세기 전 옷을 입고 있었습니다. 배는 천천히 좁은 곳을 지나가고 있었어요. 강을 따라 항해하고 있는지, 좌우로 땅이 보이더군요.

그때 어떤 음성이 들렸고, 선지자가 내 곁에 서 있었습니다."

◆◆◆

선지자가 물었다. "건물이 파괴되면 어떻게 되죠? 무엇이 드러나게 되나요?"

"그 건물의 기초요."

"하나님은 이스라엘이 국가로 부상하도록 기초를 놓으셨습니다. 하지만 그 은혜가 절정에 달했을 때, 이스라엘은 하나님을 버리고 타락했죠. 도시들마다 부정과 악덕이 가득했고, 거리에서 수많은 피가 흘려졌어요. 하나님은 몇 번이고 돌아오라고 부르셨지만, 이스라엘은 더 반항하며 악해질 뿐이었죠. 그래서 그분은 이렇게 말씀하셨습니다. '회칠한 담을 내가 이렇게 허물어서 땅에 넘어뜨리고 그 기초를 드러낼 것이라…(겔 13:14).'

먼저는 이스라엘에 재앙이 임하지 않을 것이라고 한 거짓 선지자들에게 이 말씀을 하셨습니다. 그 나라, 이스라엘이 완전히 무너져 그들의 거짓말이 드러나게 되었죠. 하나님은 그분이 이전에 세우신 것을 허물어 버리셨어요. 기초… 곧, 그분 위에 세워진 모든 것을 제거하시고 전부 원점으로 되돌리셨죠. 그 나라가 기초로 돌아가는 것이 심판의 원칙입니다."

내가 말했다. "무너진 탑은… 미국을 상징하는 것이었나요?"

"네, 기초에서 벗어난 높고 오만한 탑이었죠."

"그래서 9월 11일에 그 높은 탑이 완전히 무너지며 그 기초가 드러났군요."

"그런데 이 미스터리에는 몇 가지가 더 있는데, 미국의 높은 탑이 경제력과 군사력이라는 세상적 기초 위에 세워진다는 것이에요. 둘 중 경제력이 먼저 부상했습니다. 미군이 전 세계에 주둔하기 오래전에, 미국의 경제력은 이미 세계를 휩쓸었죠. 미국의 군사력이 존재하게 된 것은, 경제력이 부상할 기초가 놓이고 한참 후의 일이었어요."

내가 물었다. "그 기초는 어디에 놓였나요?"

"미국 경제력의 핵심이자 미국을 경제 초강대국으로 부상시킨 중심지는 뉴욕이었습니다. 그렇다면 뉴욕의 기초가 놓인 것은 언제일까요? 언제부터 뉴욕이라는 도시가 시작되었죠?"

"글쎄요… 잘 모르겠습니다."

"그 도시의 기초에서 결국 그 힘이 세워지게 됩니다. 그날 기초가 놓이면서 그 힘도 세워지기 시작했죠."

"그날이 언제인지 찾을 수 있을까요?"

"아마도요." 선지자는 그렇게 답하며 배 앞쪽에 검은색 코트를 입고 홀로 서 있는 남자를 가리켰다. 그는 뚫어져라 수면을 내려다보고 있었다.

내가 물었다. "저 사람은 누구죠?"

"이 배의 선장입니다."

나는 또 물었다. "여기는 어디죠?"

"우리는 항로를 찾아 항해하고 있어요."

"이 배는 어떤 배인가요?"

"네덜란드 동인도 회사의 배이고, 선장 이름은 헨리 허드슨입니다."

"헨리 허드슨! 초등학교 때 그에 대해 배웠어요."

바로 그때 검은색 코트를 입은 남자가 먼 곳을 가리키며 뭐라고 하자 선원들도 그곳을 바라보았다.

선지자가 말했다. "이제 당신은 뉴욕의 기초가 무엇인지, 그 비밀을 보게 될 것입니다. 모든 것이 시작된 그날을 말이에요."

배는 대륙을 향해 가고 있었다.

선지자가 말했다. "저기 섬이 보이네요."

내가 물었다. "저게… 저기가 뉴욕인가요?"

선지자가 말했다. "뉴욕, 맨해튼이라고 불리게 될 섬의 모습입니다."

"그렇다면 오늘이 그 섬을 발견하는 날이군요."

"그렇습니다."

나는 배가 섬으로 다가가 해안가에 닻을 내리는 모습을 지켜보았다.

선지자가 말했다. "누리엘, 오늘은 모든 것이 시작된 날이에요. 이 도시와 함께 그 힘이 세워지기 시작한 날, 오늘은 뉴욕의 기초가 놓인 날입니다."

"그렇다면 비밀은…"

"바로 이날입니다."

"이날이 언제인데요?"

"9월 11일이요."

"9월 11일?!"

"이 모든 것은 9월 11일에 시작되었어요. 9월 11일은 뉴욕시가 태어난 날입니다."

"그렇다면 뉴욕이 태어난 날에 공격을 받은 거네요."

"그리고 미국의 경제력도 이날부터 세워지기 시작했죠. 9월 11일에 모든 게 시작되었어요."

"그렇다면 그 힘이 세워지기 시작한 날… 무너져 버렸군요."

"그리고 미국이 다른 영향력을 키워 부상하게 된 것도 바로 이 힘 때문이었습니다. 그러므로 미국의 다른 힘과 영향력들도 모두 9월 11일에 기원을 두고 있죠. 미국이라는 나라의 부상도 마찬가지입니다. 전부 9월 11일에 시작되었어요."

"모든 게 한곳으로 모이는군요. 전부 그날 시작되었어요."

바로 그때 선장이 갑판 위에 놓여 있던 직사각형 모양의 커다란 돌판을 섬에 내려놓았다. 선지자와 나는 그 뒤를 따라갔다.

내가 말했다. "저 돌은 너무 커서 사람이 나를 수 없을 것 같은데, 헨리 허드슨은 실제로 돌을 육지로 옮겼나요?"

선지자가 말했다. "아뇨, 누리엘, 이건 꿈이에요. 이 섬을 발견하고 기초를 세운 것은 실제로 있었던 일이지만, 지금 당신이 보고 있는 것은 상징적인 모습입니다."

우리는 헨리 허드슨을 따라 물가로 갔다. 그는 거기에 돌을 내려놓더니 망치와 끌을 꺼내어 글자를 새기기 시작했다.

내가 외쳤다. "저건… 그 돌이에요. 내가 꿈속에서 본 돌이요!"

선지자가 말했다. "이건 꿈이에요. 당신은 지금도 꿈을 꾸고 있고요."

"그 건물이 무너진 후 드러난 기초석이에요."

"맞아요. 이제 뭐라고 새겨져 있는지 볼까요?"

"네."

우리는 돌이 있는 곳으로 다가가 뭐라고 새겨져 있는지 보았다.

내가 말했다. "에스겔 13장 14절? 이게 무슨 뜻이죠?"

"에스겔 13장 14절은 성벽(회칠한 담)이 무너지고 그 기초가 드러날 것이라는 말씀이에요."

"집이 무너지면 그 기초가 드러나죠."

"종합해 봅시다, 누리엘. 심판의 날, 이스라엘에 무슨 일이 일어났죠?"

내가 대답했다. "이스라엘의 힘이 꺾였습니다. 건물들이 무너지고, 모든 것이 제거되었어요. 그리고 그 기초가 드러났죠."

"그래요. 심판의 날 그 나라는 기초로 다시 돌아가게 됩니다."

"그래서 9.11 테러 직후, 미국도 그 기초로 다시 돌아왔어요. 재앙 가운데 국가의 기초가 드러났죠."

"미국이 9월 11일에 기초로 돌아갔을 뿐만 아니라, 미국이 세워진 날 자체가 9월 11일입니다. 재앙의 날이 되기 훨씬 전에 9월 11일은 미국의 건국일이었어요."

"9.11의 미스터리는… 정말 상상도 못했어요."

"시간이 하나로 합쳐지는 거예요. 고대 이스라엘이 심판받을 때도 이런 일이 있었어요. 예루살렘 성전이 로마 군대에 파괴되던 날은, 수세기 전 바빌로니아 군대가 성전을 파괴하던 날과 같은 날이었습니다."

"그렇다면 성전을 파괴한 이들은… 알고 그렇게 했을까요?"

"아뇨. 그냥 우연일 뿐이에요. 9.11 테러범들도 모르기는 마찬가지였죠. 그들은 그냥 와서 파괴를 일으켰을 뿐입니다."

"그러면 9월 11일에 일어난 일뿐만 아니라, 그날 자체가 징조였군요."

"예레미야서에는 그 나라의 심판을 다음과 같이 예언합니다. '내가 세운 것을 헐기도 하며 내가 심은 것을 뽑기도 하나니…(렘 45:4).' 심판이 임할 때 무슨 일이 일어나는지 눈여겨 보세요. 허무는 것은 세운 것과, 뽑는 것은 심은 것과 묶여 있습니다. 모두 반대의 것과 연결되어 있어요… 역전의 미스터리입니다.

그래서 9월 11일은 뉴욕시가 심겨진 날이면서 뽑힌 날이 되었고, 세워지기 시작한 그날이… 헐리고 무너지는 날이 되었죠."

내가 물었다. "그게 무슨 뜻이죠?"

"고대 이스라엘과 마찬가지로, 미국은 하나님의 축복을 받아 경제적, 재정적으로 번영을 누렸어요. 광주리와 떡 반죽 그릇이 복을 받아 부를 생산해 내는 능력이 있었고, 가장 번영하는 국가로 군림하게 되었죠. 이 모든 것이 하나님으로부터 왔습니다. 그러나 미국이 고대 이스라엘의 잘못을 되풀이하여 모든 복의 기초를 거스른다면, 그 복들이 얼마나 지속될 수 있을까요?"

◆◆◆

"애나, 왜 한마디도 하지 않죠? 무슨 생각을 하고 있는 거예요?"

애나가 대답했다. "그 모든 일이 일어났을 때요. 미국이 9.11 당시 멈춰 섰을 때 말이에요. 지금도 그때 내가 무슨 생각을 했는지 기억나요. 하지만 그 모든 것 이면에서 이런 일이 벌어지고 있을 줄은 상상조차 못했어요."

두 사람은 잠시 침묵했다. 애나는 누리엘이 물을 조금 마시는 동안, 말없이 앉아 있다가 물었다.

"그래서 그다음엔 어떻게 되었어요? 다음 계시는 뭐죠?"

"다음 꿈은 나를 미스터리 속으로 더 깊이 데려가 주었어요. 세상을 변화시킨 미스터리 속의 한 남자와 마이크, 그리고 독수리가 관련되어 있습니다."

9장
밤의 연설

"밤이었고, 나는 집들이 보이는 여러 마을과 도시들을 넘어가고 있었어요."

"넘어간다고요?"

"넘어가고 있었어요. 마치 내가 날고 있는 것처럼 그 모든 게 보이더라고요. 그러나 보이는 것보다 더 놀라운 건 들리는 소리였어요."

"어떤 소리가 들렸는데요?"

"마을과 도시, 건물과 집집마다 똑같은 음성이 들렸어요."

"어떤 음성이요?"

"어떤 남자가 연설하는 소리 같았어요. 고대 신전 같은 하얀색 석조 건물과 기념물들이 보이는 도시를 넘어가는데 계속 그 음성이 들리더군요. 바로 그때 내 몸이 내려가기 시작하더니, 그 도시 한가운데에 발을 딛고 섰어요.

눈앞에 길게 이어진 하얗고 거대한 돌계단이 보였고, 그 꼭대기에 책상이 놓여 있었어요."

"책상이요?"

"돌로 만든 책상이거나 책상 역할을 하는 커다란 직사각형 돌이었는데, 다른 꿈에서 본 건물의 기초석과 모양과 색깔이 똑같았어요. 거기에 한 남자가 앉아 있었습니다."

"어떤 사람이었죠?"

"60대 정도의 남자였어요. 안경을 쓰고 연한 색 재킷에 짙은 색 넥타이를 매고, 왼쪽 팔에 검은색 완장을 차고 있더군요. 그 남자 뒤로 책상과 동일한 색상의 아주 오래된, 거대한 석조 건물이 보였습니다. 멀리 떨어져 있는데도, 계단 밑에서 올려다볼 정도로 높은 건물이었고, 전면에는 날개를 펼친 거대한 독수리 상이 새겨져 있었어요."

"밤이었는데 어떻게 알아볼 수 있었죠?"

"곳곳에 불이 켜져 있었어요. 그래서 다른 것들도 상세하게 볼 수 있었습니다. 책상 위에는 마이크가 설치되어 있었는데, 책상과 마찬가지로 돌로 만들어진 것이었어요. 그제서야 내가 지금 보고 있는 것이 뭔지 깨달았죠. 남자는 마이크에 대고 이야기하고 있었어요. 그 땅의 모든 집과 마을과 도시들을 가득 채우고 있는 게 그의 목소리였어요. 바로 그때 그의 음성이 들렸어요."

"책상에 있는 남자요."

"아니, 선지자 말이에요."

◆◆◆

선지자가 말했다. "재앙의 날에 기초가 드러납니다. 9.11은 미국의 근본적인 힘의 기초를 드러냈어요. 그런데 그 힘은 두 가지였죠. 나머지 하나는 무엇이었죠?"

"미국의 군사력 말인가요?"

"네, 미국의 군사력이죠. 미국의 경제력은 점진적이고 지속적으로 상승했습니다. 그러나 군사력은 극적으로 갑작스럽게 부상했어요. 미국을 세계 최대의 군사대국으로 변화시킨 것은 제2차 세계대전이었습니다. 그리고 이 힘과 함께 세계사에 새로운 시대가 열렸지요. 어떻게 된 일일까요?

미국이 대영제국을 제치고 세계 최고의 경제 및 산업 강국이 된 것은 1800년대 후반입니다. 그러나 군사력은 상대적으로 약했죠. 미국 군대는 영국군의 극히 일부에 불과했어요.

1917년 미국은 제1차 세계대전에 휘말려 마지막 단계에 참전했습니다. 전쟁이 끝났을 때, 미국은 다른 나라의 일에 개입하지 않는 고립주의를 표방했죠. 미국의 고립주의는 파시즘과 나치즘이 부상하며 위험성이 커져 감에도 불구하고 1920년대와 1930년대까지 지속되었어요. 1930년대 중후반에 미국 의회는 몇 가지 중립 법안을 통과시켜 다른 나라들의 분쟁에 개입하는 것을 금지하거나 엄격하게 제한했습니다.

제2차 세계대전이 발발하면서 프랭클린 루즈벨트 대통령은 미국을 고립주의에서 끌어내어 유럽 대륙을 집어삼킨 나치즘과 파시즘 세력과 맞서 싸우려 했습니다. 그러나 그는 여론과 미 의회의 저항에 부딪히게 되었죠.

미국이 제2차 세계대전에 참전하면서 초강대국으로 부상하게 된 것이 1941년부터입니다. 그해 2월 《라이프》지에 고립주의 종식과 이른바 '미국의 세기' 시작을 요청하는 사설이 실렸죠.[1] 바로 다음 달, 의회는 무기 대여 법안을 통과시켜 연합국의 전쟁 물자를 지원하는 막대한 원조를 허용했습니다. 4월에는 루즈벨트 대통령이 보호 조치의 일환으로 그린란드에 미군 주둔을 승인했고, 3개월 후에는 아이슬란드에 군대를 파견했죠.

8월에는 루스벨트 대통령과 영국 수상 윈스턴 처칠이 뉴펀들랜드 해안에서 비밀리에 만나 전후(戰後) 세계의 공동 목표 여덟 가지를 발표했는데, 이것이 바로 영미 동맹의 시작으로 알려진 대서양 헌장입니다. 그러나 실망스럽게도, 루즈벨트는 전쟁에 참여하기를 거부했어요. 의회와 여론의 지지가 없어 어쩔 수 없는 상황이었죠.

하지만 머지않아 상황이 달라지게 됩니다. 늦여름 미 해군 함정 그리어(USS greer)호가 독일 잠수함을 추격하다가 어뢰 공격을 받자, 수중 폭뢰를 투하하여 반격을 가했습니다. 미 해군 함정이 독일 잠수함과 벌인 최초의 교전이었죠. 사건 발생 일주일 후, 대통령은 라디오를 통해 대국민 담화를 발표했습니다."

"그러면 그게 집집마다 들리는 소리인가요?"

"그렇습니다." 선지자는 책상에 앉아 있는 남자를 가리키며 말했다.

"바로 저 사람의 음성이에요."

"뭐라고 말하는 거죠?"

"올라가서 알아봅시다."

우리는 길게 이어진 하얀색 돌계단을 올라가기 시작했다. 멀리 있는 건물과 집들에 그의 음성이 울려 퍼지고 있었지만, 정확히 뭐라고 말하는지는 들리지 않았다. 계단 끝에 이르자 그 소리가 더욱 분명해졌다. 우리는 잠시 그 자리에 서서 그가 마이크에 대고 말하는 것을 들었다. 그는 우리의 존재를 눈치채지 못하는 것 같았다.

"하지만 이 경고를 분명히 해 두겠습니다. 이후 독일이나 이탈리아 군함이 미국을 보호해야 하는 구역, 영해에 진입하는 경우, 그들은 위험을 각오해야 할 것입니다."[2]

선지자가 말했다. "루즈벨트 대통령은 이렇게 말하며 소위 '보이는 즉시 사살하라'는 정책을 시작했습니다. 그 순간부터 미국을 보호할 필요가 있다고 여겨지는 해역에서 독일이나 이탈리아 군함이 발견되면, 모든 미국 배들이 발포하게 되었죠. 미국의 참전이 확실해지면서 돌이킬 수 없는 상황이 되었어요. 이것은 전쟁은 물론 세계사의 흐름을 완전히 바꿔 놓았습니다."

바로 그때 변화가 시작되었다. 마이크의 모양이 바뀌고 있었다. 그것은 위로 뻗어 나가며 길어지다가 한 묶음의 화살 모양으로 바뀌었는데, 여전히 돌이었다. 그 후 대통령은 그 화살 묶음을 모아 의자 팔걸이에 걸쳐 놓았다. 그제서야 그가 휠체어에 앉아 있는 것을 알아차렸다. 이제 그는 몸을 돌려 거대한 건물을 마주보고 있었다. 그러더니 거대한 독수리 상쪽으로 다가가 화살을 그 발톱 앞에 놓았다.

그러자 독수리 형상이 움직이기 시작하더니 건물 벽에서 빠져나왔다. 그것은 여전히 돌이었지만, 이제는 조각이 아니라 완전히 입체적인 존재가 되어 있었다. 독수리는 화살을 힐끗 내려다보더니 발톱으로 움켜잡았다.

대통령이 독수리에게 말했다. "이제 일어나 싸워라."

그러자 그 거대한 생물은 폭풍구름이 짙게 드리운 밤하늘로 날아올라 어둠 속으로 사라졌다.

선지자가 말했다. "대통령의 선언으로 미국은 공식적으로 참전하게 되었습니다. 그리고 그로 인한 엄청난 결과들을 피할 수 없게 되었죠. 3개월 후 일본이 진주만을 공격하면서 공식화되기는 했지만, 그날 밤 대통령의 선언과 새로운 정책의 시작으로 이미 시작된 것이었습니다. 이 연설은 중대한 결정이 내려졌다는 것을 분명하게 보여 주었어요. 이것으로 미국은 참전할 뿐만 아니라 세계의 주도권을 쥐게 되었죠.

대통령의 연설은 나라 전체에서 논평과 사설 등으로 대서특필되며 그 의미가 명백하게 드러났습니다.

'나치 독일과 파시스트 이탈리아에 대한 비공식 선전 포고는… 정당하게 선출된 미국 대통령으로서 이제 1억 3천 2백만 명의 미국인들이 돌아갈 수 없는 길을 떠나게 만들었다. 미 국민은 이 전쟁에서 패배할 수 없게 되었다[3]… 미국인들은 돌이킬 수 없다는 것을 안다…[4]'

역사학자들도 이 연설을 실질적인 선전 포고이자 미국의 비공식적인 참전으로 여깁니다."

내가 말했다. "책상과 벽, 독수리와 화살은 모두 다른 꿈에서 본 건물 바닥, 곧 기초석과 동일한 색과 재질이었어요. 그것은 무엇을 의미하는 건가요?"

선지자가 말했다. "당신이 본 것은 또 다른 기초에 대한 계시였어요… 미국은 세계 최고의 군사대국으로 일어나게 됩니다. 당신이 본 것은 모두 그것이 확정되던 날, 미국의 시대가 결정되던 날의 일부예요."

"미국의 시대가 확정되던 날… 그날이 언제죠?"

"바로 9월 11일입니다."

"9월 11일이요?!"

"모든 것이 9월 11일에 시작되었어요."

"그러면 루즈벨트 대통령이 국민들에게 연설한 날이…"

"9월 11일 밤이에요."

"미국의 다른 기초가 세워지던 날과 같은 날이군요."

"미국의 참전이 확정된 것이 9월 11일이었습니다. 그날, 전쟁의 결과가 확정되었고, 미국은 세계에서 가장 강력한 군사대국으로 부상하기 시작했죠."

"9월 11일! 미국이 초강대국으로 발돋움하게 된 것이 9월 11일이었군요!"

"네, 미국의 시대, 미국이라는 초강대국이 탄생한 날이 바로 9월 11일입니다. 미국이 부상하기 훨씬 이전의 9월 11일이 이 모든 것의 기초였어요."

"그리고 미국 군사력의 상징인 펜타곤이 공격받은 날이기도 하고요."

"그렇죠."

"미국 군사력의 상징이 그 기초가 놓인 날에 공격받은 거네요."

"그게 다가 아닙니다."

"무슨 뜻이죠?"

"히틀러는 미국과의 전쟁을 피하고 싶었습니다. 그는 먼저 소련을 꺾고 싶었어요. 그러나 나치 독일 지도자들은 9월 11일 루즈벨트의 연설을 전쟁의 시작으로 받아들였을 뿐만 아니라, 돌이킬 수 없는 상황이라 판단했습니다.

연설 이틀 후, 독일의 외무장관 요아힘 폰 리벤트로프는 우방이었던 일본 정부에 루스벨트의 결단은 동맹국과의 전쟁으로 이어질 것이라고 경고하면서 미국을 공격하라고 압박하기 시작했어요. 히틀러는 일본과의 전쟁으로 미국의 주의를 돌리면, 유럽에서 전쟁을 벌이지 못하게 막을 수 있을 거라 여겼죠. 독일, 이탈리아, 일본이 군사동맹을 맺은 것은 12월 초였습니다. 그 후 1941년 12월 7일, 일본이 미국의 진주만을 공격했습니다. 비공식 선전 포고는 이제 공식적인 것이 되었죠."

"그렇다면 진주만도 9월 11일과 연결되어 있군요."

"그렇습니다. 하지만 진주만은 미국과 일본만 관련되어 있었어요. 미국이 유럽에서 나치 독일과의 전쟁에 참여하지 않았다면, 전쟁이 끝나고 세계 초강대국이 될 수 없었을 겁니다. 진주만 공격이 있고 나흘 후, 나치 독일이 미국에 선전 포고를 하면서 이 모든 것이 확정되었습니다. 독일의 이러한 선언으로 같은 날 미국도 유럽에 참전하게 되었죠. 하지만 독일의 선전 포고도 결국 9월 11일이 시작이었습니다."

"그래서 모든 것이 그날로 돌아가는군요."

"9월 11일은 미국을 전쟁에 끌어들여 지상에서 가장 강력한 군사대국에 이어 세계 최고의 초강대국으로 만들었습니다. 그리하여 미국은 군사를 전 세계에 주둔시키고 해군으로 세계를 순찰하는 강력한 국가가 되었죠. 9월 11일은 이렇게 미국이 국가들의 수장으로 군림하는 새로운 시대, 즉 미국의 시대를 열었습니다. 모든 게 9월 11일에 시작되었어요."

내가 말했다. "모든 게 9월 11일에 시작된 것과 마찬가지로, 9월 11일에 모든 것이 제자리로 돌아오게 되었네요."

"성경 말씀을 기억하십시오, 누리엘. 심판의 날, 세워진 것이 무너지게 되고 심은 것이 뽑히게 됩니다. 심은 것과 세운 것이, 뽑히고 파괴되는 것과 연결되어 있어요. 9월 11일은 미국의 세계적인 군사력이 심겨진 날이었습니다."

"미국의 경제력이 심겨진 날이기도 하고요. 두 힘이 다… 9월 11일에 심겨졌네요."

선지자가 말했다. "그래서 기초가 세워진 날 반드시 무너지게 됩니다… 기초가 놓인 9월 11일이 재앙의 9월 11일이 되어야 하는 거예요."

"그 의미와 메시지는…"

"미국이 그 기초요 근본되신 하나님께 돌아가지 않으면, 그날에 세워진 힘들이 무너지게 된다는 것입니다."

❖❖❖

애나가 물었다. "그러면 다음 미스터리는 뭐죠?"

"이 일과 함께 일어났지만 세계에 거의 알려지지 않은 사건, 강과 묘지 사이의 들판에서 벌어지는 사건에 집중할 거예요. 너무나도 정확하게 하나로 합쳐지기 때문에 정신이 번쩍 드는 사건이었어요."

주

1. 헨리 R 루스, "미국의 세기" 라이프(Life), 1941년 2월 17일,
 https://books.google.com/books?id=I0kEAAAAMBAJ&.
2. 프랭클린 D 루즈벨트, "노변한담(Fireside Chat) 18 : 더 큰 사건에 대하여" 1941년 9월 11일.
 https://millercenter.org/the-presidency/presidential-speeches/september-11-1941-fireside-chat-18-greer-incident.
3. "우리는 그것 안에 있다. 우리가 이기는 것이 좋다" 버겐 이브닝 레코드, 1941년 9월 12일, 28일. https://www.newspapers.com/newspage/491210602/
4. "준비 완료된(At the Ready)" 카난디구아 데일리 메신저, 1941년 9월 17일.
 https://newspaperarchive.com/canandaigua-daily-messenger-sep-17-1941-p-5/

10장
강가의 집

"나는 밤에 배 안에 있었어요. 하지만 지난번 꿈과는 달리 새벽이 멀지 않은 시간이었고, 배에는 나 외에도 네 명이 더 있었어요."

"다른 사람들이요?"

"꿈이 시작될 때는 그 이상을 알 수 없었어요. 어두운데 전부 망토를 쓰고 있어서 얼굴이 잘 보이지 않았거든요. 게다가 다들 고개를 돌리고 배 바깥쪽을 바라보고 있었어요. 선장으로 보이는 사람을 제외하면 말이에요. 그는 배 앞쪽에 앉아 먼 곳을 응시하고 있었는데, 나는 바로 그 뒤편에 있어서 그의 얼굴도 보이지 않았어요. 네 사람 곁에는 지난번 꿈에서 본 책상과도 같고, 그 전 꿈에 나온 기초석과 동일한 모양과 색상의 커다란 직사각형 돌이 있었어요."

✦✦✦

"당신들은 누구죠?"

나는 선장을 바라보며 그들에게 말을 걸었다.

"여기서 무얼 하고 있는 겁니까?"

선장이 대답했다. "우리는 건축가들로, 강가에 살고 있습니다."

그는 내쪽은 쳐다보지도 않았다.

"그리고 오늘은 기초를 놓으러 건너가는 날이에요." 또 다른 사람이 말했다.

내가 물었다. "무슨 기초요?"

그러자 또 다른 사람이 대답했다. "강가에 있는 큰 집이요."

선장이 말했다. "오늘 모든 것이 시작됩니다."

그때 배가 강 건너편에 도착했다. 배에서 내릴 준비를 하고 있는데, 선장이 돌아보며 망토를 내렸다. 나는 즉시 그를 알아보았다.

◆◆◆

"누구였는데요?"

"조지 워싱턴이요. 그는 돌을 들고 배에서 내려 다른 사람들을 기다렸습니다. 나도 그와 함께 내려 배쪽을 돌아보았는데, 내 뒤에 앉아 있던 사람이 두건을 벗었어요. 그 사람은 토마스 제퍼슨이었어요! 그도 돌을 들고 배에서 내려 우리와 함께 섰어요. 이어서 세 번째, 네 번째 사람도 그렇게 했는데, 그들은 각각 아브라함 링컨과 테디 루즈벨트였어요."

애나가 말했다. "뭔지 알겠어요. 미스터리 말이에요. 러시모어산이에요. 네 명 모두 러시모어산에 있어요."

"그래요. 나도 그렇게 생각했어요. 하지만 그건 미스터리와 아무 상관이 없어요."

"그렇군요. 그래서 그다음에 어떻게 되었어요?"

"강가에 서 있는데, 해가 뜨기 시작하더군요. 우리는 내륙 안쪽으로 걸어 들어가다가 넓게 트인 곳에 이르렀는데, 그곳 한가운데에 휠체어를 탄 남자가 있었어요."

애나가 말했다. "루즈벨트… 프랭클린 루즈벨트군요."

"맞아요. 그는 검은색 망토를 두르고 있었고, 발치에는 다른 이들과 모양과 크기와 색상이 동일한 돌이 놓여 있었어요. 그들은 서로 인사를 나눈 후, 배에 앉아 있던 순서대로 그 돌 옆에 가져온 돌을 내려놓기 시작하더니, 둥글게 원 모양을 만든 후에 물러났어요. 그러자 그 돌들도 둥글게 모습이 바뀌더군요.

그때 루즈벨트가 휠체어에서 앞쪽으로 몸을 내밀며 말하기 시작했어요. '우리는 이날을 기억할 것입니다. 바로 오늘 우리는 역사의 전환점이 될 위대한 집, 강대국의 기틀을 다지기 위해 강을 건넜습니다. 비록 세상의 눈을 피해 이 돌들을 놓았지만, 이날은 대대로 알려지게 될 것입니다.'

그러더니 나와 다른 한 명을 제외하고는 모두 그 자리에 굳어 버렸어요."

"다른 한 명은 누구죠?"

"선지자요. 언제 왔는지 모르지만, 그 순간 그가 내 뒤에 있더군요."

◆ ◆ ◆

선지자가 물었다. "방금 본 것은 무엇을 의미할까요?"

"그 돌들은 다른 환상에서 본 책상이나 무너진 집의 주춧돌과 같은 모양이었어요. 그래서 어떤 기초에 대한 계시가 아닐까 싶어요. 그리고 그 중심인물이 지난번 꿈과 마찬가지로 프랭클린 루즈벨트라서 그의 대통령 재임 시절에 세워진 기초와 관련이 있을 것 같은데… 미국이 군사강국 또는 초강대국으로 부상하는 것과 관련이 있을 것 같아요."

"훌륭해요, 누리엘. 그러면 결정적인 전환점이 된 해는 언제였죠?"

"1941년이요."

"그래요. 그해에 루즈벨트 대통령이 비공식적으로 미국의 참전을 선언했죠. 하지만 1941년은 또 다른 이유로 전환점이 되었습니다. 그해에 미국 군사력에 획기적인 변화가 시작되었어요. 미군 병력이 4배로 커지면서 국방비 지출도 그만큼 증가했죠. 1940년에는 50만이 안되던 미군이 1941년 말에는 2백만에 육박했습니다. 1941년은 분수령이 된 해였어요.

그러나 군사력만 급증한 것이 아니었습니다. 1941년에는 국방부에 소속된 인원이 2만 4천 명에 이르렀어요. 그들은 워싱턴 DC 전역의 17개 건물에 흩어져 있었는데, 전쟁이 세계를 휩쓸고 히틀러의 군대가 유럽 대륙 대부분을 점령하고 있는 상황에 국방부를 한곳으로 통합시켜 강화할 필요성이 제기되었죠. 그러나 워싱턴에는 그 필요를 충족시킬 만큼 큰 건물이 없었어요.

그래서 육군 참모 총장 조지 C. 마샬 장군은 브리혼 B. 소머벨 준장을 군 시설국 국장으로 임명하여 해결책을 마련하게 했죠. 소머벨은 한 지붕 아래 수만 명의 국방부 인원 전체를 수용할 수 있을 만큼 큰 건물을 짓기 시작했습니다. 이러한 기념비적인 일을 수행하기 위해 그는 워싱턴 외곽 지역과 포토맥강 건너편을 살펴봐야 했죠."

"강 건너편… 여기 오려고 건너온 강이 포토맥강이었군요."

"그래요."

"하지만 워싱턴, 제퍼슨, 링컨, 테디 루즈벨트가 함께 있어서 러시모어산을 가리키는 거라고 생각했어요."

"당신을 어떤 장소로 안내하긴 했지만, 러시모어산은 아니에요."

"그러면 어디죠?"

"배에 있던 사람들에게 누구냐고 물었을 때, 그들은 뭐라고 대답했죠?"

"건축가들이요. 강가에 살고 있다고 했어요."

"그게 첫 번째 단서입니다. 그렇게 말한 사람은 조지 워싱턴이에요. 워싱턴에게서 이 도시가 나왔죠. 워싱턴시는 포토맥강 옆에 자리잡고 있어요."

"제퍼슨은요?"

"저기를 봐요." 선지자는 강 건너편에 있는 돔형 건물을 가리켰다.

"제퍼슨 기념관이에요. 토마스 제퍼슨 상이 검은 화강암 받침대 위에 세워져 있죠. 그리고 저쪽을 봐요."

그는 그리스 신전처럼 보이는 건물을 가리켰다.

"링컨 기념관입니다. 링컨이 하얀 대리석에 앉아 있죠."

"그러면 테디 루즈벨트는요?"

"저기… 강 한가운데에 있는 섬이요. 시어도어 루즈벨트 섬이에요. 그의 동상이 세워져 있죠. 강 건너편에는 프랭클린 루즈벨트의 기념비도 있습니다. 모두 이 강가에 있어요. 그들은 모두 이 땅을 가리키고 있습니다."

"그러면 이 땅은…?"

"봐요, 누리엘. 그들이 여기에 기초로 놓아 둔 돌들이에요. 이게 어떤 모양이죠?"

"원 모양이요."

선지자가 대답했다. "원이 아니에요. 다시 봐요. 무슨 형태죠?"

내가 대답했다. "오각형… 오각형이에요! 여기는 전쟁부(미 국방부가 조직되기 전의 미 군사기구)를 위한 '거대한 건물', 곧 펜타곤이 세워진 땅이에요!"

"그러면 펜타곤은 언제 세워졌죠? 1941년부터 시작되었습니다."

내가 말했다. "미 군사력의 전환점이 된 해였죠. 그러면 군사력의 기초가 놓인 해에 펜타곤의 기초가 세워졌군요."

"그렇습니다. 미국의 세계적인 군사력을 보여 주는 이 건물은 그 힘이 시작된 해에 세워지게 되었어요. 그리고 바로 이곳, 이 건물에서 미국을 세계 최고의 군사대국으로 만든 승리의 작전과 계획을 도모하고 지휘하게 됩니다.

펜타곤은 일시적인 필요에 임시 해결책으로 계획된 것이었어요. 전쟁이 끝난 후에는 미군이 전쟁 전 상태로 돌아가면서 몇 가지 다른 용도로 사용될 것으로 여겼죠. 하지만 그런 일은 결코 일어나지 않았어요. 미군은 절대로 이전 상태로 돌아가려 하지 않았고, 펜타곤은 새로운 세계 권력의 영원한 집이 되었습니다.

1941년에 한 국가가 세계사에서 가장 위대한 군사대국으로 변화하기 시작했어요. 그리고 그 변화가 시작되며 세워지게 된 건물은 그 힘을 상징하게 되었죠. 펜타곤이 미국의 세계적인 군사력의 상징물로 널리 알려지게 된 것이에요.

그러나 1941년은 그 이상의 것이 시작된 해였습니다. 미국이 군사대국이 되면, 본질적으로 초강대국으로 부상하며 미국의 시대가 시작되게 되어 있었어요. 그래서 이 건물은 세계에서 가장 강한 군사력의 상징물일 뿐만 아니라, 모든 나라보다 뛰어나고 역사상 모든 왕국과 제국을 능가하는 세계 강대국의 상징이 되었습니다. 그리고 이 모든 것은 바로 이 자리에서 대대적인 축하 행사나 광고도 없이 시작되었죠. 노동자들이 이곳에 모여 공사에 착수하면서 말이에요."

"기공식 말이군요."

선지자가 말했다. "그래요. 미국이 초강대국으로 세워지기 시작한 획기적인 순간이었습니다. 미국의 시대가 열리는 기공식이었죠."

그는 그렇게 말한 뒤 나를 바라보며 아무 말도 하지 않았다.

"왜요?" 내가 물었다.

"눈치채지 못한 것 같군요."

"뭘 말이죠?"

선지자가 말했다. "돌들이요. 저 돌들을 봐요, 누리엘."

그래서 돌들을 보았지만 아무것도 알 수 없었다.

"누리엘, 첫 번째 돌이 있는 곳으로 가서 무엇이 보이는지 말해 봐요."

그래서 나는 돌이 있는 곳으로 다가갔다. 그러자 무언가 새겨져 있는 것이 눈에 띄었다.

◆◆◆

애나가 물었다. "뭐라고 새겨져 있었어요?"

"IXXI."

"그게 무슨 뜻이죠?"

"그래서 나도 선지자에게 물었어요."

◆◆◆

"이게 뭐죠?"

선지자가 대답했다. "로마 숫자입니다. XI는 10 더하기 1, IX는 10 빼기 1이에요."

"여전히 무슨 말인지 모르겠는데요?"

"이건 어떤 날짜를 상징하는 거예요."

"무슨 날이요?"

"착공식이 있던 날짜요."

"언제였는데요?"

"9월 11일이요."

"9월 11일이라고요?!"

"9월 11일에 공사가 시작되었습니다."

"착공식이 9월 11일이라니…"

"획기적이고 큰 변화가 시작된 날이었습니다. 그들은 1941년 9월 11일에 공사를 시작하기 위해 이 장소에 모였어요."

"그러면 펜타곤은 9월 11일에 태어난 거군요."

선지자가 말을 받았다. "기초가 놓인 날이죠."

"그래서 모든 것이 그날로 거슬러 올라가는군요."

선지자가 물었다. "성경은 그 기초에 대해 뭐라고 말씀하죠?"

"벽(담)을 허물어뜨리고 그 기초를 드러낼 것이다."

선지자가 말했다. "그래서 같은 날 펜타곤이 허물어져 그 기초가 드러나야 했습니다. 그런데 드러난 것은 단순히 무너진 벽의 기초가 아니었어요. 펜타곤의 기초가 놓인 날, 바로 9월 11일 자체가 드러난 것이었습니다. 그러면 미국에 펜타곤은 뭐죠? 미국을 지키고 보호하는 성벽이었습니다. 그래서 그 벽이 허물어지며 그 기초가 드러난 것이에요."

"테러범들이 9월 11일에 펜타곤을 공격한 건… 그날과 같은 날이라서 그렇게 한 건가요?"

"아니요. 이전에 바빌로니아인들이 예루살렘을 함락한 것과 동일한 날짜에 예루살렘을 파괴하고 있다는 사실을 로마인들이 몰랐던 것처럼, 그들도 몰랐어요. 단순히 적들을 파괴하려고 그렇게 한 것 뿐이었죠. 하지만 모든 것이 그날과 연결되었습니다. 이것이 성경의 심판 원리인 기초를 드러내는 것이에요."

내가 말했다. "펜타곤은 9월 11일에 세워졌기에 9월 11일에 무너지게 되는군요."

선지자가 대답했다. "그렇습니다. 심판의 연속성이며 역전이에요."

"그러면 루즈벨트 대통령이 미국과 세계를 향해 연설하며 선언하던 바로 그날, 선을 넘은 것이로군요. 펜타곤은 바로 그날 시작되어 전쟁의 흐름을 바꿔 놓게 되었어요."

"그래요. 대통령은 착공식이 있던 날 밤에 대국민 연설을 했죠."

"그런 식으로 맞춰지게 계획된 건가요?"

"아뇨. 우연히 그렇게 되었을 뿐이에요."

"그러면 미국의 참전이 확정되던 날 아침에 이미 펜타곤이 시작된 거네요."

"착공식이 있던 날 밤에 큰 변화가 시작된 거죠."

"그래서 펜타곤은 미국의 시대가 시작되던 날에 착공되었군요."

"네, 1870년대 후반부터 전쟁부와 해군을 수용하던 낡은 국무부, 전쟁부, 해군성 건물을 대체하기 위해 지어졌죠. 전쟁부가 이미 비좁아진 건물에서 워싱턴몰에 임시로 세운 군수물자 건물로 이전하기 시작한 게 1930년대 후반이었습니다. 전쟁부가 옛 건물을 떠나는 것은 상징적인 순간이 되었죠. 전쟁부가 이전한 지 며칠 만에 독일이 폴란드를 침공하며 제2차 세계대전이 시작되었어요. 미국의 전쟁부가 옛 본부를 옮기던 그즈음에, 전쟁부와 미국 자체를 변화시킬 전쟁이 일어나고 있었던 거예요.

그것은 한 시대의 종말이었습니다. 옛 건물은 60년간 미군의 사령부 역할을 해 왔어요. 뒤를 이어 사령부가 된 펜타곤은 1941년에 착공되었는데, 여기서 60년을 계산하면 어떻게 되죠? 몇 년도인가요?"

"2001년이요!"

"착공식 날, 새로운 시대가 시작된 바로 그날로부터 60년을 헤아리면 언제가 될까요?"

"2001년 9월 11일… 정확히 그날이네요!"

우리는 그 후 한동안 아무 말도 하지 않았다. 우리 곁에는 여전히 뱃사람들, 곧 대통령들이 그 자리에 굳어져 있었다. 선지자는 그곳을 떠나 강쪽으로 걷기 시작했다.

"잠깐만요!" 나는 그를 따라잡으며 말했다. "궁금한 게 있어요."

"말해 봐요."

"펜타곤은 군사력의 상징물일 뿐만 아니라, 세계를 지배하는 군사대국이며 여러 나라의 수장으로 군림해 온 미국과 미국의 시대를 상징합니다. 그러므로 60년 전 첫 번째 9월 11일에 이 땅에서 일어난 일은 그 시대의 기초가 되었어요…"

"그렇죠."

"그러면 붕괴가 일어난 두 번째 9월 11일은 또 다른 시대의 시작을 알리는 거잖아요. 펜타곤 착공식이 이 모든 것의 시작을 의미한다면, 그것의 붕괴는 무엇을 의미하는 거죠? 이 모든 것의 끝, 미국 시대의 종말이 시작되었다는 것을 알려 주는 건가요?"

선지자가 대답했다. "그것은 경고였습니다. 그러므로 앞으로 어떤 일이 일어날지는, 그 경고를 받아들이는지에 따라 달라지겠죠."

◆◆◆

"그게 다 거기 있었네요!" 애나가 말했다. "전부 거기에 있었는데, 우린 깨닫지 못했어요. 모든 게 9월 11일에 시작되었어요. 그리고 그 일들이 그날 일어나게 된 것은 누가 계획한 것이 아니라 수천 년 전에 기록된 말씀대로 된 것이었어요. 엄청나네요."

누리엘이 말했다. "그런데 시간의 미스터리에는 한 조각이 더 있습니다. 세상이 놓친 것, 9월 11일 자체에 나타난 징조, 내가 꿈, 환상이라고 생각하던 것들이 현실로 드러났어요."

11장
신비한 배

"밤에 나는 어떤 도시 변두리의 물가에 서 있었어요."

"어떤 도시요?" 애나가 물었다.

"어두워서 분간하기 어려웠어요. 게다가 나는 도시 쪽은 보지 않고 있었어요. 하지만 현대적인 도시였습니다. 나는 강을 내려다보고 있었어요. 반달이 빠른 속도로 하늘에서 움직이더니 밤과 함께 사라지고 아침이 되었어요. 평화로운 아침이었습니다. 그런데 폭발음에 이어 사이렌 소리가 들려왔어요."

"무슨 일이죠?"

"보이지 않았어요. 전부 내 뒤편에서 일어나고 있었어요. 그런데도 나는 돌아보지 않고 계속 항구를 내려다보고 있었어요. 그러다가 희뿌연 안개 같은 것에 휩싸였는데, 먼지구름이었습니다. 모든 것이 희미하게 보였어요. 바로 앞에 있는 것만 겨우 보일 정도였죠. 다른 때라면 강 건너편이 보였을 거예요.

어쨌든 나는 수많은 사람들이 물가에 서서 도시의 혼란과 자욱한 연기에서 벗어나려고 애쓰는 모습을 보고 있었어요."

✦✦✦

"무엇을 보고 있죠, 누리엘?" 선지자가 내 오른쪽에 서 있었다.

"사람들이 탈출하려고 애쓰고 있어요. 무슨 일이 생긴 것 같아요."

그는 아무 말도 하지 않았다. 우리는 그 자리에 서서 사람들이 기다리고 있는 항구로 배들이 들어오는 모습을 지켜보고 있었다.

선지자가 다시 내게 물었다. "무엇을 보고 있죠, 누리엘?"

바로 그때 어떤 배가 안개 속에서 나타났는데, 그날 그 자리에 있는 다른 어떤 것과도 어울리지 않는 모습이었다. 다른 것은 모두 현대의 것이었는데, 그 배는 다른 시대의 것이었다. 깃발이 꽂힌 세 개의 돛대에 하얀 사다리꼴 모양의 돛이 펄럭이는 나무 배였다. 그 배가 눈에 띄는 것은 단순히 외양 때문이 아니었다. 주변에서 벌어지고 있는 혼란과 상관없는 것처럼 보였기 때문이다. 마치 서로 다른 두 시대가 물 위에서 충돌하는 것 같았다. 그 배는 계속해서 안개 속으로 사라졌다가 나타났다를 반복했다. 모든 것이 유령처럼 보였다.

내가 대답했다. "배가 보이는데, 이 세계에 속하지 않은 것 같아요."

"못 알아보겠어요?"

"알아봐야 하는 건가요?"

"그래야 합니다. 저건 다른 꿈에 나타났던 배에요. 실제로 당신은 그 배에 탔었고요."

내가 대답했다. "기초석의 배 말이군요. 맨해튼을 발견하여 뉴욕시의 시작을 알린 배요. 첫 번째 힘의 기초를 놓아 미국을 이 땅에서 가장 강력한 경제대국으로 부상하게 만들었죠."

선지자가 말했다. "그 배의 이름이 있는데, 바로 하프문(Half Moon), 반달입니다."

"알아요. 학교에서 배웠어요. 그런데 왜 저 배가 지금 보이는 거죠? 이 현장에 어울리지 않는데 말이에요."

"하지만 현장에 있죠."

"내가 뭘 보고 있는 건가요? 사람들이 도시를 탈출하고 있는데, 그 이유가 뭐죠?"

"저건 9.11 현장이에요."

"그렇다면 하프문은 9월 11일에 뉴욕에서 무엇을 하고 있는 거죠?"

"하프문이 이곳을 항해하다가 이 섬을 발견한 날이 언제죠?"

"9월 11일이요."

"그렇다면 전부 맞춰지네요."

"두 사건이 함께 있는 거로군요. 이 환상은 뉴욕시가 탄생한 날이자 파괴되는 날인 9월 11일의 연관성을 예언적으로 보여 주는 거예요."

선지자가 말했다. "아니요. 이 환상은 그걸 보여 주는 게 아니에요."

"그럼 뭐죠?"

"연결 고리입니다. 하지만 그걸 보여 주고 있는 건 환상이 아니에요."

"무슨 말이죠?"

"당신은 환상을 보고 있는 게 아니에요."

"그래요. 꿈이죠."

"당신은 꿈속에 있지만, 당신이 보고 있는 것은 환상이 아니에요."

"그렇다면 내가 보고 있는 건 뭐죠?"

"당신은 실제 상황을 보고 있는 거예요."

"무슨 뜻이죠? 하프문은 아주 오래전에 이곳을 항해하던 배잖아요."

"400년 전이에요."

"하지만 2001년 9월 11일에 하프문이 이 강에 나타났어요."

선지자는 대답하기 전에 잠시 멈췄다.

"그게 사실이니까요."

"하지만 그건… 불가능한 일이에요."

"하프문은 9월 11일에 이곳에 있었습니다."

"이해가 되지 않아요."

"하프문이 다시 나타났어요… 그래서 누리엘 당신만 그 배를 본 게 아니에요. 9월 11일에 하프문이 뉴욕시에 나타났습니다. 도시를 탈출하던 사람들의 눈앞에 말이에요."

"말도 안 돼요."

"재앙 가운데 파멸의 안개를 뚫고 하프문이 허드슨강에 나타났습니다. 그리고 모든 것이 시작된 수세기 전 첫 번째 9월 11일과 동일하게 항해했죠."

"유령선이었나요?"

선지자가 대답했다. "아뇨. 파괴 당일에 나타난 표징이었습니다… 이 도시와 국가에 주어진 징조였죠."

"어떻게 그런 일이 있을 수 있죠?" 내가 물었다.

"항상 그렇듯이 아무도 그것을 계획하지 않았어요. 그러나 모든 사건들이 하나로 합쳐지며 일어났습니다. 1980년대 말에 하프문을 본래 모습과 크기대로 재건한 일이 있었어요. 그리고 9월 11일 아침에 4세기 전과 마찬가지로 맨해튼 섬에 다가갔는데, 이번에는 그게 재앙의 날이었던 거예요.

하프문이 강을 거슬러 올라가는 동안, 두 개의 거대한 탑이 무너지며 엄청난 먼지구름이 항구를 뒤덮었어요. 재난을 피해 도망치던 사람들은 수세기 전 네덜란드 배가 돛을 펄럭이며 재앙의 안개를 뚫고 지나가는 모습을 목격했죠. 당시 그들의 눈에는 틀림없이 재앙 그 자체로 보였을 거예요. 하지만 그들은 표적을 보고 있는 것이었어요. 수세기 전의 근원과 고대까지 거슬러 올라가는 미스터리의 표적이었죠."

"그게 의미하는 건 뭐죠?"

"심판의 날에는 기초가 드러나 눈에 보이게 됩니다. 하프문은 기초의 일부였어요. 그래서 9월 11일에 또다시 그 강에 나타났던 거예요. 세운 것이 무너지는 것과 함께 있었습니다. 심던 날에는 나무가 무성한 산으로 이루어진 섬을 따라 강을 거슬러 올라가던 배가, 이번에는 무너지고 뽑히는 현장에 나타나 거리와 고층 빌딩들을 지나갔죠."

"형상화된 미스터리네요. 도시 쪽은 무너지고 있는데, 강 쪽은 세워지고 있는 거예요. 하프문은 이 도시가 세워지는 것을, 무너지는 모습은 뽑히는 것을 상징합니다. 그렇게 심고 세운 배가… 무너지고 뽑힌 폐허를 지나갔어요. 9.11 현장과 대비되는 모습이 함께 보였던 거예요."

선지자가 대답했다. "네, 그런데 하프문이 처음으로 항구에 들어오던 날 심겨진 것은 도시가 아니라 힘, 곧 이 땅에서 가장 강력한 경제대국의 부상이었어요. 그래서 재앙의 날에 그 배가 다시 나타난 것은 도시뿐만 아니라 국가에 대한 신호였습니다."

내가 말했다. "그래서 모든 것이 그날, 그곳… 뉴욕과 워싱턴 DC로 돌아간 것이군요. 그리고 뉴욕이 첫 번째 기초였기 때문에 가장 먼저 공격받은 것이었어요."

선지자가 대답했다. "그렇습니다. 그러면 구체적으로 맨해튼 어느 구역이 기초, 곧 시작점일까요? 남단입니다. 맨해튼 남단은 발견 당시 가장 먼저 눈에 띄었어요. 세계무역센터가 어디에 세워져 있다가 무너졌죠?"

"맨해튼 남단이요."

"그리고 이 도시가 무엇과 함께 시작되었는지, 네덜란드 사람들이 맨해튼 남단에 처음으로 건설한 것이 뭔지 알아요?"

"아뇨."

"무역센터입니다."

"무역센터라고요?!"

"네, 심판의 고대 미스터리대로… 모든 것은 기초로 돌아가게 됩니다. 그렇게 동일한 날짜인 9월 11일에 모든 것이 제자리로 돌아왔어요. 9.11은 미국이 부상하고 세워진 9월 11일의 순간들로 돌아가게 만들었습니다. 그리고 그때마다 그 자리에는 거기서 세워진 힘을 상징하는 건물이 있었죠. 그래서 그날 그 건물들이 무너진 것이에요."

나는 그때 하프문이 사라졌다는 사실을 깨달았다. 몸을 돌려 강을 올려다보니 멀리 사라져 가는 하프문의 모습이 보였다.

내가 말했다. "이 모든 것을 하나로 연결할 수 있는 사람은 없을 텐데…"

선지자가 말했다. "미국이 송두리째 흔들린 9.11 훨씬 이전의 9월 11일들 자체가 그 힘, 영향력이 세워진 기초였습니다."

내가 말했다. "그러면 그 모든 것이 심은 것은 뽑히고 세워진 것은 무너지게 될 것을 경고하고 있군요."

"그렇습니다."

◆◆◆

"다음 미스터리는 나머지와 다를 거예요. 하지만 다른 모든 것이 그것과 연결되어 있습니다."

애나가 물었다. "그게 뭔데요?"

"이전에 한 번도 들어본 적이 없지만, 오랫동안 존재해 온 것이에요. 그런데 9월 11일 아침, 그 모든 것이 딱 맞아떨어졌죠."

12장
파라샤

"나는 어떤 고대 건물 입구에 서 있었어요. 거대한 기둥들이 늘어선 고전적인 외관의 하얀색 석조 건물이었습니다. 그런데 어쩐지 그곳에 들어가야만 할 것 같아서 그렇게 했어요. 건물 내부의 기둥들은 더 거대했고 바닥은 대리석으로 되어 있었어요. 엄청나게 넓은 복도에 긴 탁자와 의자들, 그리고 많은 두루마리가 있었습니다. 그곳은 도서관 같았어요."

애나가 말을 받았다. "도서관이요?"

"고대 도서관 같은 곳이었어요. 복도를 따라 걷고 있는데, 검붉은색 망토를 입은 흰 수염의 백발 노인이 다가왔어요."

✦✦✦

노인이 말했다. "저는 이곳의 두루마리들을 관리하는 사람입니다. 도와 드릴까요?"

내가 대답했다. "내가 왜 여기 있는지 모르겠어요."

"날에 대한 정보를 조사하러 오셨나요?"

내가 말했다. "아마도 그런 것 같습니다."

"중요한 날인가요?"

"그런 것 같아요."

"그렇다면 '날들에 대한 책'을 찾고 있겠군요."

"날들에 대한 책이라고요? 들어 본 적이 없는데… 어떤 책이죠?"

노인이 말했다. "정해진 때에 읽게 되어 있는 말씀이 기록된 책입니다. 이쪽으로 오세요. 보여 드리겠습니다."

우리는 복도를 따라 내려가다가 계단을 올라간 다음, 더 많은 복도들을 통과한 후 한 번 더 계단을 올라갔다. 그리고 또다시 복도를 따라 내려가자 조각이 새겨진 거대한 돌문이 나타났다. 문이 열리며 드러난 곳은 또 다른 세계처럼 보였다. 그 방, 아니 건물이 얼마나 큰지, 천장이 어디고 바닥이 어디인지 가늠할 수 없을 정도였다. 그곳은 여러 층으로 되어 있었는데, 기름 등잔의 불빛이 안을 환하게 비추고 있었다. 가장 눈에 띄는 것은 두루마리였다. 수천, 수만 개의 두루마리가 책꽂이와 선반에 가득 쌓여 있었다. 두루마리는 얇아 보였지만, 그 수가 어마어마해서 압도적으로 보였다.

내가 물었다. "이건 뭐죠?"

노인이 말했다. "이것이 바로 '날들에 대한 책'입니다."

"어느 것이요?"

"여기 있는 전부… 말입니다."

"이 모든 게 날들에 대한 책이라고요?"

"그렇습니다."

그 후 노인은 나를 어떤 통로로 데려갔는데, 그곳에는 두루마리가 좌우로 겹겹이 줄지어 쌓여 있었다.

"물론 이 책은 다양한 분야와 영역, 그리고 수많은 시기와 때로 구성되어 있습니다."

"시기와 때요?"

"이를테면, 지금 우리는 15세기 구역을 통과하고 있습니다. 머지않아 16세기를 지나게 될 것이고 그렇게 계속 현재를 향해 나아가게 될 거예요."

"무슨 말인지 잘 모르겠어요."

우리는 계속해서 두루마리가 쌓여 있는 복도를 지나 모퉁이를 돈 다음, 수많은 계단을 올라갔다.

노인이 말했다. "20세기… 이제 우리는 20세기에 이르렀습니다!"

우리는 계속 걸었다. 그러다가 마침내 그가 멈춰서며 말했다.

"몇 년도를 찾는다고 하셨죠?"

나는 아무 말도 하지 않았다. 하지만 우리가 서 있는 곳은 2001년 구역이었다. 노인은 조금 더 나아가며 말했다.

"그리고 몇 월이죠?"

내가 대답했다. "9월이요."

우리는 조금 더 걸어 내려갔다.

"정해진 말씀은 매주 일곱째 날에 맞춰져 있습니다. 9월 며칠을 찾고 있나요?"

"11일이요."

"그날 이후의 말씀을 원하십니까, 아니면 이전의 말씀을 원하십니까?"

"그날과 가장 가까운 날의 말씀이요."

"9월 11일에 가장 가까운 말씀은 사흘 전에 읽게 되어 있던 말씀입니다."

"네, 바로 그 말씀이면 됩니다."

그러자 노인은 선반에서 두루마리를 꺼내어 건네주며 말했다.

"여기 있습니다. 펼쳐 보세요."

내려놓고 살펴볼 수 있는 곳이 없어서 되는대로 펼쳐 보았다. 그러나 외국어로 기록되어 있어서 무슨 말인지 알 도리가 없었다.

"보고 있는 게 뭔지 알아요?"

"아뇨."

"그건 키 타보입니다."

"키 타보…" 나는 그 말을 되뇌며 물었다. "그건 무슨…?"

질문을 마무리하려 돌아보았는데, 그의 모습이 보이지 않았다. 대신 그 자리에 선지자가 서 있었다.

내가 물었다. "이게 다 뭐죠? 이 모든 두루마리가 나타내는 것은 뭔가요?"

"하나님의 말씀입니다."

"그런데 왜 이 책을 '날들에 대한 책'이라고 부르죠?"

"이 특별한 두루마리가 정해진 때를 위해 지정된 말씀이기 때문이에요."

"언제부터요?"

"아주 오래전부터요."

"정확히 무엇을 위해 정해진 것이죠?"

"정해진 안식일에 읽고, 낭독하고, 외치기 위한 것이에요. 이것을 '파라샤'라고 합니다."

"파라샤가 무슨 뜻이죠?"

"성경의 한 구절이나 한 부분이라는 뜻이에요."

"성경 어느 부분이요?"

"주로 토라, 모세오경… 성경의 처음 다섯 권이에요."

"이 수천, 수만 개의 두루마리들이 전부 다섯 권의 책에서 나왔다고요?"

"여기에 있는 모든 두루마리들은 수세기 동안 매년 매주 안식일에 읽게 되어 있던 말씀이에요."

"나를 여기로 데려다 준 붉은 옷을 입은 남자요, 두루마리를 관리한다는… 그 사람은 중요한 사람인가요?"

"그렇다고 할 수 있겠네요. 그는 모세입니다."

"모세가 붉은 옷을 입었나요?"

"모세가 붉은 옷을 입었다는 말이 아니에요. 그는 붉은 옷을 입고 있는 모습으로 그려지는 경우가 많죠. 그것은 모세의 상징입니다."

"그런데 그가 이 두루마리를 뭐라고 불렀는데…"

"키 타보요."

"그게 무슨 뜻이죠?"

"모든 파라샤에는 이름이 있습니다. '키 타보'는 정해진 말씀 중 하나에 붙여진 이름이에요."

"9.11 직전에 읽게 되어 있던 성경 말씀이요?"

"그 일이 있기 사흘 전이었죠."

"그게 중요했나요?"

"중요했죠."

"키 타보가 정확히 뭐죠?"

"모세오경 가운데 마지막 책인 신명기의 마지막 구절들입니다. 모세가 이스라엘 민족에게 마지막으로 한 말씀이에요."

"뭐라고 되어 있는데요?"

"앞으로 일어날 일들에 대한 말씀이에요. 하나님을 따르는 나라에는 복이, 그렇지 않은 나라에는 저주가 임할 것이라는 말씀이죠."

"한때 하나님을 알다가 나중에…"

선지자가 대답했다.

"그래요. 한때는 하나님을 알았지만 그분을 떠나 그분의 길을 거스른 나라, 그것이 본문의 핵심입니다."

"경고 같군요."

"그렇습니다."

"그러면 9.11 전 마지막 안식일에 읽게 되어 있는 말씀이 경고였단 말인가요?"

"그건 단순한 경고가 아니었어요. 구체적으로 한때 하나님을 알았지만 떠나 버린 나라를 향한 경고였죠."

"정확히 어떤 것을 예언했나요?"

"그런 나라에 닥쳐올 일이요."

"그런 나라에 닥쳐올 일이 뭔데요?"

선지자가 대답했다. "재앙이요… 심판 말입니다."

"그렇다면 9.11 직전 안식일에 읽게 되어 있는 말씀이 한 나라에 임박한 재앙과 심판에 대한 경고였다는 말인가요?"

"그렇습니다."

"어떤 재앙을 경고했죠?"

선지자가 말했다. "갑시다. 이제 보게 될 거예요."

우리는 복도를 걸어 내려와 모퉁이를 돈 다음, 다시 계단을 내려왔다. 그리고 다시 몇 개의 복도와 모퉁이를 지나 커다란 돌문을 통과했다. 그 후 두 개의 계단을 내려가자, 테이블과 의자가 가득한 공간이 보였다. 선지자는 그곳에 자리잡고 앉더니 나에게도 와서 앉으라고 손짓했다.

내가 말했다. "전기가 없는 것만 빼면 뉴욕 공공도서관과 비슷하네요."

선지자는 아무 말도 하지 않고 두루마리를 달라고 손짓했다. 내가 두루마리를 넘겨주자, 그는 그것을 펼쳤다.

내가 물었다. "정해진 성경 말씀이 미국에 대한 예언인가요?"

"이 말씀은 이스라엘에 대한 예언입니다. 특별히 이스라엘에 임할 심판에 대한 것으로, 사로잡혀 가서 전 세계에 흩어질 것을 경고하죠. 하지만 이것은 하나님을 알면서도 그분의 길을 거역한 모든 나라에 전하는 경고의 말씀이에요. 이 말씀에는 국가적인 심판의 신호들이 포함되어 있죠."

"이를테면 미국 같은 나라요? 미국 문화는 처음부터 유독 고대 이스라엘과 연결되어 있었어요."

"그래서 고대 이스라엘에 주어진 말씀이 미국에도 선포되어 경고와 심판의 징조로 나타나게 되었습니다. 정해진 성경 본문에는 한 가지 재앙만 포함되어 있지 않아요. 심판 아래 있는 나라에 임할 수많은 재앙의 신호들이 기록되어 있습니다."

"그러면 국가적인 심판의 신호들이 9.11 직전에 전 세계에서 울려 퍼지고 있었네요."

선지자가 이어서 말을 받았다. "전 세계에서요. 뉴욕은 특히 더했죠."

"그런데 9.11 직전에 어떤 재앙들에 대해 읊었나요?"

선지자는 두루마리의 말씀을 손가락으로 짚으며 읽기 시작했다. 그는 먼저 히브리어로 읽은 뒤, 번역하여 선포했다.

"이 말씀은 하나님을 알고 그분의 길로 행하는 민족에 대하여 이야기하며 시작됩니다. '네가 네 하나님 여호와의 말씀을 삼가 듣고 내가 오늘 네게 명령하는 그의 모든 명령을 지켜 행하면… 이 모든 복이 네게 임하며 네게 이르리니… 복을 받을 것이며… 네 토지의 소산과 너희 짐승이 복을 받을 것이다(신 28:1-2, 4).'

미국은 하나님의 길을 따랐기 때문에 복을 받았습니다. 다른 어떤 나라보다도 훨씬 더 많은 복을 받았죠. 이 말씀은 결실이 많은 것, 곧 땅의 소산에 대해 이야기합니다. 그래서 미국 땅은 세계의 곡창 지대로 알려질 정도로 풍요의 복을 받았죠. 본문은 또한 짐승과 소와 양의 새끼도 복을 받는다고 말씀합니다. 그래서 미국은 모든 영역에서 풍요롭고 번성하는 국가가 되었어요.

'성읍(도시)에서도 복을 받고 들에서도 복을 받을 것이며(신 28:3).' 그뿐만 아니라 미국은 강대국으로 성장하면서 그 도시들의 위대함으로도 알려지게 되었죠.

'네 광주리와 떡 반죽 그릇이 복을 받을 것이며(신 28:5).' 성경은 나라 경제의 복, 곧 번영과 풍요에 대해 이야기합니다. 그래서 미국은 어느 나라도 경험해 보지 못한 번영을 누렸죠. 정해진 말씀은 이렇습니다.

'여호와께서 너를 대적하기 위해 일어난 적군들을 네 앞에서 패하게 하시리라 그들이 한 길로 너를 치러 들어왔으나 네 앞에서 일곱 길로 도망하리라(신 28:7).'"

이어서 선지자가 물었다. "그런데 이건 무슨 복일까요?"

"군사력의 복이요?"

"그래서 미국은 전시에 적들을 물리치고, 공격으로부터 안전하며, 평화롭고, 이 땅에서 가장 강한 나라가 되었죠. 많은 이들이 무적이라고 여길 정도로 말입니다.

'여호와께서 명령하사… 네 손으로 하는 모든 일에 복을 내리시고…(신 28:8).' 미국은 다른 나라들이 불가능하게 여기던 일을 이루어 내면서 세계적인 선진 기술강국이 되었고, 세계 질서를 감독하는 것에서 달에 사람을 보내는 것까지 손대는 모든 일에 복을 받았습니다.

'땅의 모든 백성이 여호와의 이름이 너를 위하여 불리는 것을 보고 너를 두려워하리라(신 28:10).' 미국은 전 세계의 존경과 부러움의 대상이 되었어요. 많은 나라들이 미국을 뛰어넘으려 애쓰게 되었고, 미국에 맞서는 나라도 거의 없었죠.

'네가 많은 민족에게 꾸어 줄지라도 너는 꾸지 아니할 것이요(신 28:12).' 미국은 경제뿐만 아니라 금융 분야도 복을 받았습니다. 제1차 세계대전이 끝날 무렵, 미국이 대영제국을 제치고 세계 최고 금융 강국이 되면서 뉴욕이 세계의 새로운 금융 중심지가 되었어요. 미국은 주요 채권국이 되어 세계 여러 나라에 꾸어 주게 되었죠.

'네 하나님 여호와께서 너를 세계 모든 민족 위에 뛰어나게 하실 것이라… 여호와께서 너를 머리가 되고 꼬리가 되지 않게 하시며 위에만 있고 아래에 있지 않게 하시리니(신 28:1,13).' 그리하여 미국은 20세기에 여러 나라들의 수장이 되었습니다."

그는 읽기를 멈추고 나를 돌아보았다.

"그러나 여기서 끝나는 것이 아닙니다. 성경도 그렇고 미국도 마찬가지예요. 국가 권력과 복, 그리고 세계에 대한 주도권이 절정에 달했을 때, 미국은 점점 더 뻔뻔스럽게 기초이신 하나님으로부터 멀어지기 시작했어요."

"성경은 뭐라고 말씀하죠?"

선지자는 방금 읽은 부분 바로 밑에 있는 여러 줄의 말씀을 가리키며 말했다. "이게 보이나요? 이 모든 게 하나님과 그분의 복을 알면서도 그분을 저버린 나라에 대한 예언이며 경고이고 재앙이에요. 미국에 주어진 복이 하나씩 취소되고 있습니다."

"어떤 것들이요?"

"미국은 여러 나라들보다 뛰어난 최정상의 위치에 있었습니다. 그렇지만 세계 다른 나라들에 대한 미국의 패권이 사라지기 시작했고, 다른 열

강들과 왕관을 차지하기 위해 경쟁하게 되었어요.

성경에 의하면 그 나라는 무적의 군대를 잃기 시작합니다. 그래서 미국은 하나님과 멀어지는 동안, 역사상 가장 충격적인 군사적 패배를 경험하게 되었어요. 그리고 그것은 이후 수십 년간 미국을 따라다니며 괴롭히죠."

"베트남전이요…"

"그리고 많은 나라에 꾸어 주던 나라에 관해서는, 성경의 다음 경고를 잘 들어 보세요. '그는 네게 꾸어 줄지라도 너는 그에게 꾸어 주지 못하리니…(신 28:44).'"

나는 물었다. "그러면 미국이 세계 최대 채권국이 아니라는 말인가요?"

"그래요. 미국이 하나님의 길을 떠나던 바로 그 시기에 그렇게 되었습니다. 20세기 말, 미국은 세계 최대 채권국에서 최대 채무국으로 추락했어요."

"머리에서 꼬리가 되었네요."

"하지만 미스터리는 더 깊이 들어갑니다. 이것은 9.11 직전 안식일에 읽게 되어 있던 말씀이에요. 재앙이 닥치기 사흘 전에 뉴욕시 전역의 회당에서 큰 소리로 낭독되었어요. 그런데 그것은 국가적인 심판의 신호에 대한 것이었죠."

"예를 들면요?"

"국가를 보호하는 울타리가 제거되면서 적이 국경에 침입할 수 있게 됩니다. '멀리 땅끝에서 한 민족을 독수리가 날아오는 것같이 너를 치러 오게 하시리니(신 28:49).' 그래서 9월 11일에 적들이 멀리 땅끝, 중동에서 미국을 치러 왔습니다. 국가를 보호하는 울타리가 제거되어 과거에는 미치지 못하던 공격이 강기슭에 임하게 된 것이에요. '그가 네 모든 성문들에서 너를 포위하여…(신 28:52).'"

"적이 성문을 공격하는 것, 그건 당신이 인용하던 성경 구절이에요!"

"그렇습니다."

"그런데 이것도 9.11이 시작되는 주간에 읽게 되어 있는 말씀이었나요?"

"네. 그래서 9월 11일에 적이 미국의 문인 뉴욕을 공격했죠."

"그런데 그 무렵 뉴욕에서는 적이 성문을 공격할 것이라는 예언을 낭독하고 있었고, 사흘 후, 미국의 문이 공격당했죠."

"정해진 말씀은 다음과 같이 이어집니다. '네가 성읍에서도 저주를 받으며 들에서도 저주를 받을 것이요(신 28:16).' 여기서 성읍과 들판은 나라에 심판이 임할 것을 상징합니다. 그래서 9.11 테러는 성읍, 곧 도시와 들판에서 일어났죠. 뉴욕과 워싱턴 그리고 펜실베이니아 생크스빌에서 말이에요. 정해진 성경 구절에는 성읍이 먼저 언급된 후 들판이 언급됩니다. 그래서 9월 11일 도시에서 시작된 파괴가 들판에서 끝났죠.

'또 네 광주리와 떡 반죽 그릇이 저주를 받을 것이요(신 28:17).'"

내가 말했다. "국가를 부양하는 것… 경제군요."

"그래서 9.11 테러범들이 국가 금융의 중심지이며 세계적인 경제대국의 상징물인 세계무역센터 쌍둥이 빌딩을 공격한 것이에요.

'네 머리 위의 하늘은 놋이 되고, 네 아래의 땅은 철이 될 것이며(신 28:23).' 고대인들에게는 땅에 가뭄이 임할 것을 비유한 말씀으로 여겨졌죠. 그런데 이것이 9.11 당시 문자 그대로 성취되었습니다. 세계무역센터 건물의 기초는 강철이었어요. 그런데 9.11 테러로 이 모든 것이 그라운드 제로의 폐허로 무너져 내렸죠. 강철은 철의 합금입니다. 그라운드 제로의 강철 잔해의 주요 재질은 철이었어요. 다시 말해, 9.11 이후, 그라운드 제로의 폐허 아래에 있던 땅은 철이었습니다."

"그럼 놋은요?"

"놋, 그러니까 청동은 구리의 합금이에요. 사실 이 구절에 사용된 히브리어 '네호셰트(nechoshet)'도 구리를 의미합니다. 그래서 '네 머리 위의 하늘이 구리가 될 것이다…'로 번역할 수도 있죠. 9.11 당시, 그라운드 제로와 맨해튼 남부 상공에 구름이 떠 있었어요. 그 구름의 입자들은 며칠 동안 도시 상공에 남아 있었는데, 이 구름과 그라운드 제로의 대기에서 구리 입자가 발견되었습니다. 즉 아래의 땅은 철, 위의 하늘은 구리였던 거예요.

'여호와께서 비 대신에 티끌과 모래를 네 땅에 내리시리니(신 28:24).' 고대인들에게는 이 말씀도 가뭄으로 인한 척박함을 나타내는 것으로 여겨졌을 거예요. 그러나 이 말씀은 9.11 당시 다시 한번 문자 그대로 성취되었습니다. 두 건물이 붕괴되면서 거대하고 희뿌연 먼지구름이 피어올라 그라운드 제로와 남부 맨해튼을 뒤덮었죠.

'맹인이 어두운 데에서 더듬는 것과 같이 네가 백주에도 더듬고 네 길이 형통하지 못하여…(신 28:29).' 9.11 당시, 먼지구름이 거리를 뒤덮으면서 그 속에 갇힌 사람들은 앞을 볼 수 없었습니다. 화창한 아침이었는데도, 그들은 백주 대낮에 어둠 가운데 있는 것처럼 더듬거렸어요.

'여호와께서 네 적군 앞에서 너를 패하게 하시리니 네가 그들을 치러 한 길로 나가서 그들 앞에서 일곱 길로 도망할 것이며…(신 28:25).' 그래서 9.11 당시, 미국의 적들이 승리했죠. 승리해선 안 될 이들이 승리하여 큰 나라를 마비시켜 버렸어요. 미국은 적의 손에 충격적인 패배를 당했습니다. 그리고 적들은 한 길로 들어와 공격했으나, 파괴가 임한 땅에서는 사람들이 사방으로 뿔뿔이 도망쳤습니다. 말해 봐요, 누리엘. 이 심판은 어느 영역과 관련이 있을까요?"

내가 대답했다. "전쟁… 군사적 영역이요."

"그래요. 이것은 미국의 군사력을 공격한 것입니다. 그래서 9.11에 무엇이 공격을 받았죠?"

"미국의 군사력을 상징하는 펜타곤이요."

선지자가 말했다. "숫자들을 주목해서 보세요. '네가 적들을 치러 한 길로 나가서 그들 앞에서 일곱 길로 도망할 것이다'라고 했습니다. 적을 치러 나가는 나라에 대해 이야기하는데, 그 비율이 1 대 7입니다. 9.11이 어떻게 시작되었죠?"

내가 대답했다. "탑들이 공격을 받으면서 시작되었어요."

"첫 번째 비행기 편명이 뭐였죠?"

"글쎄요… 모르겠습니다."

"11편이었습니다. 숫자 11이에요. 그러면 펜타곤을 공격한 비행기의 편명은 뭐였을까요?"

"글쎄요…"

"77편입니다. 그리하여 정해진 말씀과 심판의 틀에 있는 것과 똑같은 숫자 1과 7을 얻었어요. 11과 77의 비율은 얼마죠?"

"1 대 7이요."

"그리고 이 비율은 적의 공격과 관련이 있습니다. 예언은 1에서 시작하여 7로 끝나죠. 그래서 첫 번째 건물을 공격한 것은 1로 표시되었고, 마지막 건물을 공격한 것은 7로 표시되었어요.

적들은 먼 곳에서 옵니다. 이들에 대해 또 뭐라고 말씀하죠?

이 구절은 이렇게 설명합니다. '이는 네가 그 언어를 알지 못하는 민족이요 그 용모가 흉악한 민족이라 노인을 보살피지 아니하며 유아를 불쌍히 여기지 아니하며(신 28:49-50).' 9.11 테러범들은 대부분의 미국인들이 이해할 수 없는 언어를 사용했습니다. 그들의 용모는 거칠고 사나웠으며, 노인에 대한 존경이나 아이들에 대한 호의도 보이지 않았죠. 잔인하고 무자비한 자들이었어요.

본문은 적군이 성문을 공격하거나 곤경에 처하게 하는 것을 한 번이 아니라 네 차례나 언급합니다. 하지만 관련 구절 가운데 이렇게 언급되어 있는 곳이 있습니다. '그들이 전국에서 네 모든 성읍을 에워싸고 네가 의뢰하는 높고 견고한 성벽을 다 헐며…(신 28:52).'"

"당신이 성벽에 대해 이야기할 때, 그 구절도 인용했었죠."

선지자가 물었다. "그러면 그게 무슨 뜻이었죠?"

"미국의 성문은 뉴욕이고, 성벽 곧 방어벽은 펜타곤이에요. 펜타곤은 높고 견고한 요새 형태로 세워졌습니다. 그래서 9.11 당시 먼저 성문, 곧 뉴욕의 탑들이 공격을 받은 다음, 성벽인 워싱턴 DC의 펜타곤이 공격을 받았죠. 그런데 이 모든 것이 9.11 직전에 선포하게 되어 있는 말씀에 나타나 있었네요!"

"그렇습니다. 예언에 어떤 패턴이 있는 것을 눈치챘나요?"

"글쎄요."

"처음에는 나라의 도시와 들판이 복을 받습니다. 그런데 두 번째 부분에서는 도시와 들판이 저주를 받아요. 첫 번째 부분에서는 바구니와 떡반죽 그릇이 복을 받는데, 두 번째 부분에서는 저주를 받습니다. 처음에는 많은 나라에 꾸어 주다가, 결국은 다른 나라들에게 빌리게 되죠. 처음에는 적이 그들 앞에서 달아나는데, 결국에는 그들이 적들 앞에서 도망치게 됩니다. 처음에는 복으로 땅에 비가 내리지만, 나중에는 저주의 징조인 티끌과 먼지가 쏟아져 내립니다. 예언의 두 번째 부분은 첫 번째 부분과 정반대예요. 처음의 축복이 완전히 뒤집혀 결국 심판받게 됩니다."

"역전의 미스터리로군요."

선지자가 말했다. "그리고 두 가지가 연결되어 하나로 합쳐지죠. 그래서 9.11이 왜 일어났는지에 대한 미스터리는 모세가 말한 이 구절까지 거슬러 올라갑니다."

"9월 11일, 세워진 날이 무너지는 날이 되었죠."

선지자가 말했다. "9.11 직전 마지막 안식일, 재앙이 일어나기 사흘 전에 세계와 뉴욕시 곳곳에서 그날에 정해진 구절이 울려 퍼지고 있었습니다. 그것은 먼 땅에서 오는 적들, 알지 못하는 언어를 사용하는 용모가 흉악한 적들에 대한 것이었죠. 그들은 노인을 존중하지도, 어린이들을 불쌍히 여기지도 않는 자들이었어요.

이들은 그 나라의 성문을 공격하여 파괴합니다. 공격을 받는 동안 사람들은 사방으로 달아나죠. 도시와 들판에 저주가 임하여 국가의 경제력과 군사력에 영향을 미치게 됩니다. 땅은 철이 되고, 하늘은 놋이 됩니다. 하늘에서 희뿌연 먼지가 쏟아져 내립니다. 백주 대낮에 어둠 속에 있는 것처럼 더듬거리지만, 앞이 보이지 않아 길을 찾을 수 없습니다. 공격은 성문에서 시작되었지만, 결국은 성벽이 무너지게 되죠. 한 날에 나라가 세워지는 것과 무너지는 것이, 심은 것과 뽑히는 것이 합쳐졌습니다."

내가 말했다. "그러면 그날 울려 퍼진 고대의 말씀이 9.11이 되었군요."

"그날의 말씀은 하나님과 그분이 베푸신 은혜를 알면서도 떠나 버린 나라의 모든 것이 심판받게 된다는 것이었습니다."

선지자는 두루마리를 말고 자리에서 일어나며 나에게도 일어나라고 손짓했다. 그는 두루마리를 손에 들고, 의자가 없는 작고 높은 테이블로 나를 데려갔다. 도서관 맞은편의 높은 창문으로 햇빛이 들어와 그 테이블을 비추고 있었다. 선지자는 테이블 위에 두루마리를 펼쳐 놓았다. 이제는 햇빛이 그 두루마리를 비추었다.

◆ ◆ ◆

애나가 물었다. "선지자는 왜 당신을 거기로 데려간 거죠?"
"그는 한 단어나 구절을 이해하고 더 깊이 연구하기 위해 그 테이블이 만들어졌다고 말했어요."
"그는 다른 계시를 열어 주려 한 거네요."
"그것은 계시 속의 계시였어요."

13장
맹금류

선지자가 말했다. "선지자들이 예언한 심판이 세 차례 이스라엘에 임했습니다. 이스라엘은 사흘의 철저한 멸망을 경험했죠."

"어떻게 한 나라가 세 번 멸망당할 수 있죠?"

"심판이 각기 다른 이스라엘 세 나라에 임했기 때문이에요. 솔로몬 왕 이후, 나라는 이스라엘 혹은 사마리아로 알려진 북왕국과 유다라는 남왕국으로 나뉘었죠. 북왕국이 가장 먼저 자녀들을 제물로 바칠 정도로 끔찍한 타락에 빠져들었습니다. 주님이 선지자들을 보내어 경고하며 돌아오라고 부르셨지만, 그들은 그 경고를 무시하고 돌아가지 않았죠. 결국 그 땅은 BC 722년에 경고받은 대로 멸망했어요.

잔인하고 무자비한 앗시리아 제국을 통해 파괴가 임했습니다. 앗시리아 군대가 수도를 포위한 뒤 성벽을 뚫고 들어가 백성을 사로잡아 갔죠. 그렇게 이스라엘 왕국은 지상에서 완전히 사라졌어요. 그런데 이것은 모두 선지자 호세아가 예언한 대로였습니다. '원수가 독수리처럼 여호와의 집에 덮치리니… 이스라엘이 이미 선을 버렸으니 원수가 그를 따를 것이라(호 8:1,3).'"

"그러면 두 번째는요?"

"남유다 왕국에 임했습니다. 남유다가 배교한 것은 사마리아가 함락되고 한 세기가 더 지난 후였어요. 하지만 그들도 동일한 악행에 빠져 돌아올 수 없는 지경에 이르렀죠. 유다 백성도 선지자들에게 재앙이 임박했다는 경고를 받았어요. 그러나 그들도 경고를 무시했고, BC 586년에 멸망이 임했습니다. 이번에는 바빌로니아 제국의 군대가 수도인 예루살렘을 포위했어요. 그들은 성벽을 부수고, 도시를 완전히 파괴한 후, 백성을 바빌론으로 사로잡아 갔습니다.

에스겔 선지자는 유다 땅으로 향하는 바빌론, 곧 느부갓네살을 '색깔이 화려하고 날개가 크고 깃이 길고 털이 숱한 큰 독수리(겔 17:3)'로 언급하며 다가오는 재앙을 예언했습니다. 예레미야 선지자는 느부갓네살과 바빌론의 군대가 다른 나라에 이르는 것을 다음과 같이 묘사했죠. '보라, 원수가 독수리같이 날아와서 그의 날개를 보스라 위에 펴는 그날에(렘 49:22).' 선지자들의 말에서 무엇이 눈에 띄죠?"

선지자가 물었다.

"예언마다 독수리에 대해 이야기하네요."

"그러면 독수리는 누구일까요?"

"적이나 공격하는 자, 파괴를 가져오는 사람이요?"

"그렇습니다."

"왜 독수리인가요?"

"적군은 독수리가 공격하는 것처럼 침공할 것입니다. 독수리는 강하고 잔인하게 기습 공격하여 먹이를 낚아채죠. 이처럼 적은 멸망의 날에 이스라엘에 강하고 맹렬한 기습 공격을 가할 것입니다. 앗시리아와 바빌로니아는 모두 군사력뿐만 아니라, 순식간에 잔인하게 정복하는 것으로 유명했어요. 그러므로 하늘을 나는 독수리의 모습은 그들의 공격을 적절히 보여 줍니다. 뿐만 아니라 앗시리아의 부조들에도 수호신으로 보이는 독수리 머리를 한 형상이 새겨져 있습니다. 독수리가 날개를 펴고 그림자를 드리우며 먹잇감을 압도한 후 덮치는 것처럼, 앗시리아와 바빌로니아인들도 멸망의 날에 그림자를 드리우며 내려와 먹이를… 그러니까 이스라엘 백성을 제압했죠."

"그러면 세 번째는요?"

"유대인들이 바빌론으로 사로잡혀 가고 여러 해가 지난 후, 하나님은 그들을 회복시켜 주셨습니다. 그들은 고향으로 돌아와 성전과 예루살렘성, 그리고 유대 나라를 재건했죠. 그러나 시간이 흐르면서 그들은 또다시 하나님과 멀어져서 마음을 완악하게 하여 주님의 부르심에 귀 기울이지 않았습니다. 그들도 경고를 받았죠."

"선지자들을 통해서요?"

선지자가 대답했다. "예슈아, 곧 예수라 불리는 메시아를 통해서요. 그분은 이스라엘 백성에게 재앙이 닥칠 것을 경고하셨습니다. '너희가 예루살렘이 군대들에게 에워싸이는 것을 보거든 그 멸망이 가까운 줄을 알라… 그들이 칼날에 죽임을 당하며 모든 이방에 사로잡혀 가겠고(눅 21:20,24)'라고 하셨지요.

이 예언은 로마 군대가 예루살렘을 멸망시킨 AD 70년에 성취되었어요. 로마군은 예루살렘을 황폐하게 만들어 버린 뒤, 유대 민족을 여러 나라에 포로로 끌고 갔습니다. 그들도 유대 땅에 들어와 압도적인 힘으로 거칠게 공격했죠."

"독수리처럼요."

"그래요. 사실 독수리는 로마 제국의 상징입니다. 로마인들에게 독수리는 그들의 주신(主神) 제우스, 곧 쥬피터의 상징이었고, 로마군의 주요 상징물이 되었죠. 따라서 전시(戰時)의 로마를 상징하는 독수리가 유대 나라를 공격하여 멸망시킨 것이에요."

"그러면 이스라엘을 멸망시킨 모든 적, 그러니까 앗시리아와 바빌로니아, 로마, 모두 동일한 상징으로 연결되어 있네요… 모두가 독수리처럼 이스라엘을 공격했어요."

"그래서 멸망의 날은 독수리와 연관이 있습니다."

어째서 그 순간에 그 사실을 깨닫게 되었는지 모르겠다. 어쩌면 꿈이라 그럴 수도 있지만, 깨닫는 순간, 그 계시에 몸이 떨렸다.

"9.11 당시, 적이 심판의 상징인 독수리처럼 이 땅에 들이닥쳤네요."

선지자가 대답했다.

"그렇습니다. '보라 원수가 독수리같이 날아와서(렘 49:22)'라고 기록된 대로, 9.11 당시에 적이 하늘에서 나타났습니다. 그들은 독수리처럼 이 땅 위를 날아다녔어요… 모두 19명의 테러리스트들이 독수리처럼 미국 상공을 비행했어요. '원수가 와서 그의 날개를 펼 것이라(렘 49:22)'고 기록된 그대로였죠.

9.11 당시에는 적이 금속 날개를 펴고 앗시리아, 바빌론, 로마처럼, 마치 독수리가 한 가지 목적, 곧 멸망을 가져오기 위해 먹잇감을 덮치듯이 이 땅에 나타났습니다. 그런데 독수리는 어떻게 먹이를 공격하죠?"

"강하고 흉포하게 기습 공격합니다."

"9.11에는 이 세 가지 특성이 다 나타났습니다. 공격이 너무나도 신속하고 갑작스럽게 이루어져서 미국은 완전히 허를 찔리고도 한동안 무슨 일이 벌어지고 있는지 몰랐죠.

멸망의 날, 고대 이스라엘의 적들은 독수리처럼 그 땅, 특히 도시에 나타났습니다. 9.11 테러범들도 특별히 도시… 뉴욕시를 공격했어요. 또 고대 이스라엘에서는 적군이 특히 도성, 곧 수도에 독수리처럼 나타났습니다. 마찬가지로 9.11 테러범들도 미국의 수도인 워싱턴 DC에 독수리처럼 들이닥쳤죠.

독수리처럼 예루살렘 성에 나타난 앗시리아, 바빌론, 로마는 성벽과 성문과 탑, 곧 망대를 파괴했습니다. 9.11 당시에도 적이 미국의 성벽과 성문, 탑을 파괴하기 위해 독수리처럼 쳐들어왔죠."

"질문이 있는데, 원수가 독수리처럼 이 땅을 덮칠 거라고 예언한 선지자는 모세가 아니라 호세아, 예레미야, 에스겔이에요. 그런데 우리는 모세의 예언을 보려고 여기에 있는 게 아닌가요?"

"아니요. 적들이 독수리처럼 이 땅에 나타날 것이라고 처음으로 예언한 사람은 바로 모세였습니다."

그러더니 선지자는 두루마리를 펴기 시작했다.

"9.11 사흘 전에 읽게 되어 있던 이 말씀은 적의 공격으로 성문이 포위되고 성벽이 파괴되어 희뿌연 먼지가 쏟아지는 재난의 날을 예언하고 있습니다. 그러나 여기에는 심판에 대한 또 하나의 징조가 담겨 있어요. '여호와께서 멀리 땅끝에서 한 민족을 독수리가 날아오는 것같이 너를 치러 오게 하시리니 이는 네가 그 언어를 알지 못하는 민족이요 그 용모가 흉악한 민족이라.' 이것은 적군이 이 땅에 어떻게 들이닥칠지 알려 주고 있습니다."

"이것도 9.11 직전에 읽게 되어 있던 말씀에 포함되어 있었나요?"

"네, 이 모든 것이 9.11이 일어나기 직전에 선포되었습니다. 그날은 독수리의 날, 날개의 날, 멸망이 하늘에서 미국에 임하는 날이었어요. 이 말씀은 뉴욕시와 보스턴… 그리고 워싱턴 DC 곳곳에서 울려 퍼졌죠."

나는 할 말을 잃었다.

그때 선지자가 말했다. "그런데… 더 있습니다."

그는 펼쳐진 두루마리에 기록된 구절을 손가락으로 가리키며 말했다.

"원어로는 이렇게 읽습니다. '카아셰르 이데 네셰르(ka'asher yid'eh nesher).' 카아셰르(ka'asher)는 '…같이, …처럼'의 뜻이고, 네셰르(nesher)는 '독수리'입니다. 하지만 여기서 핵심 단어는 이데(yid'eh)에요. 이데는 '비행하는 독수리'를 가리키는 말로, 빠르거나 신속하다는 의미로 해석할 수 있습니다. 하지만 여기서는 흐름상 조금 특정한 종류의 비행을 이야기하는 것이에요."

"어떤 종류요?"

선지자가 대답했다. "바로 급강하하는 것입니다. 따라서 이 부분은 '독수리가 덮치는 것처럼… 너희를 칠 것이다'로도 번역됩니다."

선지자는 이어서 말했다.

"9.11 당시에 적이 정확히 어떻게 나타났죠? 독수리가 나는 것 같을 뿐만 아니라 덮치는 것 같았습니다. 첫 번째 비행기가 하늘에서 급강하하여 북쪽 타워에 충돌하면서 공격이 시작되었고, 이어서 두 번째 비행기가 하늘에서 급강하하여 남쪽 타워와 충돌했죠. 세 번째 비행기는 펜타곤과 부딪칠 정도로 낮게 지면 가까이 하강했고, 네 번째 비행기는 극적으로 급강하하여 땅에 추락했습니다.

2001년 9월 11일, 적이 미국을 덮쳤어요. 마치 고대 이스라엘 땅에 원수가 들이닥친 것처럼, 사흘 전에 울려 퍼진 말씀대로 '카아셰르 이데 네셰르' 독수리가 덮치듯이 미국이 공격받았습니다."

그는 잠시 멈췄다. 나는 계시가 끝났다고 생각했다. 하지만 밝혀져야 할 것이 한 가지 더 있었다.

"로마 군대가 이스라엘을 멸망시키려고 들이닥쳤을 때, 독수리 형상은 예언에 기록된 것 이상으로 파괴에 기여했습니다."

"무슨 뜻이죠?"

"실제로 독수리 형상이 거기에 있었어요."

"어떻게요?"

"로마 군대가 이스라엘 땅을 침공할 때, 로마 군권의 유명한 상징물인 아퀼라를 따라 진군했습니다. 아퀼라는 독수리를 가리키는 말로, 보통은 지팡이나 장대 끝에 날개를 펼친 황금 독수리가 장식된 모양이죠."

"그가 날개를 펼칠 것이다."

나는 앞서 나눈 예언의 말씀을 되뇌었다.

"그렇게 독수리는 로마 군단을 전쟁터로 이끌었고, 전투가 진행되는 동안 높이 들어 올려졌다가, 전투가 끝난 뒤 폐허 위에 남겨져 승리를 장식했습니다. 그래서 고대 이스라엘의 심판 예언에 나타난 형상이 실제로 그 예언이 성취되는 날 나타났죠… 그리고 또다시 나타났습니다."

"뭐가요?"

"멸망의 날에 그 형상이 다시 한번 나타났어요."

"언제요?"

"2001년 9월 11일에요."

"어떻게요? 테러범들은 공격할 때 군기나 군사적인 상징물을 사용하지 않았어요."

선지자가 대답했다. "그렇지 않아요. 그들은 비행기를 사용했습니다. 첫 번째 비행기는 9월 11일 당시 보스턴에서 이륙하여 목표물인 세계무역센터의 북쪽 타워에 충돌하며 재난의 시작을 알렸습니다. 그 비행기에는 테러리스트들뿐만 아니라 심판을 상징하는 고대의 상징물도 실려 있었어요."

"9.11이 시작될 때, 테러범들을 태운 비행기 뒷편에는 이스라엘에 심판이 임하던 날 로마 군단이 들고 있던 것과 동일한 상징물이 있었습니다."

"독수리 형상 말인가요?"

"네. 항공기 방향타에… 독수리가 있었어요."

"그렇다면 9.11은 심판의 날을 예언하는 말씀에 나타난 형상과 함께 시작되었네요."

"그뿐만이 아니에요. 워싱턴 DC로 향하는 첫 비행기에도 심판의 고대 상징물인 독수리가 실려 있었습니다."

"당연히 아무도 그것을 계획하지 않았겠죠. 그건 항공사의 상징이었으니까요."

선지자가 대답했다. "그래요. 그건 그냥 우연이었습니다. 그런데 고대 예언은 독수리가 나타나 덮치는 모습까지도 언급하고 있죠."

"그래서요?"

"독수리 상징이 있는 것은 아메리칸 에어라인 소속의 항공기들이었습니다. 그리고 세계무역센터와 펜타곤에 충돌한 비행기에는 머리 위로 날개를 높이 치켜들고 날카로운 발톱을 내밀며 아래쪽으로 향하는 독수리… 다시 말해…"

"급습하는 독수리요."

"독수리 형상이 있는 두 항공기의 편수가 뭐였죠?"

"글쎄요…"

"앞서 말한 11편과 77편 말입니다. 이 둘은 정해진 성경 말씀에 언급된 1 대 7의 비율, 즉 적의 공격에 대해 구체적으로 알려 주었죠…"

"그리고 그 본문에는 적의 공격이 독수리가 급습하는 것과 같을 거라고 묘사되어 있죠."

선지자가 두루마리를 말며 말했다.

"그렇게 2001년 9월 초, 적이 독수리가 급습하는 것처럼 이 땅에 나타날 것이라는 예언이 뉴욕과 보스턴, 워싱턴 DC 전역에서 큰 소리로 울려 퍼졌습니다. 그리고 사흘 뒤 이 모든 일이 일어났죠… 땅끝 멀리에서 온 적이 미국의 문을 공격하고 성벽을 무너뜨리며 희뿌연 먼지구름을 일으켜 사람들은 백주 대낮에 더듬거려야 했으며 바다는 철이 되고 하늘은 놋이 되었어요. 그리고 적이 독수리가 급습하는 것처럼 이 땅에 들이닥치면서, 성경에 언급된 형상이 미국 상공에 나타났습니다."

❖❖❖

"다음 미스터리가 마지막이에요."

"마지막이라고요?"

"드러나지 않은 마지막 미스터리예요."

"어떤 내용인데요?"

"재앙이 닥치기 전에 경보를 보내는 선지자 시대의 표적이 뉴욕시에 나타났어요."

애나가 물었다. "어떤 표적이요?"

"파수꾼의 표적이요."

14장
파수꾼

"동틀 무렵, 나는 고대 도시의 성벽 위에 서 있었습니다. 내 왼편에 있는 탑, 곧 망대 중 한 곳에 고대 의상을 입은 한 남자가 먼 곳을 뚫어지게 바라보며 서 있었어요. 그는 옆구리에 쇼파르를 차고 있었습니다."

애나가 말했다. "푸른색 코트를 입은 소녀가 당신에게 준 인장에 있는 것처럼요."

"그래요. 인장에 있는 모습처럼요."

"파수꾼."

"그는 파수꾼 중 한 명이었어요. 내가 있는 쪽은 돌아보지도 않고 앞쪽 먼 곳에만 시선을 고정하고 있었습니다. 나도 그가 보는 방향을 살펴보았지만 아무것도 보이지 않았어요. 그때 태양이 떠오르며 주변을 비추기 시작했습니다. 파수꾼은 한층 더 집중해서 응시하기 시작했어요.

바로 그때 나는 그가 무엇을 보고 있는지 깨달았어요. 멀리 언덕에 군대가 보였어요. 그들의 방패와 전차가 아침 햇빛을 받아 번쩍거렸습니다. 그 도시는 공격을 받기 직전이었어요.

파수꾼은 나팔을 잡아채더니 불기 시작했습니다. 그 소리는 사방으로,

주로 성벽 안쪽에 있는 도시 방향으로 울려 퍼졌어요. 이어서 또 다른 파수꾼의 두 번째 나팔 소리가 성벽 다른 구역, 다른 탑, 곧 망대에서 들려오더니, 세 번째, 네 번째… 계속해서 이어졌습니다. 이제는 파수꾼 전체가 경보를 발하고 있었어요.

그러나 성벽 안쪽에서는 아무 반응도 없었어요. 대부분이 잠들어 있는 것 같았습니다. 그런데 거리에 있는 몇 사람도 나팔 소리를 신경쓰지 않는 것 같았어요. 그들은 경고의 나팔 소리를 듣지 못한 것처럼 계속 자기 일을 하러 다녔습니다.

군대가… 군인들, 기병들, 전차들, 그리고 공성 병기들이 가까워졌습니다. 파수꾼들은 모든 탑에서 계속해서 나팔을 불었어요. 그러나 성벽 안쪽에 거하는 사람들은 여전히 아무 반응도 보이지 않았어요. 바로 그때 성벽 위 내 곁에 선지자가 서 있다는 것을 깨달았어요. 사방에서 들려오던 전쟁 소리가 점점 잦아들었습니다. 공격이 멈춘 것은 아니었지만, 마치 선지자의 말을 들을 수 있도록 그 모든 소리가 차단된 것 같았어요."

✦✦✦

내가 물었다. "저들은 왜 반응하지 않는 건가요?"
선지자가 대답했다. "많은 이들이 아직 자고 있습니다."
"하지만 깨어 있는 이들도 저 소리를 듣지 못하고 있어요."
선지자가 말했다. "그들은 듣고 있습니다. 다만 귀담아듣지 않을 뿐이에요. 무시하고 있는 거지요."
그때 그의 손에 든 물건이 눈에 띄었다. 처음에는 없었는데, 꿈속이라 모든 것이 가능했다. 그것은 숫양의 뿔이었다.

선지자가 말했다.

"쇼파르, 파수꾼의 나팔입니다. 파수꾼에게 가장 중요한 물건이 이 쇼파르죠. 파수꾼의 손에 있는 쇼파르는 왕국을 구할 수 있었어요. 그것은 생명과 죽음을 갈랐습니다. 이 소리를 무시하는 것은 목숨을 위태롭게 하는 것이었죠. 그러므로 쇼파르 소리는 재난 그리고 심판의 날과 관련이 있었어요. 그래서 선지자는 이렇게 기록했죠. '슬프고 아프다 내 마음속이 아프고 내 마음이 답답하여 잠잠할 수 없으니 이는 나의 심령이 나팔 소리와 전쟁의 경보를 들음이로다 패망에 패망이 연속하여 온 땅이 탈취를 당하니… 이 땅에서 나팔을 불라… 너희는 모이라… 크게 외쳐라, 도피하라, 지체하지 말라… 나라들을 멸하는 자가 나아왔으되… 네 성읍들이 황폐해질 것이다(렘 4:19-20, 5-7).'"

내가 말했다. "그러면 쇼파르는 고대 세계의 조기 경보 시스템 같은 것이었군요."

선지자가 말했다. "고대 세계라기보다는… 그들의 조기 경보 시스템이었지요."

"오늘날에는 레이더와 정보 시스템, 경보 장치가 있어요."

"현대적인 쇼파르들이지요."

바로 그때 모든 것이 변하기 시작하더니, 고대 도시의 모습이 현대의 도시로 바뀌었다. 성벽은 현대의 도시 경관 속 고층 건물 옥상으로 바뀌었다. 선지자는 여전히 내 곁에 있었고, 옥상 가장자리에는 파수꾼이 먼 곳을 향해 숫양의 뿔을 불고 있었다. 그러자 꿈 초반처럼, 두 번째 쇼파르 소리가 들려왔다. 그것은 다른 고층 빌딩 옥상에서 들려왔는데, 거기에는 또 다른 파수꾼이 서 있었다. 이어서 또 다른 쇼파르 소리가 연달아 들려왔다. 도시 곳곳의 빌딩 꼭대기마다 파수꾼들이 배치되어 먼 곳을 향해 쇼파르를 불고 있었다.

내가 물었다. "저건 뭘 의미하는 거죠?"

선지자가 말했다. "성서력에 엘룰이라는 달이 있습니다. 옛날부터 엘룰월에는 쇼파르를 불게 되어 있었죠."

"이유가 뭐죠?"

"심판과 관련된 날, 대축제일, 곧 거룩한 날들을 준비하기 위해서입니다."

내가 말했다. "엘룰월은 심판의 기도가 선포되는 달 아닌가요?"

선지자가 대답했다. "네, 슬리콧이 선포되는 달이지요."

"나팔은 정확히 언제 불죠?"

"아침에요. 유대인들이 관습대로 드리는 샤하리트(Shacharit)라는 아침 기도가 끝날 때 붑니다. 샤하리트는 새벽을 뜻하는데, 이 특별한 기도가 동이 틀 무렵에 선포되기 때문이에요. 그래서 엘룰월이 끝나갈 즈음에는 슬리콧, 새벽에 끝나는 심판과 자비에 대한 기도와 새벽에 시작되는 샤하리트 기도, 그리고 나팔 소리, 이 세 가지가 합쳐집니다."

"그러면 엘룰월이 관련된 이유가…"

"그 모든 일이 시작된 것이 엘룰월 어느 날 아침이었어요. 밤의 어둠이 새벽빛에 사라지면서 심판에 대한 기도가 끝나고 새벽 기도가 시작된 다음, 임박한 공격을 경고하는 나팔 소리가 울려 퍼졌습니다. 이 모든 일이 9월 11일 아침, 중동에서 온 한 무리의 남자들이 미국에 테러를 가하려는 계획을 실행에 옮기고 있을 때 일어나고 있었죠. 이 고대 의식은 9.11의 시기뿐만 아니라 장소도 예정해 놓았어요."

"어떻게요?"

"새벽 동틀 무렵은 시간에만 국한된 것이 아니라 공간도 관련이 있습니다. 9월 11일, 미국에 아침이 밝기 몇 시간 전에 아시아, 유럽, 아프리카에 새벽이 밝았죠."

"그게 중요한가요?"

"고대의 의식들이 새벽녘에 시간이 맞춰져 있기 때문이에요. 고대 의식들은 새벽을 따릅니다. 9.11 당시의 새벽은 다른 어느 곳보다 미국의 특정 장소에 먼저 임했죠."

"그게 어디죠?"

"메인주요."

"그런데요?"

"공격은 보스턴 로건 공항에서 파괴를 가져올 첫 번째 비행기가 이륙하며 시작되었습니다. 하지만 그전에도 비행이 있었어요. 몇 가지 이유로 지금도 알려져 있지 않은데, 무리의 리더인 모하메드 아타는 메인주 포틀랜드에서 작전을 시작하기로 결정했죠. 2001년 9월 11일 새벽 5시 47분에 미국 포틀랜드에 새벽이 밝았습니다. 따라서 심판에 대한 기도문 선포를 5시 47분까지는 끝내야 했지요."

"그래서요?"

"그 미스터리가 가리키는 시간과 장소가 메인주 5시 47분이었으니까요. 5시 47분에 9.11 테러의 리더가 메인주 공항에 있었습니다. 이들은 동트기 2분 전인 5시 45분에 그들의 특별한 임무를 시작하려고 보안 검색대를 통과하고 있었어요. 바로 그 시간에 그들의 모습이 공항 보안 카메라에 잡혔죠. 그들이 뉴욕을 초토화시키기 위해 게이트로 향하는 동안, 심판의 기도문이 공식적으로 끝났습니다. 용모가 흉악한 적이 들이닥쳐 도시를 파괴할 것이라는 고대의 말씀이었죠.

그리고 메인주 포틀랜드에 이어 서쪽의 매사추세츠주 보스턴에도 새벽이 밝았습니다. 그래서 모하메드 아타 무리도 메인주 포틀랜드에서 매사추세츠주 보스턴으로 날아갔죠. 계속해서 보스턴에 이어 뉴욕, 뉴욕에 이어 워싱턴 DC에도 새벽이 밝았습니다. 마찬가지로 9.11의 재앙도 메인주 포틀랜드에서 보스턴으로, 보스턴에서 뉴욕으로, 그리고 뉴욕에서 워싱턴 DC로 이동했죠.

메인주를 비추던 새벽빛이 보스턴에 이어 뉴욕과 워싱턴 DC로 옮겨가는 동안, 심판 선언과 나팔 소리 등의 고대 의식도 함께 이동했습니다."

"유대인들이 곳곳에서 그 말씀을 선포하고 나팔을 부는 동안에요."

"그렇습니다. 그리고 고대에는 적이 다가오는 것을 경고하는 나팔 소리가 울려 퍼졌죠. 그래서 2001년 9월 11일에 적이 도시에 접근하는 동안, 나팔 소리가 들리기 시작했습니다."

"하지만 그 소리를 들은 사람들은 공격이 임박했다는 사실을 알지 못했어요."

선지자가 말했다. "네. 다시 말하지만, 신호를 보내는 사람들의 생각과 상관없이 징조들은 나타나게 됩니다. 그 나팔 소리는 현대 국가에 보내는 고대 성경의 신호였어요."

내가 말했다. "그리고 그 현대 국가에는 세계에서 가장 진보적이고 정교한 조기 경보 시스템이 있는데도, 9.11 당시에는 작동하지 않았죠. 정부도 허를 찔렸습니다. 국방부도 마찬가지였어요. 모두가 깜짝 놀랐죠. 그렇지만 성경의 경고음은 울리기 시작했어요."

선지자가 대답했다. "그렇습니다. 고대 이스라엘이 멸망하던 날에 들리던 소리가 이제 9.11 당시의 미국에서도 들렸습니다. 테러범들이 로건 공항에서 게이트를 통과하여 비행기에 탑승할 때, 나팔 소리가 보스턴과 뉴잉글랜드 전역에서 울려 퍼지고 있었어요.

뉴욕시를 공격한 첫 번째 비행기가 오전 7시 59분에 보스턴에서 이륙할 때, 보스턴과 뉴욕에서 나팔 소리가 울려 퍼지고 있었습니다. 두 번째 비행기가 8시 14분에 같은 공항에서 이륙할 때도, 두 비행기가 테러범들에게 점령당할 때에도, 나팔 소리가 울려 퍼지고 있었어요. 펜타곤으로 날아갈 비행기가 워싱턴 DC 덜레스(Dulles) 공항에서 이륙할 때에도 워싱턴 DC에서 나팔 소리가 울려 퍼지고 있었고, 뉴저지 뉴어크(Newark) 공항에서 마지막 비행기가 이륙할 때도, 뉴저지에서 나팔 소리가 울려 퍼지고 있었습니다.

9.11 당일 아침에는 뉴욕시 전체와 뉴저지 해안가를 따라 나팔 소리가 울려 퍼지고 있었어요. 아모스 선지자가 뉴욕시를 향해 '성읍에서 나팔이 울리는데 백성이 어찌 두려워하지 아니하겠느냐?(암 3:6)'라고 외치는 소리가 들려오는 것 같았습니다.

보스턴에서 출발한 두 비행기의 항로가 바뀌며 뉴욕시의 세계무역센터로 향하는 동안에도 나팔 소리가 울려 퍼지고 있었죠. '나팔을 불어 경고하며 견고한 성읍들을 치며 높은 망대를 치는 날이로다(습 1:16)'라고 외치는 스바냐 선지자의 음성이 맨해튼 남부에 울려 퍼지는 것 같았습니다.

나팔 소리는 첫 번째 비행기가 하늘에서 독수리처럼 급강하하며 파괴를 일으키는 동안에도 울려 퍼졌습니다. 이스라엘을 향해 '나팔을 네 입에 댈지어다 원수가 독수리처럼 여호와의 집에 덮치리니…(호 8:1)'라고 외치는 호세아 선지자의 음성이 들려오는 것 같았죠."

내가 물었다. "9.11 당시에 얼마 동안… 나팔 소리가 울려 퍼졌나요?"

"나팔은 샤하리트 아침 기도가 드려지는 동안 울려 퍼지게 되어 있었습니다. 미국을 가로지르는 네 개의 표준 시간대에서 해가 뜨기 시작하며 샤하리트 기도가 마무리되어야 했죠."

"그러면 9.11 당시 뉴욕시에는 몇 시에 해가 떴죠?"

"6시 30분 직후요."

"그러면 네 개의 표준 시간대는 10시 30분 직후에 끝나게 되네요."

"그렇습니다. 나팔 소리가 울려 퍼지는 시간은 10시 30분 직후에 끝났습니다."

"그러면 두 번째 빌딩이 무너진 건 몇 시였나요?"

"마지막 빌딩은 10시 29분 직전에 무너졌습니다."

"마지막 나팔 소리가 울려 퍼지기 직전이었네요."

"그렇습니다. 파괴가 끝나자, 나팔 소리도 그쳤어요. 마지막 표준 시간대에서 끝나 버렸죠. 나팔 소리는 파수꾼들이 멸망을 경고하는 소리였습니다. 그래서 파괴가 끝나자, 나팔 소리도 들리지 않았어요."

"이 나팔 소리들이… 옛날부터 그날 특정 시간까지 울려 퍼지게 되어 있었다는 것 외에도…"

"미스터리가 하나 남아 있죠."

❖❖❖

"정말 대단하네요."

애나는 이어서 말했다. "정말 대단하고 놀라워요. 무섭기도 하고요. 아무도 그 소리를 경고로 받아들이지 않는데, 왜 나팔을 불죠? 그게 무슨 의미가 있어요?"

"한 나라에 심판이 임하기 전에, 하나님은 경고를 받아들이는 자들은 구원받을 것이라고 예고하셨습니다. 나팔은 바로 그 경고의 상징이었어요. 나팔 소리가 울려 퍼졌지만, 아무도 듣지 않았죠. 그것은 하나님의 음성과 그분의 경고에 귀 기울이지 않는 나라에 보내는 신호였어요. 그리고 그 자체가 또 다른 신호이자 경고입니다. 경고하는 나팔 소리를 귀담아듣지 않는 도시는 어떻게 될까요?"

"파괴되겠죠."

"그러니 한 나라는 어떻게 되겠어요?"

15장
두 탑의 땅

"꿈은 그렇게 끝이 났어요."

"그 뒤에는 어떻게 했죠?"

"나는 아무 생각도 할 수 없었어요. 더 밝혀질 것이 있는지, 아니면 그게 전부인지… 또 내가 본 것을 어떻게 해야 할지 몰랐어요."

애나가 말했다. "하지만 그게 끝이 아니었잖아요."

"아니었죠. 그건 선지자와의 첫 만남에서 밝혀지지 않았던 계시들, 드러나지 않은 첫 번째 계시들이 끝난 것이었어요."

"전반부는 시작할 때처럼 끝이 났네요."

"무슨 말이죠?"

애나가 대답했다. "파수꾼의 인장으로 시작되었잖아요."

"그러네요."

"그래서 어떻게 되었죠?"

"계시의 부재는 한동안 계속되었어요. 잠자리에 들 때마다, 오늘 밤에는 계시가 있지 않을까 생각하곤 했습니다. 하지만 결코 그런 일은 일어나지 않았어요. 그러다가 다른 일이 일어났습니다.

방송국 인터뷰를 마치고 녹화가 끝난 뒤, 방청객들에게 사인을 해주기로 되어 있었어요. 나는 방송국에서 마련해 준 책상에 앉아 있었고, 왼쪽에는 사람들이 책에 사인을 받으려고 줄을 서 있었습니다. 사인을 절반 정도 해주었을 때 그 일이 벌어졌어요.

처음에는 그 아이를 못 봤어요. 덩치가 큰 남자 뒤에 서 있어서 보이지 않았거든요."

"그 소녀 말이군요?"

"곱슬곱슬한 금발에 파란 눈, 그리고 그 눈과 동일한 푸른색 코트를 입고 있었어요. 나는 책상에서 벗어나 그 아이에게 무슨 일이 벌어지고 있는지 묻고 싶었지만, 그렇게 하지는 않았습니다. 내게 뭔가를 말해 주려고 왔다는 걸 알고 있었으니까요. 그래서 소녀가 올 때까지 기다렸습니다."

◆◆◆

소녀는 사인 받을 책도 없이 내게 다가와서 말했다.

"그가 돌아왔군요."

나는 "돌아왔지. 어떤 의미에서는…"이라고 대답했다.

"그러면 계시를 받았겠네요."

"그래."

"그리고 지난번에는 보여 줄 수 없었던 것을 보여 주었고요."

"그랬지."

소녀가 물었다. "그러면 이제 어떻게 할 거예요?"

"나한테 묻는 거니? 나는 네가 말해 주길 바랐는데…"

"누리엘, 봐야 할 게 또 있어요. 더 많은 것을 보게 될 거예요. 이제 다음 계시가 시작됩니다."

"다음 계시는 어떤 건데?"

소녀가 대답했다. "처음 계시와는 다른 계시예요. 첫 번째 계시는 아직 드러나지 않은 것과 관련이 있었어요. 하지만 미스터리는 끝나지 않았어요. 지금도 진행되고 있죠."

"그렇다면 다음 계시가 관련된 것은…"

"이후에 일어난 일이요."

"9.11 이후?"

"9.11 이후의 일들과, 선지자가 첫 번째 만남에서 계시해 준 것 이후에 일어난 일들이요."

"징조가 나타난 이후?"

소녀가 대답했다. "그렇다고 할 수도 있고, 아니라고 할 수도 있어요. 미스터리는 결코 끝나지 않았어요. 징조들도 마찬가지예요. 지금도 계속되고 있어요."

"지금도?"

"네."

"그런데 그 모든 게 내게 계시될 거라고?"

"네, 그럴 거예요."

"어떻게?"

"내가 준 인장 가지고 있나요?"

선지자와의 첫 만남으로 나는 항상 인장을 지니고 다니게 되었는데, 그건 꿈을 꾸지 않는 현 상황에서 내가 할 수 있는 유일한 일이었다.

소녀가 물었다. "그걸 돌려받을 수 있을까요?"

그래서 돌려주었더니, 소녀는 그것을 받아 코트 주머니에 넣었다.

"이거 받아요." 소녀는 내 손에 또 다른 인장을 쥐어 주었다. 나는 거기에 뭐가 있는지 보지도 않고 곧바로 주머니에 넣어 버렸다.

"이것이 나를 다음 계시로 인도해 줄까?"

소녀가 대답했다. "그게 당신을 이끌어 줄 수는 있어요. 하지만 그 이상의 것이 필요해요."

"예를 들면?"

"다음 계시는 정결함의 물이 흐르는 두 탑의 땅에서 시작될 거예요."

"그게 정확히 무슨 뜻이지?"

"당신이 알아내리라 믿어요."

"조금 더 말해 주면 안 될까?"

"더 이상 해줄 말이 없어요. 나는 보냄을 받아 해야 할 일을 했어요."

그러더니 소녀는 돌아서서 멀어지기 시작했다. 나는 따라가 봐야 소용없다는 것을 알았다. 내가 알게 되어 있는 것 외에는 아무것도 듣지 못할 것이다. 그런데 그때 소녀가 내게 돌아오더니, 미소 지으며 말했다.

"선지자요."

"선지자?"

"선지자가 더 많은 것을 말해 줄 거예요."

"최근에 그를 본 적이 없는데."

"하지만 만나게 될 거예요. 그는 예전처럼 나타날 거예요."

"동일한 방법으로?"

"그때 그가 나타났던 것처럼… 예상치 못한 방법으로요."

소녀는 그렇게 말하고는 다시 돌아서서 군중 속으로 사라졌다.

❖ ❖ ❖

"그래서 어떻게 되었어요?"

"곧 베일이 벗겨졌어요."

"어떻게요?"

"바로 내 눈앞에 있는데도 보지 못하던 것을 보게 되었어요. 미스터리는 결코 끝난 게 아니었어요. 첫 번째 책을 쓴 후에 나타나거나 드러난 신호와 징조들이 있었어요."

"어떤 신호와 징조들이요? 말해 줘요."

누리엘이 말했다. "그건 완전히 다른 계시였어요. 지금은 공개할 수 없을 것 같아요."

"그럼 언제 되는데요?"

"다른 시간에 말해 줄게요."

분명하게
나타난 것

PART
3

THE HARBINGER

＊ 이 책에서는 원서의 Sycamore를 개역개정 성경 본문에 맞춰 '뽕나무'로 번역하였다(일부 역본에서는 '돌무화과나무'로도 번역됨). 실제로 그라운드 제로에 있다가 쓰러진 나무는 뽕나무과에 속하는 플라타너스이다.

16장

산 위의 남자

"그래서 지금이 그때 말한 다른 시간인가요?" 하고 애나가 물었다.

누리엘이 대답했다. "그런 것 같네요."

누리엘이 애나의 사무실을 마지막으로 방문한 지 한 달이 조금 넘었다. 애나는 가벼운 아웃도어 재킷을 입고 그를 맞이하며 말했다.

"날씨가 참 좋아요. 공원으로 산책하러 가는 게 어떨까 하는데…"

누리엘이 찬성하자, 그들은 엘리베이터를 타고 1층으로 내려가서 거리로 나갔다. 그리고 하루 종일 센트럴 파크에서 시간을 보내며 산책하다가 벤치나 잔디밭에 앉아 쉬었다. 하지만 애나는 공원에 도착할 때까지 기다리지 못하고 첫 번째 질문을 던졌다.

"그래서 무슨 일이 있었는지 말해 봐요."

그녀는 재촉하며 물었다. "어떻게 시작되었죠?"

"이전처럼 꿈으로 시작했어요. 검은 수염에, 검은 머리를 늘어뜨린 남자가 보였어요. 그는 짙은 색 옷을 입고 있었는데, 주름진 하얀색 천으로 된 크고 둥근 칼라가 달려 있었습니다."

"러프 칼라예요."

"러… 뭐요?"

애나가 말했다. "그걸 러프 칼라라고 해요. 수세기 전에 사람들이 착용하던 장식용 칼라예요."

"그렇군요." 누리엘은 고개를 끄덕이며 말을 이었다.

"그 사람은 하얗고 커다란 직사각형 모양의 바위를 옮기고 있었어요… 그냥 흰색이 아니라 반짝이는 하얀색 바위였습니다. 그 사람 앞에는 작은 산처럼 보이는 것이 있었어요. 그는 그 산을 오르더니, 정상에 이르러 그 돌을 내려놓았습니다. 돌의 측면에는 글자가 새겨져 있었는데, 외국 문자라서 무슨 말인지 알 수 없었어요.

그 사람이 돌을 놓고 물러서자, 그 돌 주위로 건물이 솟아오르기 시작했어요. 마치 그 돌을 보호하려는 것처럼 말이에요. 그리고 그 주변으로 다른 건물들, 집과 교회들이 생겨나더니, 도시 하나가 산 정상을 뒤덮었습니다. 마지막 건물이 솟아오른 후, 남자는 돌아서서 산을 내려오기 시작했어요. 산기슭에 이르자, 그는 돌아서서 이제는 반짝일 뿐만 아니라 찬란한 햇살에 휩싸인 도시를 올려다보았어요. 그러더니 다시 돌아서서 사라졌습니다.

그때 모든 것이 바뀌었어요. 구름이 하늘을 덮기 시작하더니 해를 가리면서 도시가 어두워졌어요. 도시의 광채가 사라져 버렸어요. 하얀 돌은 빛을 잃어 가다가 이제는 얼룩만 가득했습니다. 그때 흥청거리며 다투는 소리, 혼란의 소리가 들려왔어요.

검은 수염의 남자가 다시 나타나더니 산을 오르기 시작했습니다. 그 후 그는 거리를 걸으며 자신이 없는 사이에 일어난 변화에 놀라는 것처럼 보였어요. 성벽은 중간중간에 훼손된 채 버려져 있었고, 건물들은 낙서로 뒤덮여 있었어요. 남자는 그중 하나를 읽으려 하다가 그만두고 고개를 돌렸습니다. 그는 자기 위에 우뚝 솟아 있는 높은 건물들을 올려다보았는데, 그 건물 벽에는 음란하고 저속한 형상들이 움직이고 있었어요.

그는 자신이 놓아 둔 돌이 있는 건물을 찾아다녔어요. 하지만 그것을 발견하고는 크게 슬퍼했습니다. 지붕은 사라졌고 벽도 절반 정도가 무너져 있었는데, 그마저도 낙서로 뒤덮여 있었어요. 그는 돌을 보려고 안으로 들어갔지만, 돌은 거기 있지 않았어요. 이미 치워 버린 후였죠.

그는 밖으로 나오더니 남아 있는 벽 옆에 앉아 도시를 바라보며 눈물을 흘렸습니다. 그러다가 하늘을 올려다보며 말했어요. '내가 이것을 경고했지만, 그들은 외면했다. 그들이 돌을 치워 버렸구나. 그러니 이제 그들은 어떻게 될까?' 그리고 그의 질문과 함께 그 꿈이 끝났어요."

애나가 물었다. "그런데 선지자는 나오지 않은 건가요? 그게 무슨 뜻인지 이야기해 주러 말이에요."

"꿈에 선지자의 모습은 보이지 않았어요."

"하지만 그 소녀는 그가 나타날 거라고 말한 거 같은데…"

"그랬죠."

"하지만 그는 나타나지 않았어요. 그래서 괴로웠습니다. 꿈을 이해할 수 있게 도와줄 사람이 아무도 없는데, 꿈을 꾸는 게 무슨 소용이 있나 싶었어요."

"그래서 어떻게 했어요?"

"기다렸어요. 꿈의 의미가 다른 꿈에서 나올지도 모른다고 생각했거든요. 그러나 아무 일도 없었어요. 나는 소녀가 준 인장을 살펴보았습니다."

애나가 말했다. "그 인장에 뭐가 있는지 말해 주지 않았어요."

"꿈에서 본 것과 똑같은 도시 형상이었어요. 하지만 그건 도움이 되지 않았어요. 그게 꿈을 암시하거나 꿈이 인장을 가리키고 있었지만, 그 모든 것이 무슨 뜻인지 여전히 짐작조차 할 수 없었죠."

"그래서요?"

"나중에 소녀가 한 말이 생각났어요. 그 아이는 다음 계시가 정결함의 물이 흐르는 두 탑의 땅에서 시작될 것이라고 말했죠. 그게 놓치고 있는 조각 같았어요. 소녀가 말하는 게 뭔지 알아낸다면, 답을 찾을 수 있을 것 같았죠."

"뉴욕이에요!" 애나가 소리쳤다.

"맨해튼! 두 개의 탑, 쌍둥이 빌딩이 있고 강이 그 주위를 흐르고 있잖아요."

누리엘이 말했다. "그래요. 나도 처음에는 그렇게 생각했어요. 하지만 한 가지가 맞지 않아요. '정결함의 물' 말이에요. 뉴욕은 그게 뭐든 정결함과는 거의 관련이 없어요."

"어쩌면 뉴욕에 두 개의 탑이 있는 정수장이 있는 게 아닐까요?"

"그것도 아니에요. 나는 깨끗한 물이 있는 곳이 어디인지 알아내려고 노력했어요. 물이 깨끗하기로 유명하면서 두 개의 탑이 있는 곳은 어디일까? 그 아이가 한 말을 몇 번이고 다시 생각해 보았죠. 그러다가 갑자기 깨달았어요.

그 아이는 단순히 깨끗한 물을 말한 게 아니었어요. 바로 '정결한 자들의 물'을 말한 것이었어요. 물이 깨끗한 게 아니라 깨끗한 자들의 물이었던 거예요."

"이해가 잘 되지 않는데요."

"정결한 자들은 정결함과 관련된 이들을 가리키는 거예요."

"아직도 무슨 말인지 모르겠어요."

"청교도들이요! 청교도라는 이름은 정결함과 관련이 있어요."

"그러면 물은요?"

"청교도들은 매사추세츠 만의 식민지와 관련이 있죠. '정결한 자들의 물'은 매사추세츠 만 바다였어요."

"그래서 어디로 갔죠?"

"아무 데도요. 거기서 나머지 단서인 두 개의 탑이 있는 땅과 연결점을 찾을 없었어요."

"그래서 어떻게 했죠?"

"여행을 하기로 결심했어요. 뉴잉글랜드 해안 매사추세츠 만으로 차를 몰고 가서 두 개의 탑이 있는 땅에 대해 뭐라도 찾을 수 있을까 살펴보았습니다. 무엇이든 발견하면, 미스터리가 풀리기 시작할 거라고 생각했어요. 그래서 케이프코드(코드곶) 만 남단으로 차를 몰았습니다. 거기서 북쪽 플리머스와 보스턴 방향으로 가서 케이프앤까지 올라갔어요. 그렇게 매사추세츠 만 북단에 이르렀지만, 아무것도 발견하지 못했어요.

나는 길가에 차를 세워 두고 해안으로 갔어요. 낙심한 채 모래 위에 앉아 바다만 바라보았죠. 그때는 아무것도 찾지 않고 생각에 깊이 잠겨 있었어요. 그래서 몇 분이 지난 후에야 그것을 보게 된 같아요."

"보다니요? 뭘요?"

"섬이요… 두 개의 탑이 있는 섬이 보였어요."

애나가 말했다. "주변에 정결한 자들의 물이 흐르고 있었나요? 아…섬이니까 당연하네요."

"대처섬(Thacher Island)이라는 곳이었어요. 그 섬의 역사는 청교도 시대로 거슬러 올라가죠."

"그런데 두 개의 탑은 뭐였죠?"

"등대였어요. 두 개의 오래된 석조 등대."

"그래서 어떻게 했어요?"

"어떻게 해서든 거기에 가야만 했어요. 인근 호텔에서 하룻밤을 묵고, 다음 날 카약을 빌렸습니다."

"카약이요?"

"네, 그렇게 5킬로미터 정도 카약을 타고 섬으로 갔어요. 섬에 도착할 무렵에는 완전히 지쳐 있었죠."

"그래서 뭘 찾았나요?"

"산책로요… 그중 한곳을 걷는데 그 끝에 이르자, 등대가 보였어요. 그리고 등대 너머 바다가 보이는 바위 위에 한 남자가 서 있었어요. 돌아서서 바다 쪽을 보고 있어서 그의 얼굴은 보이지 않았습니다. 그는 길고 어두운 색 코트를 입고 있었어요. 나는 천천히 그 사람에게 다가갔어요. 그 남자가 돌아섰을 때 우리는 4~5미터 정도 떨어져 있었죠."

"설마 그 사람이었다고는 말하지 마요…"

"그 사람 이야기를 하지 않으면, 계시 내용을 알려 줄 수 없어요."

"그 사람이었다고 하지 말아요."

"그 사람이었어요."

"선지자요!"

"그래요."

"꿈이 아니었어요?"

"지금 우리가 여기 함께 앉아 있는 것만큼 생생한 현실이었어요."

애나가 말했다. "하지만 그 아이는 선지자가 이전처럼 나타날 거라고 말했어요. 전에는 꿈에 나타났잖아요."

"그가 이전처럼, 그러니까 내가 예상하지 못한 방식으로 나타날 거라고 말한 거였어요. 그 아이가 처음 그렇게 말했을 때는 선지자가 꿈속에 나타날 거라고는 예상하지 못했죠. 그런데 꿈에 나타났어요. 이번에는 그가 꿈에 나타날 거라고 예상했는데, 오히려 실제 사람의 모습으로 나타난 거예요. 이전과 마찬가지로 내가 예상하지 못한 방식으로 나타난 거죠."

"하지만 첫 번째 만남을 끝내며 다시는 그를 보지 못할 거라고 말하지 않았어요?"

"주님이 달리 생각하시지 않는 한, 다시 만나는 일은 없을 거라고 했었죠."

"그렇다면…"

"주님이 달리 생각하셨다는 것이겠죠…"

"그래서요?"

"그는 내가 기억하는 모습 그대로, 꿈에서 본 그대로였어요."

◆◆◆

선지자가 말했다. "누리엘! 다시 만나서 반가워요!"

나는 무슨 말을 해야 할지 몰랐다. 모든 게 뒤죽박죽이었다. 나는 그를 몇 년 동안 보지 못했고, 이제 꿈에 나타나는 것에 익숙해지고 있었다. 그런데 그 사람이 지금 내 앞에 실제 사람의 모습으로 서 있었다. 혼란스러워서 잠시 이게 꿈인가 생각했다.

나는 "마침 근처에 있었어요"라고 대답했다.

선지자가 말했다. "근처에는 아무것도 없어요. 그러니 당신이 여기 있는 것은 우연이 아니에요. 여기가 당신이 있어야 할 곳입니다."

내가 말했다. "내가 오는 걸 알고 있었군요. 그래서 예전처럼 때맞춰 이곳에 있었던 거예요."

선지자는 말했다. "아니요. 내가 여기 있었기 때문에 당신이 온 것입니다."

✦✦✦

"나는 어떻게 그가 항상 때맞춰 그곳에 나타날 수 있는지 이해가 되지 않았어요. 우리의 만남은 항상 그런 식이었죠."

애나가 말했다. "그는 선지자잖아요. 뭘 기대하는 거예요?"

✦✦✦

"당신에게 맡겨진 책임을 완수했나요?"

"책을 통해서요."

"그런데도 그들은 돌아오지 않았죠?"

나는 고개를 끄덕이며 대답했다. "네. 당신은 꿈에서도 똑같은 질문을 했어요. 그런데… 정말 내 꿈에 나타난 게 당신이었나요?"

선지자가 대답했다. "그게 중요한가요?"

"당신은 꿈에서도 그렇게 말했어요."

선지자가 말했다. "소녀를 만났군요. 그 아이는 내가 돌아올 거라고 말했어요. 그리고 또 뭐라고 하던가요?"

"또 다른 계시가 있을 거라고요."

"이제 시작이에요."

"그러면 당신이 돌아온 이유가…"

"미스터리는 끝나지 않았어요… 징조들도 계속해서 나타나고 있고요."

"그 아이도 그렇게 말했어요. 그런데 왜 여기죠? 어째서 이 섬인가요?"

선지자가 대답했다. "바로 이곳에서 당신이 본 것들 이면에 숨겨진 미스터리와 아직 보이지 않은 것을 발견하게 될 거예요. 누리엘, 여기는 섬이 아니에요. 섬이 있는 곳입니다."

선지자가 따라오라고 손짓하며 말했다. "갑시다."

그는 나를 등대로 데리고 갔다. 우리는 입구를 지나 나선형 계단을 올라갔다. 그리고 조명등 바로 아래쪽에 위치한 전망대 밖으로 걸어 나가자, 눈앞에 사방이 탁 트인 풍경이 파노라마처럼 펼쳐졌다.

선지자는 남쪽을 가리키며 물었다. "뭐가 보이죠?"

"매사추세츠 만이요."

"당신은 시작을 보고 있습니다. 미국 문명의 많은 부분이 바로 여기서 시작되었어요. 메이플라워호가 바로 이 바다로 들어왔죠."

"플리머스로요."

"그렇습니다. 그들이 기초석을 놓은 곳이 바로 이 해안가였어요."

선지자가 그 말을 할 때, 꿈이 기억났다.

"기초석은… 꿈에서 봤어요. 어떤 남자가 기초석을 들고 산을 오르고 있었어요."

선지자가 말했다. "그 꿈에 대해 들려주겠어요?"

그래서 내가 꾼 꿈 내용을 이야기해 주며 물었다.

"그건 무슨 뜻일까요?"

"당신이 꿈에서 본 남자는 존 윈스롭(John Winthrop)입니다."

"익숙한 이름이네요."

"조지 워싱턴이 미국의 아버지라면, 존 윈스롭은 조상이라고 할 수 있죠. 그는 처음으로 영국에서 미국으로 대규모 집단 이민을 이끈 청교도였어요. 아벨라(Arbella)호를 타고 이 바다를 통과했죠. 그리고 이곳에 도착한 지 얼마 지나지 않아 매사추세츠 만 식민지의 주지사가 되었습니다. 그는 이곳을 주요 정착지로 건설하는 데 중추적 역할을 하게 되었고, 그가 세운 것이 현재 미국이라는 나라의 제도와 체계의 중심을 이루게 되었죠."

"그래서 꿈속에서 미국의 기초를 놓고 있었던 거로군요."

"그렇습니다. 그런데 그가 이곳에서 행한 일이 또 있어요. 여기에 발을 딛기 전에 시작한 일이었죠."

"그게 뭔데요?"

"그는 설교문을 기록하여 새로운 땅을 개척하게 될 아벨라의 승객들과 나누었습니다. 그곳을 어떤 곳으로 이루어 가야 하는지에 대한 그의 비전이었죠. 바로 미국이 이루게 될 비전이었어요."

"그는 그것이 이루어질 것을 알았을까요?"

"그게 미국이 되는 것이 아니라 미국의 문화, 문명이 되어야 했습니다. 소녀가 당신에게 준 인장을 가지고 있나요?"

"네." 나는 주머니 속에 있는 인장을 그에게 주었다.

"윈스롭의 비전은 세상에 하나님의 뜻과 목적을 나타내게 될 새로운 땅, 세계 모든 나라가 주목하게 될 특별한 문명, 문화에 대한 것이었습니다. 미국 문명의 영원한 표상이 바로 이 비전에서 주어졌죠.

그는 이렇게 말했어요. '그러므로 우리는 산 위의 도시(동네)가 되는 것에 대해 진지하게 생각해야 한다. 모든 사람들의 시선이 우리를 향하고 있다.'[1]

새로운 문명은 '산 위의 동네'가 되어야 했습니다."

"내가 꾼 꿈이 바로 산 위의 도시였어요."

선지자가 말했다. "인장의 도시는 미국이었습니다. 기초석에는 그 비전이 심겨져 있었고, 그 기초에서 도시가 일어났죠. 윈스롭이 심은 비전에서 미국이 나왔어요."

"왜 산 위에 있는 도시죠?"

"그건 성경에 나오는 표현이에요. 본이나 모범이 되어 들어 올려지는 것을 말하죠. 미국은 그렇게 여러 나라들 가운데 들어 올려져 본이 되는 문명, 표준, 다른 나라들이 본받으려 하는 국가, 세상에 빛을 비추도록 부름받은 사회를 이루어야 했습니다."

"꿈속의 도시는 빛으로 충만하게 빛나고 있었어요."

"세상에 빛을 비추도록 부름받은 문명이 또 있습니다. 바로 이스라엘입니다. 그래서 윈스롭의 비전에는 성경과 고대 이스라엘이 지속적으로 언급되었어요. 미국 문명은 고대 이스라엘을 거울 삼아 수립되었습니다. 미국처럼 기초부터 고대 이스라엘과 강하게 결속되어 있는 문명은 찾아보기 드물죠."

"돌에 새겨져 있던 글은… 히브리어였군요."

선지자가 말했다. "네, 미국 문명의 기초는 히브리 문화입니다. 그러므로 더 깊이 들어가면, 이스라엘이 하나님과 언약을 맺었기에 미국도 언약 국가예요. 미국의 기초를 세우면서 윈스롭은 이렇게 썼습니다. '이렇게 하여 하나님과 우리 사이에 대의명분이 세워졌으니, 이 일을 위해 하나님과 언약을 맺게 된다.'[(1)]"

"그게 무슨 말이죠?"

"성경은 하나님이 이스라엘과 언약을 맺으셨다고 기록합니다. 미국의 경우는 다르죠. 그러나 미국의 기초를 놓은 자들이 이스라엘과 하나님의 언약에 근거하여 하나님과 언약을 맺었다는 사실을 우리는 잘 알고 있습니다."

"그 말은…?"

"미국이 의의 길을 따르고 하나님의 길에서 벗어나지 않으면, 하늘의 복이 그 땅에 가득할 것입니다. 그러므로 윈스롭의 비전은 새로운 문명이 그 길을 따르면 어떻게 될지 예언한 것이에요.

'주님이 우리의 하나님이 되셔서 그분의 백성인 우리 가운데 거하기를 기뻐하실 것이며, 우리의 모든 길에 복을 주셔서, 우리가 그분의 지혜와 권능과 선하심과 진리를 더 많이 볼 수 있게 될 것이다.'[1]"

그의 비전은 고대 이스라엘에 주어진 축복의 약속과 예언을 따랐습니다. 그래서 더욱 구체적입니다. '우리 열 명이 원수 천 명을 대적할 수 있게 되면, 우리는 이스라엘의 하나님이 우리 가운데 계신다는 것을 알게 될 것이다.'[1]"

"그건 모세가 한 말 아닌가요?"

"그렇습니다. 사실 이건 모세가 이스라엘이 약속의 땅에 들어가기 직전에 한 말씀의 일부예요. 그래서 윈스롭은 새로운 땅으로 들어가는 개척자들에게 동일한 예언을 한 것입니다."

"그러면 미국의 기초에… 미래가 예언되어 있었군요… 그렇게 미국이 나아가는 방향이 처음부터 고대 이스라엘과 연결되어 있었어요."

"그렇습니다. 그래서 미국이 처음에 받은 예언이 실현되었죠. 미국은 나라들 사이에서 높이 들어 올려졌습니다. 모든 면에 복을 받아 세상에서 가장 번영하고, 강대하고, 존귀하고, 본이 되는 나라가 되었어요."

"하지만 내 꿈은 그렇게 끝나지 않았어요."

선지자가 말했다. "그랬을 겁니다. 윈스롭의 예언도 마찬가지예요. 미국에 대한 그의 비전, 산 위에 있는 동네에 대해 말하는 사람은 많습니다… 하지만 이어지는 내용을 언급하는 사람은 거의 없죠."

"어떤 내용인데요?"

"경고요… '만일 우리가 하나님을 거짓되이 대하게 되면'이라는 말로 시작하는 예언적 경고입니다."

"하나님을 거짓되이 대한다는 게 어떤 거죠?"

"윈스롭은 이어서 '그러나 우리의 마음이 돌아서면'이라고 하면서 그것에 대해 설명합니다. 이것은 그 마음이 하나님을 떠나 그분의 길을 거부하며 '순종하지 않는' 미국에 대한 경고예요. 이 예언은 계속해서 '미혹되어 다른 신들을 경배하며 그것들을 섬기게 될 것'에 대해 경고하죠."

내가 물었다. "다른 신들은 뭐죠?"

선지자가 말했다. "미국이 스스로 만든 신들과 우상들을 말합니다. 윈스롭은 이것들을 '우리의 쾌락, 즐거움'이라고 밝히는데, 하나님을 버리고 쾌락과 육욕, 세속, 자기 만족, 정욕… 그리고 '이익'을 숭배하고 의지하는 미국에 경고하는 것이에요.

미국은 이익, 번영, 돈벌이, 그리고 물질적 부를 섬기기 위해 하나님을 버렸습니다."

"그 예언도 일부는 실현된 것 같네요."

"그리고 이것도 고대 이스라엘에 근거한 것이었어요. 미국이 고대 이스라엘을 거울 삼아 세워져 이스라엘과 동일한 복을 받은 것처럼, 하나님을 버리고 멀어지면 이스라엘처럼 멸망하게 된다는 것이에요. 이스라엘은 하나님을 버리고 세속과 성적 문란함을 받아들였죠."

"미국도 마찬가지예요."

"이스라엘은 타락하면서 자녀를 제물로 바치기 시작했습니다."

"미국도 태어나지 않은 아이들의 생명을 바치고 있어요."

"그 후 이스라엘은 하나님의 길들에 맞서며 그 길에 충성하는 사람들을 대적하기 시작했습니다."

"미국도 마찬가지예요."

"그리고 이 모든 것이 윈스롭의 경고와 예언에 예고되어 있었습니다."

"꿈속에서는 도시가 어두워지며 빛을 잃었어요. 성벽은 낙서들, 저속하고 음란한 말들로 뒤덮여 있었죠. 그 후에 남자가 돌아와서 변해 버린 도시의 모습에 슬퍼하더군요. 사람들이 기초석을 치워 버렸거든요."

선지자가 말했다. "미국도 마찬가지입니다. 산 위에 있는 동네, 미국도 그 기초석을 제거해 버렸어요."

"꿈이 끝날 무렵, 남자는 '이들은 어떻게 될까?'라고 물었어요. 윈스롭은 무슨 일이 벌어질 거라고 말한 걸까요?"

"그는 이렇게 썼습니다. '그러므로 우리에게 맡겨진 이 일에 하나님을 거짓되이 대함으로 그분이 우리에게서 도움의 손길을 거둬들이시면, 우리는 세상 가운데 이야기거리와 조롱의 대상이 될 것이다.'[1] 그리고 다시 한번 '우리는 반드시 멸망하게 될 것이다'라고 했죠.

이 부분도 하나님을 떠난 나라에 임하게 될 심판에 대해 이스라엘에 주어진 예언을 인용한 것이었습니다. 이게 뭘 의미하는지 이해되나요, 누리엘?"

"아뇨, 알려 주세요."

"고대 이스라엘을 거울 삼아 세워져 이스라엘과 동일한 복을 누리다가 이스라엘처럼 타락한 문명 사회에… 고대 이스라엘에 임한 심판이 그대로 나타나게 된다는 것입니다. 이것이 이면에 숨겨진 미스터리예요."

"무엇의 이면이요?"

"미국에 일어난 일들 말입니다. 울타리가 제거되며 흔들렸죠. 성문에 적이 들이닥치고, 탑이 무너지고, 성벽이 훼손되었어요. 이 모든 것이 이스라엘에 임한 심판이었어요. 그래서 모든 것이 그렇게 하나로 합쳐지며, 무너지는 날이 세워지는 날이 되었습니다. 또 미국에 재난이 임할 무렵 읽게 되어 있는 말씀이 이스라엘의 재앙의 날을 예언한 말씀이었어요. 그래서 적이 독수리가 내리 덮치듯이 들이닥쳤고… 이스라엘의 나팔 소리가 울려 퍼지고 있었던 것이에요. 이 모든 것이 고대와 동일하게 일어났어요."

◆◆◆

선지자는 내가 이 모든 것을 받아들일 수 있도록 잠시 시간을 주었다. 그 후 우리는 나선형 계단을 내려와 처음에 우리가 마주친 곳으로 돌아왔다. 그리고 바다를 내려다보며 앉아 있었다.

선지자가 말했다. "미국 문명이 탄생할 때부터 고대 이스라엘과 연결된 미스터리가… 복과 멸망, 앞으로 임할 모든 것이 예언되어 있었습니다. 당신이 본 모든 것의 이면에 있는 것이 바로 그거예요…"

내가 말했다. "징조들도요."

선지자가 말했다. "네, 징조들은 특히 더 그렇습니다. 그러니 이제 미스터리를 시작하려면 징조를 살펴봐야 합니다."

"무엇에 대한 미스터리요?"

선지자가 대답했다. "9.11 이후 지금까지 분명히 나타난 것… 이후에 나타난 미스터리 말입니다."

주 ─────

1. 존 윈스롭, "그리스도인의 사랑의 표준", 윈스롭 소사이어티, 1630년, https://www.winthropsociety.com/doc_charity.php

17장
징조들

"그건 그 아이가 또 다른 계시를 받게 될 거라며 내게 한 말이었어요."

선지자가 물었다. "뭐가요?"

"이후에 나타난 일 말이에요."

"그 아이는 또 뭐라고 말했죠?"

"미스터리는 끝나지 않았다고… 계속된다고요."

선지자가 말했다. "그래요. 미스터리는 계속되고 있습니다."

"어떤 식으로요?"

선지자가 답했다. "그것을 밝히려면 먼저 기초를 놓아야 합니다. 징조들에 대한 미스터리로 돌아가야 해요. 그게 어떤 것이었는지 기억납니까?"

내가 대답했다. "내가 그것들에 대해 기록했으니 그래야겠죠."

선지자가 말했다. "그러면 당신이 기초를 놓으면 되겠네요. 그러니 말해 봐요, 누리엘. 징조들에 대한 미스터리가 어떤 것이었죠?"

"당신이 내게 계시해 준 것을 말할까요?"

"네."

"전부 다요?"

선지자가 대답했다. "지금 전부를 이야기한다는 건 불가능해요. 하지만 간단히 기초를 놓죠. 아홉 가지 징조들에 대해 말해 봐요."

그래서 나는 몇 년 전에 그에게 받은 계시를 말하기 시작했다.

"고대 이스라엘의 마지막 때에 아홉 개의 징조들이 나타나 국가적인 재난과 임박한 멸망을 경고했어요… 심판 아래 있는 나라에 임하는 아홉 가지 신호들, 그 경고의 징조들이 지금 미국 땅에 나타나고 있습니다. 일부는 뉴욕과 워싱턴 DC에 나타났고, 일부는 미국 지도자들과 관련이 있었죠. 아홉 가지 징조가 전부 섬뜩할 정도로 세세하고 정확하게 다시 나타났어요. 징조와 관련된 사람들은 미스터리에 대해… 그것이 성취되는 데 자기들이 어떤 역할을 했는지 짐작조차 못했죠. 그런데도 국가적인 재난과 심판을 경고하는 이 모든 일이 미국 땅에서 재연되었어요."

"그러면 고대 이스라엘에서 나타난 아홉 가지 징조 중 첫 번째는 뭐였죠?"

내가 대답했다. "BC 732년에 이스라엘을 보호하는 울타리가 해제되면서 파괴가 임했어요. 적군이 이스라엘 땅을 공격하여 파괴가 일어났지만, 그 범위와 기간은 제한적이었죠. 그러나 나라를 뒤흔들기에는 충분한 것이었어요. 하나님의 부르심에 무감각해지고 귀가 멀어 버린 문명, 그래서 그 어떤 것도 닿지 못하게 된 문명에 대한 경종이었습니다. 그것은 돌아오라는 경고이며 부르심이었어요."

"그러면 미국은요?"

"미국의 보호 장벽이 해제된 2001년 9월 11일, 미국 땅에서 첫 번째 징조인 파괴가 나타났습니다.

적은 비행기 납치범 19명의 모습으로 미국 땅을 칠 수 있었어요. 그들의 공격으로 뉴욕과 워싱턴 DC에 파괴가 일어났습니다. 그렇지만 그 범위와 기간은 제한적이었어요. 그러나 그것은 나라를 뒤흔들었죠. 9.11은 하나님의 음성에 무뎌지고 둔해져 버린 나라… 그런 사건으로 겨우 닿을 수 있는 미국에 대한 경종이었습니다. 다시 말해 미국에 대한 경고이자 돌아오라는 부르심이었어요."

"두 번째 징조는…"

"테러범들입니다. 고대 이스라엘을 공격한 것은 앗시리아 제국의 군인들이었습니다. 앗시리아인들은 정치적 목적으로 공포를 사용한 세계 최초의 테러리스트들이었어요. 그들은 사납고 잔인하며 무자비한 자들로, 침략한 모든 땅의 사람들을 공포로 몰아넣었죠. 그러므로 그들이 이스라엘을 침략했을 때, 두 번째 징조는 테러리스트였습니다. 파괴는 그 나라의 적이며 테러리스트들이 주도하여 실행했어요."

"미국에서는요?"

"9.11 당시 테러범이 미국 땅에 나타났습니다. 미국의 적, 구체적으로 테러리스트들이 주도하여 공격을 감행했죠. 앗시리아인들은 테러리즘의 조상이고, 9.11을 감행한 자들은 그들의 영적 자녀들이었어요. 뿐만 아니라, 테러리스트들은 앗시리아인들과 같은 지역인 중동 출신이었습니다. 그러므로 앗시리아인들은 이스라엘에 공격을 감행하면서 오래전에 사라진 중동의 언어인 아카디아어를 주고받았는데, 오늘날 고대 아카디아어와 가장 가까운 언어는 9.11 테러범들이 미국을 공격하며 사용한 아랍어입니다."

"그 이후에는 어떻게 되죠?"

"공격받은 후에 상황이 정상화되었습니다. 아니 그런 것처럼 보였죠."
선지자가 물었다. "왜 상황이 정상화된 것처럼 보였다고 말하는 거죠?"

"실제로 상황이 정상화된 게 아니었으니까요. 경고가 임했고, 이제 경로를 바꾸어 주님께 돌아갈 유예 기간, 기회의 시간이 미국에 주어진 것이었죠."

"그런데도 그들이 돌아가지 않았다면요?"

"그러면 그 기간이 끝날 때 더 큰 흔들림과 재난이 임할 거예요."

선지자가 물었다. "그러면 이스라엘은 그 경고에 어떻게 반응했나요? 그들에게 주어진 기회의 시간에 어떻게 했죠?"

"그들은 귀 기울이지 않았습니다. 경고를 받아들이지 않고, 오히려 완고해져서 반항했죠. 그들의 맹세가 이사야 9장 10절에 기록되어 있어요. 그리고 이 맹세로 또 다른 일곱 징조들이 임합니다. 그들은 '벽돌이 무너졌으나 우리는 다듬은 돌로 쌓고 뽕나무들이 찍혔으나 우리는 백향목으로 그것을 대신하리라'고 말했어요."

"그게 무슨 뜻이죠?"

"그들은 회개하거나 겸손해지지 않았고, 경로를 바꾸거나 돌이키지도 않았습니다. 그들은 이전보다 더 악하게 반응했어요. 그건 반항과 도전의 맹세였죠."

"그러면 9.11 이후의 미국은 어땠죠?"

"미국은 고대 이스라엘의 전철을 그대로 밟았습니다. 재난에 겸손이나, 하나님께 돌아가는 것으로 반응하지 않고 반항했어요."

"그러면 세 번째 징조는…"

"'벽돌이 무너진 것입니다.' 앗시리아인들의 침략으로 벽돌이 무너졌어요. 무너진 벽돌은 앗시리아의 공격으로 파괴된 성벽과 건물들의 잔해, 곧 멸망의 징조입니다."

"그러면 미국은 어땠죠?"

"9.11 테러는 특히 성벽 및 건물의 붕괴와 관련이 있었습니다. 그래서 재난 이후 그라운드 제로의 폐허 더미가 대표적인 이미지가 되었죠. 그 폐허 속에는 무너진 벽돌들이 있었습니다."

"그러면 네 번째 징조는요?"

"'그러나 우리는 다시 세울 것이다.' 그들은 벽돌을 다듬은 돌로 대신 하겠다고 맹세했어요. 다듬은 돌로 이전보다 더 크고, 높고, 거대하고, 강한 건물을 세울 수 있었습니다. 그 건물들은 그 나라의 교만을 상징하는 것이었어요. 이사야는 그들이 교만하고 완악하게 맹세했다고 기록합니다(사 9:9). 여기서 '교만'이라는 말에 사용된 히브리어는 '탑'과도 관련이 있죠. 네 번째 징조는 무너진 것, 곧 탑을 재건하여 일으키는 것입니다."

"그래서 네 번째 징조는 미국에서 어떻게 나타났죠?"

"9.11 이후, 미국의 지도자들은 무너진 탑을 재건하겠다고 맹세했습니다. 그냥 재건하는 것이 아니라, 이전보다 더 크고 좋게, 강하고 높게 재건할 것이라고 했죠. 그라운드 제로의 재건은 하나의 탑을 세우는 데 초점을 맞추었습니다. 무너진 것보다 더 크고, 강하고, 높은 탑을 세운다는 계획이었죠. 그 높이는 미국의 탄생을 나타내는 1,776피트(약 542미터)에 이르렀습니다. 고대 이스라엘과 마찬가지로 그들이 재건한 것은 그들의 교만과 반항 그리고 그 나라 자체의 상징물이 되었죠."

"다섯 번째 징조는요…?"

"'그러나 우리는 다듬은 돌로 다시 세울 것이다.' 재건 계획은 다듬은 돌을 놓는 것으로 시작되었어요. '다듬은 돌' 이면에 있는 히브리어는 '가지트(gazit)'입니다. '가지트'는 산에서 채석한 것으로 단단하고 큰 건물을 지을 때 사용하는 돌을 말합니다. 그것은 거대한 직사각형 바위 덩어리였습니다. 그래서 이스라엘 백성은 산과 채석장으로 가서, 가지트 돌을 무너진 건물의 기초로 가져왔죠. 이 돌은 국가 재건의 시작이자 그들의 맹세, 곧 반항의 상징물이 되었습니다."

"그러면 미국에서는 다섯 번째 징조가 어떻게 나타났죠?"

"9.11 테러 후 거의 3년 만에 거대한 물체가 그라운드 제로 바닥으로 내려왔습니다. 바로 가지트 돌이었죠. 그것은 뉴욕주 북부 산악 지대에서 채석한 20톤짜리 다듬은 돌로, 고대와 마찬가지로 건물이 무너진 파괴 현장으로 옮겨졌습니다. 2004년 7월 4일, 미국의 지도자들은 많은 이들이 지켜보는 가운데 이 돌 주위에 모여 탑의 재건을 기념하는 준공식을 가졌어요. 그들은 새롭게 지어질 탑에 대해 맹세했죠. 그중 뉴욕 주지사는 그들이 '반항심'으로 그렇게 행하는 것이라고 선언했습니다.[1] 고대와 마찬가지로 가지트 돌은 그 나라의 맹세, 곧 반항의 상징물이 되었어요."

"여섯 번째 징조는요…?"

"'뽕나무들(돌무화과나무 Sycamore)이 찍혔다'입니다. 앗시리아인들은 이스라엘을 침략하면서 건물뿐만 아니라 그 땅도 파괴했죠. 무너진 건물은 도시의 파괴를 말합니다. 그러나 넘어진 뽕나무들은 그 땅이 파괴된 것을 상징합니다."

"그러면 미국에서는요?"

"9.11 당시 최후의 순간에 세계무역센터 북쪽 타워가 붕괴되기 시작했습니다. 건물이 바닥으로 곤두박질치면서, 금속 기둥이 공중으로 날아올랐다가 그라운드 제로의 모퉁이에서 자라고 있는 어떤 나무에 부딪혔죠. 예언에 나오는 것과 같은 뽕나무였습니다. 이 나무는 그라운드 제로 나무로 알려져 전시되고 기념되며 맹세의 여섯 번째 징조가 되었죠."

"일곱 번째 징조는요?"

"'그러나 우리는 그것을 백향목으로 대신하리라.' 백향목에 해당하는 히브리어는 '에레즈(erez)'입니다. 일곱 번째 징조는 에레즈 나무입니다.

에레즈는 튼튼한 나무, 특히 침엽수, 구체적으로는 소나뭇과의 나무를 말합니다. 이스라엘 백성은 쓰러진 뽕나무 대신 에레즈 나무를 심었어요. 에레즈 나무가 뽕나무보다 튼튼했기 때문에, 그것은 반항을 상징하는 또 다른 행위가 되었죠. 즉, 나라가 이전보다 더 강하게 일어설 것이라는 선언이었습니다."

"그러면 미국에서는 그것이 어떤 모습으로 나타났죠?"

"2003년 11월 말, 그라운드 제로의 모퉁이에 나무가 나타났습니다. 그것은 한때 그라운드 제로의 뽕나무가 서 있다가 쓰러진 곳에 내려지고 있었어요. 사람들은 그 나무 주위에 모여 기념식을 거행했습니다. 그들은 전에 나무가 서 있던 곳에 새로운 나무를 심으며, 이면의 상징적인 의미에 주목했어요. 그것을 '희망의 나무'라 부르며 굴복하지 않는 인간 희망의 속성을 상징한다고 선포했죠. 그 나무는 뽕나무가 아니라, 침엽수였고 소나뭇과의 나무였습니다. 예언처럼, 에레즈 나무였어요. 그들은 그렇게 쓰러진 뽕나무를 에레즈 나무로 대체했어요. 고대 이스라엘에 나타났던 반항과 심판의 상징인 에레즈 나무가 이제 뉴욕시의 그라운드 제로 모퉁이에 나타났습니다."

"여덟 번째 징조는요?"

"여덟 번째 징조는 맹세의 발언 자체입니다. 맹세가 의미를 지니려면, 거기에 나라가 나아가야 할 방향이 나타나야 했죠. 즉, 지도자들이 목소리를 내야 했어요. 이스라엘 지도자들은 사마리아 성에서 다스렸기에, 맹세는 그 나라의 수도에서 선포되었을 것입니다. 그들은 맹세를 공표했어요."

"그러면 미국에서는 어떻게 나타났죠?"

"2004년 9월 11일, 재난 3주기를 맞아 민주당 부통령 후보인 존 에드

워즈 상원의원이 수도에서 연설을 했습니다. 그는 '벽돌이 무너졌으나 우리는 다듬은 돌로 쌓을 것이고, 뽕나무들이 찍혔으나 우리는 백향목으로 대신할 것'이라는 말로 연설을 시작했죠.[2]

미국의 수도에서 미국의 지도자가 고대의 맹세를 선언했습니다. 단순히 그 말만 한 것이 아니라, 연설 전체가 이사야 9장 10절에 대한 해설이었고, 고대 맹세의 선포였어요. 사실 그는 그게 무슨 의미인지조차 알지 못했습니다. 알았다면 절대로 그 말을 하지 않았겠죠.

그는 실제로 9.11 당시에 뽕나무가 쓰러졌다는 사실을 알지도 못한 채 뽕나무가 쓰러진 것에 대해 말했습니다. 또 재건을 위해 실제로 그라운드 제로에 가지트 돌이 놓였다는 사실을 알지도 못한 채, 가지트 돌에 대해 말했죠. 그리고 실제로 그런 일이 있었는지 알지도 못하면서 뽕나무가 쓰러진 곳에 에레즈 나무를 심는 것에 대해 말했습니다. 그는 모든 것을 9.11과 연결지었어요. 테러의 형태로 한 나라를 쳐서 경고하는 구절을 선포하고, 그것을 9.11과 연결지은 것이에요. 그것은 한 나라가 심판의 첫 단계를 겪고 있다는 것을 분명하게 밝히는 구절이었죠."

"그리고 아홉 번째 징조는요?"

내가 대답했다. "이 맹세는 선언이었을 뿐 아니라, 아직 일어나지 않은 일들을 예언한 것이었습니다. 이것이 이사야 9장에 나타나면서 국가적인 사건 기록이 되었을 뿐만 아니라, 국가적인 심판 예언의 일부가 되었죠. 즉 이 맹세는 국가 지도자에 의해 수도에서 선포되었을 뿐만 아니라, 앞으로 일어날 일에 대한 예언이자 국가 기록에 남은 사건이 되었습니다."

"그러면 미국에서는 어떻게 나타났죠?"

내가 대답했다. "2001년 9월 12일, 재난이 일어난 바로 다음 날, 미 의회는 9.11 사태에 대한 대응책을 발표하기 위해 의사당에 모였습니다. 발표를 맡은 사람은 상원 원내총무인 톰 대슐(Tom Daschle) 의원이었죠. 그는 연설을 마무리지으며 이렇게 말했어요.

'성경의 이사야서에 이와 같은 때에 우리 모두에게 말씀하는 것처럼 보이는 구절이 있습니다. "벽돌이 무너졌으나 우리는 다듬은 돌로 쌓고 뽕나무들이 찍혔으나 우리는 백향목으로 그것을 대신하리라."'[3]

그렇게 미국은 9.11 바로 다음 날, 첫 번째 심판으로 재난이 임한 고대 이스라엘과 똑같은 반응을 보였습니다. 대슐 의원은 실제로 그라운드 제로의 모퉁이에 맹세와 일치하는 쓰러진 나무가 있다는 사실을 알지도 못한 채 그것에 대해 언급했죠. 그는 가지트 돌로 재건하는 것에 대해 말했는데, 그것은 그로부터 3년 후에 성취되었고, 에레즈 나무를 심는 것은 2년 후에 이루어졌습니다.

9.11 다음 날 상원 원내총무가 미 의회에서 나라와 세계를 향해 고대 이스라엘의 지도자들이 재난을 당한 뒤에 내뱉은 말을 그대로 선포한 것이에요. 그는 자신이 무슨 짓을 하고 있는지 깨닫지 못한 채, 타락한 고대 이스라엘에 심판이 시작되며 나타난 재앙을 9.11과 연결지었습니다. 즉, 9.11 다음 날, 미 의회에서 상원 지도자가 자신도 모르게 미국에 심판을 선언한 것입니다."

선지자가 말했다. "잘했어요, 누리엘. 당신이 기초를 놓았습니다. 이제 우리는 다음 계시로 넘어갈 수 있어요. 심판받는 나라에 임하는 신호들… 고대 이스라엘이 멸망할 당시 나타난 것과 동일한 신호들이 오늘날 미국에서도 나타났습니다. 그러면 미국은 어떤 상태일까요?"

내가 대답했다. "돌이킬 수 있는 기회의 시간이 주어졌죠."

"고대 이스라엘은 어떻게 되었죠?"

"그들은 돌이키기는커녕 더욱 멀어졌습니다. 그들은 점점 더 하나님과 멀어졌어요."

선지자가 말했다. "그렇습니다. 돌이킬 기회가 주어졌는데도 거부하는 나라는 오히려 뻔뻔해져서 더욱 빠르고 심각하게 타락하게 됩니다. 나라를 일깨워 돌이키게 하려고, 그래서 더 큰 재앙을 피하게 하려고 흔들림이 있는 것이에요."

내가 말했다. "그런데 질문이 있어요. 우리가 마지막으로 이런 일들에 대해 이야기한 지 몇 년이 지났어요. 이후에 어떤 돌이킴이 있었나요?"

선지자가 대답했다. "아뇨. 미국의 전반적인 타락만 진행되었을 뿐입니다. 그리고 이 모든 것은 9.11 테러 다음 날 미 의회에서 시작되었죠. 상원 원내대표가 고대 반항의 맹세를 선언한 뒤, '이것이 우리가 할 일'이라고 말했습니다.[3] 미국이 고대 이스라엘의 전철, 곧 반항, 배교, 멸망의 길을 따를 것이라고 선언한 것입니다. 9.11의 재앙에 멸망 무렵의 이스라엘처럼 반응했어요. 9.11 바로 다음 날 그 모든 일이 있었죠."

"하지만 미국이 고대의 전철을 밟아야 했을까요?"

"아뇨. 하지만 미국은 그렇게 선택했습니다. 그래서 미스터리가 계속되는 것이에요."

"그러면 우리가 마지막으로 만난 이후, 미국은 계속 하나님으로부터 멀어지고 있군요."

선지자가 말했다. "지속적으로 하나님과 멀어지고 있을 뿐만 아니라, 거의 모든 분야와 영역에서 가속화되며 상태가 더욱 심각해졌습니다. 하나님의 길을 저버리는 것에서 점점 그분의 길을 대적하게 되었고, 문란함을 용인하다가 뻔뻔스럽게 옹호하는 지경이 되었죠. 자녀들에게 하나님의 길에서 벗어난 것들을 가르치고, 배교에 동참하지 않고 하나님의 길에 충실한 사람들을 비방하면서, 그들이 침묵하지 않으면 처벌하려 하고, 죄

없는 피를 흘렸습니다. 또 악을 선하다 하고 선을 악하다 할 뿐만 아니라, 그것을 법제화하여 집행하고, 세속적인 사람들을 신성시하고, 거룩한 이들을 모독하고 있어요."

"그러면 그 모든 것이 징조와 관련하여 우리에게 전달하는 것은 뭐죠?"

"미국의 타락이 계속되고 있기에, 징조들도 지속적으로 나타난다는 것입니다."

그 후 선지자는 외투 주머니에서 이전 것과 동일한 인장을 꺼내어 내 손에 쥐여 주고는 일어났다.

"그럼, 다시 만날 때까지…" 그는 바다를 등지고 걷기 시작했다.

내가 물었다. "보트가 있는데… 태워 드릴까요?"

그는 돌아보며 미소 짓더니 잠깐 사이에 사라졌다.

◆ ◆ ◆

애나가 물었다. "그는 그 섬에서 어떻게 나갔을까요?"

"모르겠어요. 이제는 궁금해하거나 그 방법을 알아내려 하지도 않게 되었네요."

"그러면 다음 미스터리는…"

누리엘이 말했다. "숨겨진 미스터리… 나라 전체가 보지 못하는 고대 미스터리였어요."

주

1. 조지 E. 파타키(George E. Pataki) "발언: 자유의 탑을 위한 기초석 놓기"(뉴욕, 2004년 7월 4일 연설)

    http://www.renewnyc.com/attachments/content/speeches/Gov_speech_Freedom_Tower.pdf.

2. 존 에드워즈(John Edwards) "의회 흑인 간부 회의 기도 조찬에 대한 발언" (워싱턴 D.C. 2004년 9월 11일 연설),

    https://www.presidency.ucsb.edu/documents/remarks-the-congressional-black-caucus-prayer-breakfast.

3. "대슐(Dashle) 상원 원내총무, 슬픔, 결심을 표현" 2001년 9월 13일 워싱턴 파일.

    https://wfile.ait.org.tw/wf-archive/2001/010913/epf407.htm.

18장
바빌로니아 말

"그 인장에는 뭐가 있었어요?"

"그걸 알아내기 어려웠어요. 전체적으로 일정한 모양이나 형태가 없는 것 같았어요. 하지만 그 안에는 뭐라 말하기는 어려운데 또 하나의 형태가 있었습니다. 직사각형처럼 생겼지만, 직선이 하나도 없어 온전한 형상이 아니었어요. 그리고 직사각형처럼 보이는 형태 안에는 I 혹은 숫자 1 모양의 기호 두 개가 있었어요."

"그게 뭐죠?"

"그게 뭔지 짐작도 되지 않았어요. 하지만 그게 유일한 단서는 아니었어요. 꿈을 꿨거든요."

애나가 말했다. "산 위에 있는 도시 때처럼, 인장과 꿈이 주어졌네요."

누리엘이 말했다. "그래요. 이제는 그것이 되풀이되고 있어요. 모든 계시가 인장 그리고 꿈과 연관되어 있어요. 다른 것이 있다면 지금은 선지자가 꿈이 아니라 현실에서 나타난다는 거예요. 어쩌면 그 때문에 내게 인장이 주어진 걸지도 모르겠어요. 계속하려면 뭔가 더 있어야 하니까요. 적어도 다시 그와 마주치기 전까지는 스스로 그 미스터리의 의미를 알아내야만 했습니다."

"그래서 그건 어떤 꿈이었어요?"

"매사추세츠 만에서 돌아온 직후에 꿈을 꿨어요. 길거나 복잡하지는 않았지만, 혼란스러웠어요. 폐허를 내려다보고 있는데, 글이 빼곡한 양피지 한 장이 폐허에서 떠오르더니 똑바로 세워지는 것이었어요. 이어서 또 다른 양피지가 폐허에서 떠올라 첫 번째 양피지 옆에 가장자리를 맞대고 세워졌어요… 그 후 세 번째와 네 번째 양피지가 떠오르며 사각형 모양을 이루더니, 다섯 번째 양피지가 위쪽을 덮으며 상자 모양이 되었어요. 그러더니 양피지 상자 아래로 폐허에서 소요가 일어나더니, 첫 번째 것보다 더 큰 양피지들이 세워져 또 다른 사각형과 상자 모양을 이루면서 첫 번째 상자를 들어 올리더군요. 그 과정이 몇 번이고 반복되더니 계단식의 높은 탑이 되었어요."

애나가 말했다. "지구라트… 양피지 지구라트네요. 그래서 뭘 알아냈죠?"

"꿈은 폐허에서 시작되었고, 인장에는 폐허처럼 일정한 모양이 없는 형상이 있었어요. 직사각형 모양은 양피지를 나타내는 것 같았어요. 그래서 그라운드 제로의 탑과 관련이 있다고 생각했죠."

"폐허와 탑, 그렇네요."

"하지만 그게 전부였어요. 그걸 어떻게 해야 할지 모르겠더라고요."

"그래서 그걸 가지고 어딘가 갔군요."

"뉴저지에 다녀왔어요. 거기서 미팅을 마무리한 뒤 두 시간 정도 자유 시간을 가졌어요. 밖으로 나가 산책하기로 마음먹고 강가로 갔는데, 공원이 있더군요. 정확히 말하자면, 공원이지만 선착장 같은 곳이었어요. 강 건너편에는 남부 맨해튼의 강철과 유리 빌딩들이 늦은 오후 햇살에 오렌지 빛으로 빛나고 있었어요. 가장 인상적인 것은 탑이었죠."

"세계무역센터 건물이요."

"그래요, 징조의 건물… 난간 옆에 서서 강 건너편을 바라보고 있는데, 그가 나타났어요."

"선지자요."

"네, 짙은 색 긴 코트를 입고 내 왼편에 서서 강 건너편을 바라보고 있었어요."

"또 한 번의 정해진 때였군요."

◆◆◆

선지자가 물었다. "그 미스터리를 이해할 수 있었나요?"

"그건… 탑 그리고 양피지와 관련이 있어요."

"예루살렘이 바빌론 군대의 손에 파괴되면서, 폐허에서 예언의 말씀이 선포되었습니다. 그게 바로 예레미야애가죠. 9.11 참사 후, 미국의 시선이 그라운드 제로의 폐허에 집중되었어요. 폐허에 숨겨진 채 기다리는 예언의 말씀이 있지 않았을까요?"

내가 대답했다. "그라운드 제로의 폐허에요? 그런 게 있었다는 말은 들어본 적이 없어요."

선지자가 말했다. "하지만 있었습니다. 폐허 속에 어떤 말씀이 있었어요."

"어떤 말씀이요?"

"종이에 기록된 말씀이었어요."

"꿈과 인장의 양피지들…"

"그렇게 타기 쉬운 것이 그라운드 제로가 불타오르는 동안 온전히 남아 있을 가능성은 거의 없습니다. 주변에 다른 종이들이 있었지만, 대부분 불에 타서 검게 그을려 알아보기 힘들거나 재가 되어 버렸죠. 그런데 불에 탔지만 온전히 알아볼 수 있게 남아 있는 것이 있었어요. 그것은 여러 날 그곳에 숨겨진 채 폐허 속에서 발견되기를 기다리고 있었습니다."

"누구에게요?"

"현장에 구조대원들의 힘겨운 여정을 기록으로 남기던 사진작가가 있었습니다. 밤에 그는 건물 잔해가 산처럼 높이 쌓여 있는 시멘트 장벽 곁에 서 있었어요. 그러다가 장벽 가장자리에서 검게 그을린 종이 몇 장을 발견했죠. 그는 현장 감독에게 거기 무엇이 있는지 살펴보고 촬영할 수 있게 해달라고 요청했어요. 허가는 받았지만, 위험 구역이라 가급적 빨리 끝내야 했죠… 그는 거기서 그것을 보았어요."[1]

"뭐였죠?"

"성경 한 페이지였습니다. 성경은 없어지고, 그 페이지만 남아 있었어요. 촬영할 준비를 하는데, 나오라고 해서 그는 재빨리 사진 몇 장을 찍은 뒤, 성경을 남겨 두고 그 자리를 빠져나왔습니다."

내가 물었다. "그는 그 내용을 살펴봤나요?"

"아뇨, 그럴 시간이 없었어요. 하지만 밤 늦게 확대경으로 그날 촬영한 장면들을 살펴보게 되었죠. 그는 성경 말씀을 읽고 깜짝 놀라 쓰러져 울었습니다."[1]

내가 물었다. "무슨 내용이었는데요?"

"그건 탑에 대해 언급된 구절이었습니다."

"무슨 탑이요?"

"사람의 교만으로 세워진 탑이요."

"바벨탑이요?"

"그렇습니다."

"그러면 무너진 탑 잔해 속에 바벨탑에 대한 말씀이 있었단 말인가요?"

"네."

"내 꿈속의 지구라트는…"

"세계가 한자리에 모이는 것을 상징하는 탑이죠."

"세계무역센터처럼요…"

"폐허에서 발견된 말씀은 그 탑, 곧 건물을 어떤 사람들이 무슨 이유로 세우기 시작했는지 말해 주었습니다. '또 말하되 자, 성읍과 탑을 건설하여 그 탑 꼭대기를 하늘에 닿게 하여 우리 이름을 내자…(창 11:4)'

쌍둥이 빌딩 건설에 착수한 사람들도 하늘까지 닿는 탑, 곧 세상에서 가장 높은 건물을 세우려 했습니다. 그 말씀에는 탑이 어떤 자재로 세워지게 될지도 언급되어 있었어요. '서로 말하되 자, 벽돌을 만들어 견고히 굽자 하고 이에 벽돌로 돌을 대신하며 역청으로 진흙을 대신하고(창 11:3).' 그들은 벽돌을 사용했어요. 어쩐지 익숙하게 들리지 않아요?"

"이사야 9장 10절의 맹세가 '벽돌이 무너졌으나'로 시작하죠."

"그리고 바벨탑 건축에 사용된 '벽돌'과 이사야 9장 10절의 맹세에 사용된 '벽돌'의 히브리어가 동일합니다."

내가 말했다. "그러면 그 말씀은 무너진 건물의 잔해 속에 있었는데… 그 건물의 잔해는 실제로 무너진 벽돌들이었군요."

"그렇게 세계무역센터의 폐허에는 하늘까지 닿기 위해 세워진 탑, 세상이 함께 모이는 것을 상징하는 탑, 인간의 교만과 오만을 상징하는 탑에 대한 성경 말씀이 있었습니다."

"모든 상황이 쌍둥이 빌딩과 꼭 맞아떨어지네요."

"그 페이지에는 다른 것에 대한 말씀도 있었습니다."

"다른 거라니요?"

선지자가 말했다. "심판… 그 탑에 내린 심판 말입니다."

"이해되지 않는 게 있는데, 인장에 새겨진 양피지에는 글 대신 두 개의 기호만 있었어요. 이것들은 무엇을 나타내는 거죠?"

"그게 뭐라고 생각해요?"

"두 개의 I나 숫자 1?… 아니면 두 개의 탑인가요?"

"두 탑은 동일한 모양으로 지어졌지만, 아니에요. 그건 숫자 11입니다."

"9월 11일에서 11이요?"

"그렇습니다."

"첫 번째 탑에 충돌한 비행기도 11편이었죠."

선지자가 대답했다. "그래요. 그날은 11의 날이었죠. 하지만 인장에 새겨진 양피지의 11은 바벨탑 때문이었습니다."

"무슨 뜻이죠?"

"바벨탑 이야기는 창세기에 나옵니다. 혹시 몇 장인지 아나요?"

"아뇨."

"11장이에요."

"11의 날인 9월 11일은 그렇게 성경의 열한 번째 장과도 연결되어 있었군요. 폐허 속에 인간의 교만을 상징하는 탑이 심판받는 이야기가 있었어요."

선지자가 말했다. "그래요. 성경은 이전에 일어난 일들뿐 아니라, 아직 오지 않은 일에 대한 기록이기도 합니다.

그라운드 제로의 성경에는 미래 시제로 '자, 탑이 있는 도시를 건설하자'라고 되어 있었어요. 이것은 탑을 건설하라는 요구였습니다. 즉 이 말씀은 예언적인 것이었어요. 미국은 다시 탑을 세우기 시작했습니다. 그리하여 무너진 세계무역센터 자리에 올라간 것은, 폐허에서 발견된 성경 구절에 나오는 것처럼 하나의 탑 형태였죠.

그리고 고대 성경에 나타난 것과 마찬가지로, 그라운드 제로의 탑은 세계에서 가장 높은 건물을 세우려는 의도로 시작되었어요. 바벨탑 이야기는 '온 땅의 언어가 하나요 말이 하나였더라'는 말로 시작됩니다. 이 탑은 세상과 무슨 관계가 있는 걸까요?"

"그 탑은 온 세상이 함께 모이는 것을 상징하는 것이었어요."

"첫 번째 구절에 나타나는 단어들에 주목하십시오. '땅'이라는 말이 한 번, '하나'라는 말이 두 번 나타납니다. 그라운드 제로의 폐허에서 발견된 성경은 그렇게 '하나'와 '땅', 곧 '세상'이라는 단어가 연결된 탑에 대해 이야기하고 있었어요. 그래서 그 탑의 이름은⋯ '제1세계무역센터'가 되었죠."

"어째서 그런 이름을 지은 걸까요?"

"그 이름은 주소에서 온 것이지만, 결과적으로는 세계에서 가장 높은 건물로 계획되어 바벨탑처럼⋯ '하나'와 '땅', 곧 '세계'라는 말로 표현되었죠."

내가 말했다. "두 탑 모두 반항심으로 세워졌네요."

"그리고 폐허에서 발견된 말씀 속에는 또 다른 미스터리가 있었어요. 거기에는 반항심에 '성읍과 탑을 건설하자' 하여 결국 바벨탑을 쌓게 되었다고 기록되어 있었죠."

"그래서요?"

"고대 히브리어 성경을 헬라어로 번역한 것을 '칠십인역'이라고 하는데, 이사야 9장 10절의 반항의 맹세 부분을 다음과 같이 옮겼습니다. '벽돌이 무너졌으나, 오라⋯ 우리 힘으로 탑을 세우자.'"

"첫 만남에서도 그 역본에 대해 이야기했죠."

"이 고대 역본은 이사야 9장 10절의 반항의 맹세와 창세기에서 바벨탑을 세우며 사용한 말들을 연결해 놓았어요. 그리고 바로 그 말이 기록된 부분이 무너진 탑의 잔해 속에 숨겨져 있었죠."

내가 물었다. "그 말은 성경에 몇 번이나 나오나요?"

선지자가 대답했다. "창세기에서 바벨탑을 세우자고 할 때와 이사야 9장 10절에서 이스라엘이 폐허를 재건하겠다고 맹세할 때, 두 번뿐입니다."

"그러면 창세기 11장과 이사야 9장 11절 모두 '오라 우리 힘으로… 탑을 세우자'로 옮길 수 있는데, 이 말이 그라운드 제로의 폐허 속에서 발견되었어요… 바벨탑을 세울 때 한 말이자, 칠십인역 이사야 9장 10절의 징조를 일으키는 맹세가 전부 거기에 있었네요."

선지자가 말했다. "그래요. 처음부터, 탑이 붕괴되던 순간부터, 벽돌이 무너지던 순간부터 모든 것이 거기 있었습니다. 고대에 기록된 것처럼, '벽돌이 무너졌다. 그러나 오라… 우리 힘으로 탑을 세우자' 했죠.

그러므로 이 말씀은 예언이었습니다. 미국은 자기 힘으로 그라운드 제로에 탑을 세웠어요. 바벨의 영, 바벨탑을 쌓은 사람들에 이어 이스라엘 백성을 사로잡았던 바로 그 영이 이제 미국을 사로잡은 겁니다."

❖ ❖ ❖

애나가 물었다. "그런데 그 종이는 어떻게 되었어요?"

"아무도 몰라요. 사진작가는 급히 현장을 떠나느라 그것을 가져오지 않은 것을 후회했답니다. 그렇게 폐허 속에서 사라졌겠죠. 하지만 사진이 남아 있습니다."

"그 사진에 대해 들은 사람들은 어떤 반응을 보였나요?"

"재건을 격려하는 좋은 신호로 받아들이는 사람들도 있었어요. 그들은 그것이 실제 의미와 얼마나 동떨어진 생각인지 깨닫지 못했죠. 하지만 바벨탑에 대한 성경 본문이 폐허에 나타난 것은 불길한 일임을 곧바로 깨닫는 사람들도 있었어요."

"그리고 그다음에는 무슨 일이 있었죠?"

"선지자가 인장을 달라고 해서 넘겨줬어요. 그는 그것을 코트 주머니에 집어넣고는 다른 인장을 꺼내어 손에 쥐여 주더군요. 그런데 너무 단순해서 어떻게 해석해야 할지, 해석할 것이 있기는 한 건지 알 수 없었습니다. 하지만 그것을 통해 수많은 이들이 간과하며 지나치는 신호, 뉴욕 한복판에서 일어나고 있는 변화… 선지자들의 시대의 심판 경고로 나아가게 되었어요."

주 ———

1. "9/11 복구에 대해 자주 묻는 질문…" 그라운드 제로 박물관, 2020년 5월 19일 액세스. https://groundzeromuseumworkshop.org/faq.html.

19장
시들어 가는 것

"그래서 그건 뭐였어요?"

누리엘이 대답했다. "나뭇가지였어요. 그걸 어떻게 이해해야 할지 몰라, 나무의 원산지를 확인하려고 인터넷으로 검색해 보았어요. 그런데 인장에 새겨진 것과 비슷한 가지가 너무 많더군요.

그 후에 꿈을 꿨어요. 나는 넝쿨과 나뭇가지들로 뒤덮인… 아니 둘러싸인 아주 큰 정원을 산책하고 있었어요. 사방에서 덩굴과 가지들이 정원의 벽을 이루다가 지붕 쪽으로 휘어져 있었습니다. 곧은 것이 하나도 없었어요. 모든 것이 구불구불했습니다. 그리고 모든 것이 시들어 있었어요. 나뭇잎, 식물, 열매, 덩굴 전부요…

계속 걷다가 맞은편에서 어린 소녀를 발견했어요. 물주전자를 들고 울고 있더군요. 다가가서 왜 우는지 물었어요. 모든 걸 다 했는데도 정원이 자라지 않는다고… 좋은 땅에 심고 매일 물을 주며 돌보았지만, 어떻게 해도 시들어 버린다고 하더군요.

달래 보려고 애썼지만, 위로가 되지 않았나 봐요. 그렇게 계속 걷다 보니, 문이 보여서 그리로 나갔는데, 도시 한복판이었습니다. 많은 이들이 지나다니는 보도 위에 서 있었어요. 뒤돌아 정원 쪽을 바라보았습니다. 그제야 알았어요. 그 정원은 덩굴과 나뭇가지로 이루어진 거대한 독수리 모양이었어요. 그러면서 꿈이 끝났어요."

"그래서 어떻게 했죠?"

"꿈과 인장 모두 식물 혹은 나무와 관련이 있었어요. 그래서 뭐든 찾을 수 있는 곳으로 가기로 마음먹었죠. 뉴욕 식물원으로요."

"거기는 지난번에 선지자와 마주쳤던 곳이잖아요. 그때 당신은 선지자가 준 인장 중 하나의 의미를 알아내려고 애쓰고 있었죠. 내 기억으로는 거기가 막다른 골목이었죠?"

"네, 하지만 지금은 내가 생각해 낼 수 있는 유일한 곳이었어요. 그래서 그리로 가서 인장에 새겨진 나뭇가지를 알아볼 수 있는 사람이 있는지 물었어요. 그들이 나에게 전문가 한 사람을 소개해 주었지만, 그게 어떤 나무의 가지인지 확인할 만한 세부 정보가 없었습니다."

애나가 말했다. "또다시 막다른 골목이네요."

"꼭 그렇지만은 않았어요. 내가 그곳에 간 또 다른 이유는 유리온실이 많기 때문이에요. 그런데 대부분이 꿈처럼 곡선 모양이더군요."

"그래서 뭘 찾았나요?"

"아름다운 식물들, 꽃, 나무들이요."

"물주전자를 가진 소녀는 없었나요?"

"네, 더는 할 일이 없어서 결국 밖으로 나가 산책하기로 마음먹었어요. 걷다 보니 조금 독특한 숲이 나타났어요. 6만여 평의 숲에 개울, 연못, 인디언들의 흔적, 그리고 나무들… 대부분이 수세기 전의 모습이었습니다. 나는 숲속 깊은 곳에 서 있었어요. 그리고 거기서 그 사람이 나를 기다리고 있더군요."

"선지자가… 숲에서요?"

"네."

◆◆◆

선지자가 말했다. "산책하기 정말 좋은 곳이죠?"

"당신이 산책을 할 줄은 몰랐어요."

"당신과 함께 걸으려고 왔어요, 누리엘. 갑시다."

그래서 우리는 산책로를 따라 숲속 더 깊은 곳으로 들어갔다.

선지자가 말했다. "이것이 뉴욕시가 생기기 전의 모습입니다."

내가 말했다. "뭔가 조금 다른데요. 확실히 더 평화롭네요."

"당신이 발견한 사실을 말해 봐요."

나는 선지자에게 꿈 내용과 인장에 새겨진 나뭇가지와 일치하는 것을 찾으려 했지만 실패한 이야기를 해 주었다.

"지난번에는 쓰러진 뽕나무의 의미를 찾아 이곳에 왔었죠."

"네, 이사야 9장 10절 때문에요."

"그리고 그 미스터리는 또다시 우리를 나무가 있는 곳으로 데려왔습니다. 성경에서 나무는 대단히 중요해요. 생명과 복뿐만 아니라, 민족과 국가, 왕국, 나아가 경고와 심판의 신호를 상징하기도 합니다. 인장을 보여 주겠어요?"

나는 코트 주머니에서 인장을 꺼내어 넘겨주었다.

"당신은 이게 어떤 나무의 가지인지 알아내려고 했는데, 중요한 건 그게 아니었어요. 문제는 상태였습니다. 봐요. 열매도, 잎도 없어요. 당신 꿈도 정원에 뭐가 있는가가 아니라 정원의 상태에 대한 것이었어요."

내가 대답했다. "시들어 있었어요. 인장에 있는 것도 시든 나뭇가지인 가요?"

"누리엘, 시든다는 것이 성경에서 무엇을 의미하는지 아나요?"

"아뇨."

"심판의 신호입니다. 나무나 식물이 시드는 것은 민족이나 국가가 시들어 가는 것, 왕국의 심판을 의미해요. 그래서 시편은 악을 자행하는 사람들에 대해 '그들은 풀과 같이 속히 베임을 당할 것이며 푸른 채소같이 쇠잔할 것임이로다(시 37:2)'라고 기록하죠.

그러므로 식물이 시드는 것은 악을 자행하는 자들에게 심판이 임하는 것을 상징합니다. 주님은 이사야서에서도 악한 문화에 심판이 임할 것을 경고하시며 '너희는 잎사귀 마른 상수리나무 같을 것이요 물 없는 동산 같으리니(사 1:30)'라고 하셨고, 예레미야서에서도 온 나라에 재앙이 닥칠 것을 경고하시며 '내가 그들을 벌할 때에 그들이 거꾸러지리라… 포도나무에 포도가 없을 것이며 무화과나무에 무화과가 없을 것이며 그 잎사귀가 마를 것이라(렘 8:12-16)' 하셨어요.

동일한 예언적 상징이 신약성경에도 나타나는데, 무화과나무가 말라 죽는 것이 임박한 심판을 상징하는 사건으로 여겨지죠."

"그런데 그것이 현재와 무슨 관련이 있죠?"

"이스라엘 백성은 이사야 9장 10절에서 공격을 받아 쓰러진 뽕나무를 더 튼튼한 나무로 대체하겠다고 맹세했습니다."

"히브리어로 에레즈 나무요."

"9.11 이후, 뉴욕 사람들은 쓰러진 뽕나무를 더 튼튼한 에레즈 나무로 교체했습니다. 그래서 에레즈 나무는 고대의 맹세처럼 재기와 부활의 상징이 되었어요. 그들은 멸망 당시의 이스라엘과 동일하게 행동했습니다.

고대와 마찬가지로, 반항하며 도전했죠. 에레즈 나무는 그 나라가 이전보다 더 강하고 크게 일어날 것을 상징했습니다. 그라운드 제로에 에레즈 나무를 심던 때를 기억해요?"

"2003년 11월이었어요."

"누리엘, 이후로도 미스터리는 끝나지 않았고 징조들도 끊임없이 이야기해 주고 있습니다."

"그게 무슨 말이죠?"

"에레즈 나무는 다른 나무들이 번성하며 잘 자라던 자리에 심겨졌어요. 그러니 잘 자라고 번성해야 했죠. 하지만 다른 일이… 그 나무만큼 성경적으로 중요한 일이 일어났습니다. 고대의 현상이 나타나기 시작한 거예요."

"말라 죽었나요?"

"네, 그라운드 제로의 모퉁이에서 고대 심판의 신호가 나타나기 시작했습니다. 미국의 재기를 상징하는 에레즈 나무가 말라 죽기 시작한 거예요."

"왜요?"

"아무도 이유를 알아내지 못했습니다. 그게 미스터리였어요. 정원을 관리하는 사람들이 잘 자라게 하려고 할 수 있는 모든 일을 했지만, 계속 시들어 가기만 했습니다. 점차 병색이 짙어졌지만, 무슨 병인지도 알아낼 수 없었어요. 해가 갈수록 더욱 볼품없이 매말랐습니다. 그러다가 나뭇가지에 남아 있던 초록색이 죽음을 암시하는 갈색으로 변하기 시작했죠.

관리인들은 담에서 나무 뿌리 근처까지 한 줄로 관목을 심었어요. 나무에서 멀리 떨어져 있는 관목들은 튼튼하고, 푸르고, 건강했지만, 가까이에 있는 것들은 그것과 마찬가지로 시들기 시작하더니 갈색으로 변하여 마르고 병들고 죽어 가는 것처럼 보였습니다. 마치 나무 근처에 있는 모든 것이 저주 받은 것 같았어요."

"꿈 내용도 그랬어요. 정원이 시들어 가고 있는데, 어린 소녀는 그것을 막을 수 없었어요. 좋은 땅에 심고 모든 조치를 취했는데도, 계속 말라 갔습니다."

"에스겔서에서도 주님이 왕과 왕국에 임할 심판의 날들에 대해 예언하시면서 동일한 비유를 사용하셨습니다. '가지를 뻗고 열매를 맺으며 훌륭한 포도나무가 되기에 충분한 물가 좋은 땅에 그 포도나무는 이미 심겨져 있었다… 새로 난 잎이 모두 시들어 버릴 것이다… 그것이 심겼다고 해서 번성하겠느냐?… 그것이 완전히 시들지 않겠느냐? 그 심겨진 밭에서 시들어 버리지 않겠느냐?(겔 17:8-10, 우리말).'"

"그라운드 제로에 있는 나무에 대해 기록해 놓은 것 같네요."

선지자가 말했다. "예언 속의 나무도, 그라운드 제로의 나무도 상징이었습니다. 아홉 개 중 일곱 번째 징조였죠. 그리고 고대의 맹세에서 에레즈 나무는 하나님께 도전하는 나라, 이전보다 더 강하고 위대한 나라로 회복시키겠다는 계획을 상징하는 것이었어요."

내가 말했다. "그래서 그 신호가 시들어 버린 것이군요."

선지자가 말했다. "시드는 것 자체가 신호이기도 합니다."

"무엇이 시드는 것이요?"

"에레즈 나무가 상징하는 게 뭐죠?"

"하나님 없이 나라를 이전보다 더 강하고 위대하게 일으키려는 것이요."

"그러므로 에레즈 나무가 말라 가고 있다는 것은, 이 모든 것을 돌이킬 수 없다는 신호입니다. 뿐만 아니라 에레즈 나무는 궁극적으로 국가 자체를 상징합니다. 에레즈 나무가 뽕나무보다 더 강하고 튼튼한 것처럼, 나라도 이전보다 더 강건해질 거라는 말이었죠. 그 나무는 나라를 상징하는 것이었어요."

"꿈속의 정원은 독수리 형상을 이루고 있었는데… 그건 미국을 상징하는 것이었군요."

"그라운드 제로의 에레즈 나무를 뭐라고 불렀죠?"

"희망의 나무요."

"사람들은 그것을 희망의 상징으로, 재앙과 파괴의 땅에서 일어나는 나라, 국민의 상징으로 변화시켰어요."

"그렇다면 그 나무가 시들어 가는 것은…"

선지자가 대답했다. "한 나라의 쇠퇴를 상징합니다."

"미국의 쇠퇴요?"

선지자가 말했다. "네. 미국은 도덕적으로 그리고 영적으로 죽어 가고 있어요. 병든 나무가 한동안 살아 있고 튼튼한 것처럼 보여도, 그 속은 상한 상태입니다. 미국도 마찬가지예요. 나라가 쇠퇴하고 있어요. 그 속, 중심이 상하여 붕괴되면서 영적 · 도덕적으로 부패하고 타락한 문명이 되고 있어요."

"어린 소녀는 그것을 구하려고 할 수 있는 모든 일을 했지만, 계속 시들어 갔어요."

"희망의 나무도 마찬가지였습니다."

내가 물었다. "그러면 그 나무에 소망이 있을까요? 살릴 수 있나요?"

"희망의 나무요? 아니면 미국을 말하는 겁니까?"

"미국 말이에요. 희망이 있나요?"

"병든 영은 다른 것으로 고칠 수 없습니다."

"무슨 뜻이죠?"

"영적인 병은 정치나 경제, 이념 등 다른 영역에 근거한 치료법으로 해결할 수 없습니다. 그런 방법으로는 시들어 가는 것을 막을 수 없어요. 영적인 병은 영적으로 치유할 수 있습니다. 그것 외에는 희망이 없어요."

"그러면 미국은…"

"미국은 희망의 나무로 심겨진 나라였어요. 그런데 그런 나무가 스스로 뿌리를 베어 버리면, 무슨 소망이 있을까요? 말라 죽을 수밖에 없죠."

❖❖❖

애나가 말했다. "그라운드 제로에 그 나무를 심은 사람들은 그렇게 말라 죽어 가는 모습을 보면서 틀림없이 불안했을 거예요."

누리엘이 대답했다. "그랬을 거예요. 하지만 그들이 할 수 있는 일은 없었어요."

"선지자가 또 다른 인장을 주었나요?"

"네, 숲에서 나오면서요."

"그 인장은 어디로 이끌던가요?"

누리엘이 말했다. "그건 완전히 다른 것이었어요. 전에 한 번도 가 본 적이 없는 곳으로, 들어본 적도 없는 고대의 날로, 그리고 불길한 결과로 나를 데려갔어요."

20장
탐무즈월 9일

"그래서 그 인장에는 뭐가 있었어요?"

"고대의 건물 같았어요. 기둥이 늘어서 있었고 폭이 넓은 계단이 입구까지 이어져 있었어요. 그리스나 로마 신전이 아닐까 싶었어요. 계단 좌우에는 남녀의 형상이 각각 왕좌에 앉아 있었고요. 그런데 그 신전의 기둥들이 좀 이상했어요. 여덟 개 중 두 개는 같은 주추에서 뻗어 올라가 그 끝이 두 개의 다른 기둥머리에서 닿아 있었고, 또 다른 두 기둥은 서로 교차하며 거대한 X자 모양을 이루고 있었어요."

애나가 물었다. "그건 뭘 나타내는 거죠?"

"여러 가지가 떠올랐지만, 아무 성과도 없었어요."

"그래서요?"

"그 후에 꿈을 꿨는데, 고대 신전 같은 곳 안이었어요."

"인장에 있던 것처럼?"

"그렇다고 말할 수는 없는 게… 외관은 어떻게 생겼는지 모르니까요. 그런데 신전 안에 사제들이 있었어요."

"사제들이요?"

"이교도 사제들 같았어요."

"이교도 사제들이 어떻게 생겼는지 알아요?"

"아뇨. 하지만 이교도 사제들이 있다면, 바로 그런 모습일 것 같았어요. 삭발한 머리에 짙은 색 옷을 입고 있었는데, 다섯 명 정도가 양피지 하나를 들고 있었어요."

"다섯 명이 같이요?"

"네, 큼직한… 작은 테이블 크기의 양피지였어요. 그들은 다 같이 그 양피지를 돌계단 위로 옮겼습니다. 그리고는 맹렬한 불길에 휩싸인 돌 제단을 내려다보다가 양피지를 들어 올려 불 속에 던져 넣었어요.

그러자 모든 것이 바뀌었어요. 나는 고대 도시로 추정되는 거대한 성벽 바깥쪽에 서 있었는데, 방패와 창, 공성 무기를 갖춘 고대의 군대에 에워싸여 있었어요. 하지만 그들은 그냥 거기 서서 대기하고 있었습니다. 그런 쪽의 전문가는 아니지만, 왠지 바빌론 군대 같았어요.

갑자기 소동이 일더니, 병사들이 성벽 안쪽에서 피어오르는 연기를 가리키더군요. 나는 그게 신전 안 제단에서 나오는 연기라는 걸 알았어요. 불 속에 던져진 양피지 때문에요.

그들 가운데 지휘관으로 보이는 사람이 '저건 신호다. 바로 오늘이 저들의 성벽과 장벽이 무너지는 날이다'라고 말하자, 군대가 성벽을 공격하기 시작했어요. 공성 병기로 계속 타격을 가하니 결국 성벽이 뚫리며 무너졌습니다.

고대 도시의 모습이 보일 거라고 생각했는데, 무너진 성벽 너머로 여러 도시와 들판, 마을, 그리고 집들의 모습이 거대한 파노라마처럼 펼쳐졌어요. 마치 나라 전체, 한 문명을 보는 것 같았습니다. 병사들이 그 틈으로 밀고 들어가기 시작하면서 꿈은 끝났어요."

애나가 물었다. "그 꿈은 무슨 뜻이죠?"

"사제들과 양피지에 관해서라면 아는 바가 없지만, 성벽 장면은 상당히 선명했어요. 성벽으로 둘러싸인 도시가 포위된 현장이었는데, 그건 단순히 어떤 도시에만 관련된 것이 아니었어요."

"그래서요?"

"인장에 있는 신전이 꿈에서 본 것과 동일할 가능성 외에는, 아무런 연관성도 찾을 수 없었어요. 고대 사제들의 모습을 살펴봤지만, 꿈에서 본 모습과 비슷하거나 양피지를 태우는 것과 관련된 것 역시 찾을 수 없었고요."

"그래서 어떻게 했어요?"

"아무것도 할 수 없었어요. 그러다가 어느 날 인장을 다시 살펴보고 있는데, 갑자기 이런 생각이 들었어요. 이것이 고대의 신전이 아니라 오늘날의 건물이라면 어떨까?"

"무슨 말이죠?"

"오늘날에도 고대 신전처럼 보이는 건물들이 있어요."

"어디에요?"

"미국의 수도에요. 인터넷으로 워싱턴 DC의 건물들을 찾아보기 시작했죠."

"그래서요?"

✦✦✦

"금방 그 건물을 찾았어요. 인장처럼 8개의 기둥에, 입구까지 폭이 넓은 계단이 이어져 있었고, 계단 양쪽 끝에는 앉아 있는 남녀의 조각상이 있었습니다. 고대 신전이라고 해도 믿었을 거예요."

"무슨 건물인데요?"

"대법원이요."

"하지만 대법원이 고대 바빌로니아인들과 무슨 관계가 있죠?"

"바로 그걸 찾아 나섰어요. 워싱턴 DC에서 사흘간 머물려고 호텔을 예약했습니다. 그 정도면 시간이 충분할 거라고 생각했어요. 하지만 그럴 필요가 없었습니다. 기차가 오후 3-4시경 유니언 역에 도착해서 택시를 타고 호텔에 들렀다가 대법원으로 갔어요. 그곳에 도착한 것은 초저녁이었어요. 건물에 불이 켜져 기둥 뒤쪽 벽면으로 노란색과 주황색의 따뜻한 빛이 돌고 있었어요.

코트 주머니에서 인장을 꺼내어 눈앞의 건물과 비교해 봤습니다. 건물의 형태와 계단, 지붕, 두 개의 조각상 등 모든 것이 일치했어요. 인장 속 기둥의 이상한 변칙들을 제외하면요."

◆ ◆ ◆

"미국의 최고 법정이죠."

목소리가 들려오는 쪽을 돌아보니 그… 선지자가 있었다. 그는 건물 상단을 올려다보며 말했다.

"대법원… 재판관들이 주재하며 판결을 내리는 곳입니다. 그러나 여기가 최고 법정이 아니에요. 훨씬 더 높은 권위… 지극히 높으신 심판자가 계십니다."

내가 물었다. "어째서 우리가 여기에 있는 거죠?"

선지자가 말했다. "꿈 얘기를 해 봐요. 우리가 왜 여기 있는지 말해 줄

게요."

그래서 꿈 내용을 들려주었더니 그는 이렇게 말했다.

"당신이 꿈에서 본 것은 예루살렘과 유다 왕국에 멸망이 시작되는 모습이에요. 성벽 밖의 군대는 당신이 생각한 대로 바빌론 군대였어요. 종말은 히브리력 네 번째 달에 시작되었죠.

예레미야서에는 '유다의 시드기야 왕의 제구년 열째 달에 바벨론의 느부갓네살 왕과 그의 모든 군대가 와서 예루살렘을 에워싸고 치더니 시드기야의 제십일년 넷째 달 아홉째 날에 성이 함락되니라(렘 39:1-2)'고 기록되어 있어요.

그날, 예루살렘의 방어벽이 처음으로 뚫렸어요. 계속해서 예레미야는 '유다의 시드기야 왕과 모든 군사가 그들을 보고 도망하되 밤에 왕의 동산길을 따라 두 담 샛문을 통하여 성읍을 벗어났다(렘 39:4)'고 기록합니다.

도시의 방어벽이 뚫리면서 종말이 확실해지자, 책임지고 도시를 지켜야 할 사람들이 달아났습니다. 그렇게 파괴와 심판의 길이 열렸죠. 성벽이 뚫리고(4절, 우리말 성경은 '함락'으로 번역되었음) 불과 네 절 뒤에 '갈대아인들이 왕궁과 백성의 집을 불사르며 예루살렘 성벽을 헐었고 사령관 느부사라단이 성중에 남아 있는 백성과 자기에게 항복한 자와 그 외의 남은 백성을 잡아 바벨론으로 옮겼다(렘 39:8-9)'고 기록되었어요.

성벽이 뚫리면서 곧바로 성전과 예루살렘, 그리고 그 나라가 파괴되었습니다. 그러므로 그 일이 일어난 날은 가장 중요하고도 결정적인 날이었죠. 예레미야서는 그날을 '넷째 달, 아홉째 날'이라고 밝힙니다."

내가 물었다. "히브리력의 넷째 달을 뭐라고 하죠?"

선지자가 대답했다. "탐무즈월입니다."

"그러면 탐무즈월 9일이 종말이 시작된 날이군요."

선지자가 말했다. "그래요. 그날은 그렇게 슬픔의 날, 금식과 애도의 날이 되었습니다."

"그렇게 탐무즈월 아홉 번째 날에 이스라엘의 멸망이 확실시되었어요. 하지만 그게 대법원과 무슨 상관이 있는지 잘 모르겠습니다."

선지자가 말했다. "가 볼까요?"

그는 나를 계단 위 오른쪽에 있는 남자의 조각상으로 데려갔다. 왼손에 칼을 잡고, 돌판을 어깨에 기대어 들고 있는 모습이었다.

선지자가 말했다. "법을 지키고 보호하는 수호자입니다. 하지만 나라 자체가 하나님의 법을 외면해 버리면 무슨 일이 벌어질까요?"

"글쎄요…"

"하나님을 떠나며 그 기초를 버린 나라의 영(의식, 정신)의 변화는 필연적으로 가치관과 기준, 법, 규범의 변화로 이어집니다. 그것은 돌판을 다시 쓰는 것이며, 그 나라의 기반을 바꾸는 것이에요. 오랫동안 옳다고 인정하며 지지하던 것들을 이제는 악하다 판단하고, 부정하고 나쁘다며 반대하던 것들은 옹호하게 됩니다.

고대 이스라엘도 그랬습니다. 한때 음란하게 여기던 것들을 기리고 찬양하며, 높이고 경외하던 것들은 멸시하고 경멸했어요. 당시 하나님의 길들을 대적하며 맞서는 자들이 일어나고, 하나님의 길을 받드는 자들과 의로운 자들, 선지자들은 박해를 받았습니다. 그래서 선지자 이사야는 나라의 이러한 변화에 대해 '악을 선하다 하며 선을 악하다 하며 흑암으로 광명을 삼으며 광명으로 흑암을 삼으며 쓴 것으로 단것을 삼으며 단것으로 쓴 것을 삼는 자들은 화 있을진저(사 5:20)'라고 기록했죠.

고대 이스라엘 말, 이러한 변화가 성적인 영역으로 들어왔습니다. 이스라엘 문화는 한때 성과 결혼을 거룩하고 신성하게 여겼지만, 이제 그것을 버리고 성적 문란을 받아들였어요. 결혼의 신성함이 훼손되고 더럽혀졌습니다. 거룩하고 신성한 것이 모독을 당하고, 더럽고 불경한 것은 신성시되었죠… 그러면 미국은 어떤가요?"

선지자가 이어서 말했다. "마찬가지로 미국도 하나님을 버렸다면, 동일한 변화, 대대적인 가치관의 변화를 목격하게 되겠죠. 그러면 한때 옳다고 여기던 것을 이제는 적대하고, 잘못이라고 여기던 것은 높이고 기릴 것입니다. 결혼과 성의 신성함을 버리고 하나님의 길들을 대적하게 될 거예요."

내가 말했다. "이미 그렇게 되었어요."

선지자가 물었다. "고대 이스라엘에서 이러한 변화… 대대적인 가치관의 변화를 승인한 사람은 누구였죠?"

"왕들이요?"

"그렇습니다. 이스라엘의 가치를 지켜야 할 왕과 제사장들이었습니다."

"그러면 미국의 제사장들은 성직자인가요?"

선지자가 말했다. "미국에는 성직자가 없어요. 대신 다른 종류의 제사장, 가치관의 변화를 승인하는 세속적인 성직자가 있죠."

"꿈속의 사제들은 신전에서 직무를 수행하고 있었는데, 그 신전은 대법원을 상징하는 거였어요. 그러면 그 사제들은 재판관들이겠네요… 어두운 색 가운을 입은… 판사들이요…"

선지자가 말했다. "갑시다."

우리는 나머지 계단을 올라가 거대한 청동 문 앞에 섰다.

선지자가 말했다. "이 문 너머에 미국 문화의 대제사장들, 이 나라 규범을 수호하는 자들, 이 나라의 가치를 승인하는 자리에 앉은 자들이 있습니다. 제사장들은 문명의 변절과 나라의 타락에 핵심적인 역할을 합니다. 그들은 나라의 영적·도덕적 기초를 지키고 보호하여 변절을 막거나… 나라의 변절과 배도를 승인하고 허가하여 확정 짓게 됩니다. 고대 이스라엘이 타락할 때도 제사장들이 그것을 승인했어요… 미국의 타락도 마찬가지입니다. 그러므로 이 건물, 이 신전에서 대대적인 변화를 승인하는 일들이 일어나게 됩니다."

내가 말했다. "대법원 판사는 아홉 명이에요. 하지만 꿈에서는 다섯 명만 보였어요. 이유가 뭘까요?"

"그게 특정 사건과 관련된 꿈이기 때문입니다. 거기에 가담한 사람이 다섯 명이었어요."

내가 말했다. "양피지! 그건 뭐죠? 무얼 나타내는 건가요?"

"문명이 오랫동안 지켜 온 거룩한 기초였습니다."

"어떤 기초요?"

선지자가 말했다. "결혼이요. 이 결혼이라는 기초 위에 가족과 사회 그리고 문명이 세워집니다. 하지만 결혼은 그 외에도, 본질적으로 인간의 삶이나 본성, 남녀의 구별, 결합과 묶여 있습니다."

"그러면 그 양피지를 태워 버린 것은 결혼이라는 기초에 반하는 특정한 행위나 죄악을 나타내는 건가요?"

"특정한 죄나 행위, 인물 혹은 사람들의 차원이 아니에요. 모든 사람이 죄를 지어 다 같은 처지에 있습니다. 하나님은 모두에게 자비와 사랑을 베푸십니다. 그러므로 그분의 자녀들도 그래야 해요. 하지만 당신이 본 것은 문명 전체가 돌아서는 모습이었습니다."

"내가 본 건… 제사장들이 양피지를 제단 불 속에 던져 넣는 모습이었어요."

"그래요. 바로 이 대법원이 오랫동안 지켜 온 결혼이라는 언약을 그렇게 끝내 버렸습니다."

"끝내 버렸다고요?"

"아주 오랫동안 결혼의 본질이자 핵심이었던 남자와 여자의 언약적 결합이 하나의 법령에 무너져 존재의 이유가 사라지고 그 신성함이 폐기되었습니다."

"폐기…" 나는 그 말을 되뇌었다.

선지자가 말했다. "결혼의 뜻과 취지에서 벗어나 버렸어요."

"그런데 아직도 여기에서 일어난 일과, 꿈속… 성벽에서 일어난 일 사이의 연관성을 모르겠어요."

선지자가 말했다. "하지만 꿈에서는 연결되어 있었죠. 그날이 왔다는 것을 성벽에 대기하던 병사들에게 알려준 것이 불타는 양피지에서 나는 연기였습니다."

"네, 하지만 대법원의 판결과 성벽이 무슨 상관이 있죠?"

"고대 이스라엘의 멸망은 도시를 보호하던 울타리가 무너지면서, 즉 성벽이 뚫리면서 시작되었죠. 이 건물, 이 법정에서 일어난 일은 성벽에 구멍을 내는 것이었고, 문명을 보존하는 울타리를 파괴하는 것이었어요."

"그러면 그게 연결 고리인가요?"

선지자가 말했다. "그 이상이에요. 고대 이스라엘에서는 하나님을 버리고 심판으로 나아가는 문명을 보호하던 성벽이 뚫렸습니다. 일단 성벽이 뚫리면, 그 문명이 심판으로 치닫는 것을 막을 수 없어요.

미국 문명은 지금 하나님을 버리고 심판으로 나아가고 있습니다. 하지만 이 문제도 그게 전부가 아니에요."

"무슨 말이죠?"

"전통적인 의미의 결혼에 종말을 고한 판결이 2015년 6월 26일에 내려졌습니다."

"그래서요?"

"그런데 히브리력, 성서력으로는 그날을 다르게 불렀습니다."

"히브리력으로 무슨 날이었는데요?"

"탐무즈월 아홉 번째 날이요."

"탐무즈월 아홉 번째 날이라고요?!"

"울타리가 무너진 날, 성벽이 무너지고 파괴된 날이… 탐무즈월 아홉 번째 날입니다. 바로 이날 바빌로니아 병사들이 거룩한 도시의 성벽을 뚫었죠. 그리하여 탐무즈월 아홉 번째 날은 바빌론에는 승리와 축하의 날이지만, 하나님의 백성에게는 슬픔과 애도의 날로 오래도록 남아 있게 됩니다."

"그리고 그날, 이스라엘은 수비와 방어를 포기하고 떠나 버렸죠."

선지자가 말했다. "그래요. 이스라엘 문명을 지키고 보호할 책임이 있는 왕과 지도자들이 그 역할을 하지 않았습니다."

"그러면 미국도…"

선지자가 말했다. "그렇습니다. 고대 이스라엘을 거울 삼아 세운 국가도 마찬가지였죠. 탐무즈월 9일에 미국 문명을 둘러싸고 보호하는 울타리, 성벽이 무너졌습니다."

내가 물었다. "고대 이스라엘에서는 탐무즈월 아홉 번째 날이 종말의 시작이었어요. 그러면 미국은요?"

"바빌로니아인들이 성벽을 무너뜨리면서 나라의 멸망이 시작되는 수문이 열렸습니다… 미국의 경우도 마찬가지였죠."

내가 말했다. "탐무즈월 아홉 번째 날은 심판을 저지하는 성벽이 무너진 날이었어요. 그래서 그날에 일어나는 일은 멸망에 이르는 사건과 세력을 풀어놓게 되죠. 그날 종말이 시작되는 거예요."

선지자가 대답했다. "이후에는 시간문제일 뿐입니다."

그때 갑자기 어떤 생각이 스쳤다. 왜 진작에 깨닫지 못했을까… 주머니에서 인장을 꺼내어 거기 새겨진 신전 전면의 불규칙한 기둥들을 살펴보았다.

내가 말했다. "로마 숫자군요."

"그렇습니다. 양쪽 끝에 있는 두 개의 기둥들이 숫자를 구성하고 있죠."

나는 위쪽과 바깥쪽으로 뻗어 있는 두 개의 기둥을 보며 말했다. "이것은 V, 로마 숫자 5…"

이어서 교차하는 기둥을 가리키며 말했다. "이건 X… 로마 숫자 10이네요. 그리고 나머지 기둥은 I, 로마 숫자 1이고요."

"그걸 합쳐 봐요, 누리엘."

"IV는 숫자 4, IX는 숫자 9를 나타내니… 네 번째 달, 아홉째 날… 탐무즈월 아홉째 날이에요!"

"그래요."

"심판의 위기에 처한 나라는… 이렇게 될 수 있다는 건가요… 아니면 반드시… 그 일이 일어나게 되나요?"

"방향이 바뀌지 않는 한, 그 나라의 결말도 달라지지 않을 겁니다."

선지자는 그렇게 말하고 입을 다물었다. 내가 무슨 말을 하기를 기다린 건지 아니면 내가 받아들일 수 있도록 배려해 준 건지는 모르겠다. 하지만 나는 아무 말도 할 수 없었다.

선지자가 거리 쪽으로 돌아서며 말했다.

"자, 이곳을 떠납시다."

우리는 함께 계단을 내려왔다. 선지자는 마지막으로 돌아서서 건물을 올려다보며 말했다.

"여기가 최고 법정이 아니에요. 더 높은 법정이 있어요."

이후부터는 미 연방 대법원이 아니라 그보다 더 높은 법정을 향하여 말하는 것 같았다.

"전능하신 분의 길을 받드는 나라는 들어 올려지겠지만, 전능하신 분의 길을 비판하고 판단하는 나라에는 전능하신 분의 심판이 임하게 될 것입니다."

그는 돌아서서 걷기 시작했다. 하지만 나는 그 자리에 그대로 있었다. 방금 그가 한 말이 나를 뒤흔들었다.

선지자가 한 번 더 돌아보며 물었다.

"안 올 겁니까?"

그는 내가 올 때까지 기다리고 있다가 인장을 달라고 말했다. 그래서 인장을 넘겨주었더니, 그는 나에게 또 다른 인장을 건네주었다.

❖ ❖ ❖

애나가 물었다. "그러면 다음 미스터리는 뭐죠?"

"나라들의 운명을 결정하는 말과 관련된 것이었어요. 미국의 운명을… 결정짓는 말이 숨겨져 있더군요."

"숨겨져 있다고요?"

"내가 찾아내야 할 말이… 뉴욕시 어딘가에 숨겨져 있었어요… "

21장
숨겨져 있는 것

"인장에는 무슨 형상이 있었죠?"

누리엘이 대답했다. "글자인데… 고대 문자 같았어요. 글자 뒤에는 구름이 있었습니다. 나는 그 문자가 뭔지 눈치챘어요. 전에 본 적이 있거든요. 그건 히브리어의 가장 오래된 형태인 팔레오 히브리어(Paleo-Hebrew)였어요. 하지만 그게 무슨 뜻인지는 전혀 몰랐죠."

"또 꿈을 꾸었나요?"

"네, 왕좌에 앉아 있는 고대 왕의 모습이 보였어요. 왕좌는 금속 빛이 도는 붉은색이었고, 왼쪽 팔걸이에는 붉은 끌이, 오른쪽에는 붉은 망치가 놓여 있었어요. 그는 그것을 각각의 손에 들고 왕좌에서 일어나더니 앞으로 멀리 걸어갔어요. 그리고 건설 현장처럼 보이는 곳에 15미터 정도의 거대한 비계(높은 곳에서 공사를 할 수 있도록 임시로 설치한 가설물) 구조물에 이르자, 안쪽의 나무 계단으로 꼭대기까지 올라가더군요.

왕 앞에는 지상까지 내려온 낮은 구름이 맴돌고 있었는데, 절반은 그의 아래쪽에, 절반은 위쪽에 있었어요. 그는 구름 쪽에 끌을 대더니 마치 조각을 하는 것처럼 망치질을 해댔어요."

애나가 물었다. "구름에 어떻게 조각을 해요?"

"모르겠어요. 하지만 끌이 구름에 부딪히는 순간 붉은 불꽃이 튀었어요. 그는 계속 끌을 대고 망치질을 해대며 하얀 구름 위에 붉게 빛나는 글자들을 새기고 있었는데… 인장에 있는 것과 동일한 팔레오 히브리어였습니다. 그가 구름에 한 단어를 새겨넣자, 그것이 왼쪽으로 이동하고, 오른쪽에서 또 다른 구름이 옮겨 와 그 자리를 채웠어요. 왕은 다시 붉은색의 한 단어를 새겨넣었고, 그 구름은 그의 왼쪽으로 이동했는데, 이런 일이 여러 차례 반복되었어요.

붉은 글자가 새겨진 구름들이 둥글게 고리 모양을 이루면서 왕은 조각을 끝냈어요. 그러자 그 고리가 서서히 하늘로 떠오르기 시작하더니, 고대 도시의 건물들 위에서 맴돌고 있더군요. 그렇게 올라간 구름은 검게 변해 버렸어요. 그러나 글자들은 여전히 붉게 빛나고 있었죠. 하늘이 어두워졌습니다. 구름들 안쪽에서 빛이 번쩍이기 시작하는데, 마치 그 안에 붉은색 번개가 가득한 것 같았어요. 글자들도 마찬가지로 번쩍이기 시작하더니, 구름에서 위로는 하늘을 향해, 아래로는 도시를 향해 붉은 번갯불을 쏘기 시작했어요. 그리고 꿈이 끝났습니다."

애나가 말했다. "구름을 배경으로 한 글자들은 인장과 일치하네요. 그런데 그건 무슨 뜻이죠?"

"구름에 글자를 새기는 왕이라니… 말도 안 돼죠. 그 꿈은 정황을 알려주기는 했지만, 결정적인 단서는 인장에 있었어요. 실제 고대 문자요. 그 단어의 의미를 알아내는 데 도움이 될 만한 것을 온라인으로 검색했어요. 인장의 각 기호를 팔레오 히브리어 알파벳과 맞춰 보기는 했지만, 무슨 뜻인지는 알 수 없었어요. 그래서 뉴욕 공공도서관에 가서 도움이 될 만한 것을 더 조사해 보기로 했죠."

"그래서 뭘 찾았나요?"

"무엇이 아니라… 누구였어요. 도서관 입구에 있는 계단을 올라가고 있는데 어떤 목소리가 들렸어요."

❖❖❖

"여기서는 문제의 답을 찾을 수 없을 겁니다."

선지자였다. 그는 계단 위, 도서관 입구 왼편에 서 있다가 몇 계단 내려와 두 기둥을 받치고 있는 주춧돌 앞에 앉으며 나에게 손짓했다. 나는 그의 옆으로 가서 앉았다.

나는 "그러면 어떻게 찾아야 할까요?" 하고 물었다.

"꿈 얘기를 해 봐요."

꿈에 대해 들려주자, 선지자는 이렇게 말했다.

"그건 어느 왕이 한 말입니다. 그게 결정적인 사실이에요."

"어째서요?"

"한 나라의 왕이나 제사장 등 나라를 대표하는 지도자들이 그 나라의 진로에 가장 결정적인 역할을 하기 때문이에요. 왕의 말이 나라의 운명을 좌우하죠. 이 원칙은 성경 전체에 나타납니다. 파라오의 말이 이집트의 운명을 결정했고, 앗시리아와 바빌론 왕들의 말이 제국의 운명을 결정지었어요. 그러므로 이사야 9장 10절의 반항의 맹세도 국가 지도자들이 선포할 경우에만 영향력이 있었죠. 오직 그들만이 나라가 반항의 길로 나아가게 하여 왕국의 심판을 확정 지을 수 있었어요."

내가 말했다. "그러면 이 미스터리는 한 나라의 운명을 결정짓는 왕의 말과 관련이 있군요."

"그래요."

"어떤 왕이죠?"

"당신도 알고 있는 왕이에요."

"무슨 말을 했는데요?"

선지자가 말했다. "숨겨져 있는 말입니다."

"하지만 왕의 말인데, 왜 숨겨져 있는 거죠?"

"처음에는 그런 게 아니었는데… 지금은 그렇게 되었어요."

"그게 무슨 뜻이죠?"

"그 말이 숨겨져 있다는 뜻입니다."

"이해가 되지 않아요."

"그 말은 이 도시에 숨겨져 있어요."

"뉴욕 어딘가에 왕의 말이 숨겨져 있다고요?"

"네."

"어디에요?"

"누리엘, 바로 그걸 당신이 알아내야 합니다."

선지자는 그렇게 말하더니 일어나 계단을 내려가기 시작했다. 나는 뒤에서 큰 소리로 외쳤다.

"뉴욕은 큰 도시예요! 어디서부터 시작해야 하죠?"

"여기는 아닙니다." 그는 돌아보지 않고 계속 계단을 내려가며 말했.

"그게 도움이 될 겁니다."

◆◆◆

"그래서 당신은 뉴욕 어딘가에 숨겨져 있는 왕의 말을 찾아야만 했군요."

"그래요. 대도시라는 건초 더미에서 미스터리라는 바늘 찾기였죠."

"그래서 어떻게 했어요?"

"뉴욕에서 왕의 말이 있을 만한 곳이 어디인가 생각해 봤어요. 메트로폴리탄 미술관으로 가서 고대, 중세는 물론 비교적 최신 유물까지 살펴봤지만… 아무 소득도 없었어요. 그래서 유대인 박물관까지 뒤졌는데 역시… 마찬가지였죠. 그제야 내 방법에 의문을 품었어요. 박물관 안에 숨겨져 있는 것을 내가 어떻게 찾아낼 수 있겠어요?

꿈과 인장에 대해 더 생각해 봤어요. 둘 다 구름 위에 그 말이 있었습니다. 그런데 구름에 글자를 쓰거나 새길 수 있는 사람은 없어요. 그러니 그건 글자를 쓰거나 새길 수 있는 것이어야 했고, 말이 기록될 수 있는 가장 높은 곳이 아닐까 하는 생각이 들었어요. 그리고 그 말은 뉴욕 어딘가에 있었죠. 이 도시에서 말을 기록할 수 있는 가장 높은 곳은 어디일까? 고층 빌딩이죠! 그리고 가장 높은 빌딩, 가장 가능성이 높은 곳은… 내가 언제나 피하던 바로 그곳이었어요."

애나가 말했다. "그라운드 제로의 빌딩이요."

누리엘이 대답했다. "반항과 도전의 징조죠."

"당신이 그곳을 피하는 이유가…"

"그것이 나타내는 모든 것 때문이에요. 나는 그곳에 발을 디딘 적도 없었어요. 하지만 찾고 있는 미스터리가 있을 가능성이 있었기에 그라운드 제로로 갔습니다. 그곳에 도착한 건 늦은 오후였어요. 안으로 들어가기는커녕 다가갈 수도 없어서 그냥 멀리서 그곳을 바라봤어요. 여러 가지가 생각으로 번지더니 그것과 연결되었습니다. 그때 그의 목소리가 들려왔어요."

❖❖❖

"훌륭해요." 선지자가 내 옆에 서 있었다.

"그러면 왕의 말이 숨겨진 곳이 여기로군요."

"네, 들어가 볼까요?"

"징조 속으로 들어가게 되는군요."

"이곳이 미스터리가 있는 곳이에요. 갑시다."

그래서 우리는 탑으로 들어갔다. 그는 나를 엘리베이터로 데려갔는데, 티켓 등 필요한 모든 것이 예약되어 있었다. 전부 내가 그 시간에 그곳에 있을 것이라는 확신에 기초한 것이었다. 엘리베이터 안은 탑을 올라간다는 기대감에 들뜬 관광객들로 붐볐지만, 나는 불안했다.

"우리가 징조 내부의 엘리베이터에 있어요."

선지자는 아무 말도 하지 않았다. 엘리베이터는 1분도 되지 않아 목적지인 전망대에 도착했다. 사방이 유리창으로 둘러싸여 있어서 먼 곳까지 볼 수 있었다. 그는 허드슨강과 뉴저지 해안선이 보이는 서쪽 창가로 나를 데리고 가더니 이렇게 말했다.

"탑과 말씀의 연관성을 기억해요? 바벨탑은 말 한마디로 탄생했습니다. 이사야 9장 10절에서도 반항을 맹세하는 말 한마디에 탑의 재건이 시작되었죠. 이 탑도 한마디 말로 시작되었어요. 9.11 바로 다음 날 미 의회에서 한 말이었죠."

내가 말했다. "미 의회 상원 다수당 지도자의 발언이었죠."

선지자가 대답했다. "벽돌이 무너졌으나, 우리는 다시 세울 것이라는 말이었죠. 단순한 말이 아니라 고대의 맹세였습니다. 이 탑은 그렇게 고대의 맹세로 태어났어요. 그 맹세가… 성경이 이루어진 것입니다. 여기 높이 솟아 있는 미국의 마천루는 고대 미스터리에서 탄생한 거예요."

내가 말했다. "그러면 이 탑은 그 말씀이 이루어진 것이군요. 그리고 그건 고대 이스라엘의 지도자들이 처음에 한 말이었고요. 그게 미스터리인가요?"

선지자가 대답했다. "그건 이번 미스터리가 아니에요."

"그러면 뭐죠?"

"이 미스터리는 현대 세계에서 재연됩니다. 따라서 그건 현대의 왕이 한 말이에요."

"현대의 왕이요?"

"만일 미국에서 고대 이스라엘의 미스터리가 재연되고 있다면, 현대의 왕에 해당하는 인물은 누구일까요?"

"미국의 지도자요?"

"그렇습니다."

"그러면 왕의 말은 대통령의 말이네요."

"네."

"그게 이 탑에 숨겨져 있다고요?"

"그렇습니다."

"어떻게요?"

"그가 이곳에 왔습니다."

"전망대에요?"

"아뇨, 대통령이 왔을 때는 탑이 완성되지 않았습니다. 그러나 탑이 세워지고 있었고, 거의 완성 직전이었죠. 그래서 그라운드 제로에 왔던 거예요."

"언제요?"

"당신이 첫 번째 책을 쓴 직후, 대통령이 징조의 현장에 왔어요."

"그래서 무슨 일이 있었죠?"

"무슨 일이 있었는지 말하기 전에, 우리는 먼저 맹세를 열어야 합니다."

"무슨 말이죠?"

선지자가 물었다. "뭐라고 맹세했죠? 맹세의 본질은 무엇일까요? '벽돌이 무너졌으나, 우리는 다듬은 돌로 다시 쌓을 것(사 9:10)'이라는 말에는 사실 세 가지 선언이 담겨 있습니다."

그는 이어서 말했다. "첫 번째, '벽돌이 무너졌다'는 과거에 있었던 일, 파괴와 공격에 대한 기억을 말합니다. 두 번째, '그러나 우리는 다시 쌓을 것이다'는 일어난 일, 곧 재난과 파괴를 복구하는 것을 말합니다. 이것은 공격에 직면한 나라의 반항이자 도전이었죠. 세 번째는 파괴 현장을 복구하여 무너진 것을 재건할 뿐 아니라, 벽돌 대신 '다듬은 돌로' 더 강하고 위대하게 세우겠다고 말합니다. 나라가 이전보다 더 강하게 회복될 것이라고 선언하는 것입니다.

그리고 '뽕나무들이 찍혔으나, 우리는 백향목으로 그것을 대신하리라'는 히브리어의 대구법으로, 맹세가 다른 형태로 반복되는 것입니다. 그러나 주목하십시오. 본질은 그대로입니다. 이것 역시 세 개의 선언으로 구성되어 있어요. 첫 번째 '뽕나무들이 찍혔다'는 과거에 있었던 일, 곧 멸망의 기억이고, 두 번째 '그러나 우리는 그것을 대신할 것이다'는 파괴 현장을 복구하는 것이며, 세 번째 '백향목으로' 뽕나무를 대신한다는 것은 이전보다 더 강하게 회복될 것을 말하는 것입니다."

"그렇군요. 그런데 그게 무슨 상관이죠?"

우리는 뉴욕 만과 대서양이 보이는 남쪽 창가로 이동했다.

"대통령이 그라운드 제로에 온 것은 기념식 때문이었어요. 사람들은 대통령에게 커다란 금속재 들보(기둥)를 제공했는데, 정말 중요한 것이었습니다. 탑이 완공되었음을 확인하는 상징물로 세계무역센터 꼭대기에 놓일 것이었죠. 그는 거기에 글을 남기러 왔던 겁니다. 그래서 거기에 글을 쓸 빨간색 펜을 받았죠."

내가 말했다. "꿈속의 왕이 든 망치와 끌도 붉은색이었어요. 그 들보, 그러니까 기둥은 무슨 색이었죠?"

"흰색이었어요."

"구름과 같네요."

선지자가 말했다. "그렇게 기념식은 왕, 곧 대통령의 말에 집중되었습니다. 그리고 그의 말이 새겨진 기둥이 탑의 건축을 마무리했죠. 그는 거기에 무슨 말이든 쓸 수 있었어요."

"그래서 대통령은 뭐라고 썼죠?"

"고대의 맹세에는 몇 가지 선언 혹은 측면이 있다고 했죠?"

"세 가지요."

"마찬가지로 대통령도 기둥에 세 개의 선언을 새겼습니다. 고대의 맹세는 어떻게 시작되죠? 그 본질은 무엇이었습니까?"

"첫 번째 부분은 파괴… 재난에 대한 기억을 말합니다."

"대통령이 새긴 글의 첫 번째 선언은 '우리는 기억한다'로,[1] 일어난 일, 즉 파괴에 대해 언급했습니다. 그러면 고대 맹세의 두 번째 선언은 무엇이었죠?"

"'우리는 다시 쌓을 것이다.' 파괴 현장을 복구할 것에 대해 말합니다."

"대통령이 새긴 글의 두 번째 선언은 '우리는 다시 세운다'[1]는 것이었습니다."

"동일한 선언이고 말이네요."

"그러면 세 번째는 뭐였죠?"

"나라가 회복될 뿐만 아니라, 이전보다 더 강건해질 거라는 말이었습니다."

"대통령이 기둥에 새긴 세 번째 선언은 '우리는 더 강하게 일어날 것이다!'⁽¹⁾였습니다."

내가 말했다. "맹세! 대통령은 탑에 맹세를 새겼어요."

"맹세의 본질과 기둥에 남겨진 말을 종합해 봅시다. 첫 번째는 파괴의 기억입니다. 기둥에 기록된 첫 번째 글은 무엇이었다고요?"

"우리는 기억한다."

"두 번째는 다시 세우겠다는 맹세입니다. 기둥에 기록된 두 번째 글은 뭐라고 했죠?"

"우리는 다시 세운다."

"세 번째는 더 강건하게 회복될 것이라는 맹세입니다. 기둥에 남겨진 세 번째 글은요?"

"우리는 더 강하게 일어날 것이다."

"고대 이스라엘의 지도자들은 이 맹세를 그들의 땅과 시대의 언어로 선포했습니다. 미국의 지도자도 마찬가지였죠. 하지만 맹세는 그대로입니다. 이사야 9장 10절 주석을 주의 깊게 살펴보세요. 이스라엘이 마지막 때에 한 말에 대해 이렇게 기록되어 있습니다. '그들은 황폐해진 땅을 재건하여 과거 어느 때보다 강하고 영광스럽게 만들겠다고 자랑했다.'⁽²⁾"

"고대의 선언뿐만 아니라, 미 대통령이 탑의 마지막 기둥에 남긴 글에 대한 설명도 되네요. 우리는 재건한다. 우리는 더 강하게 일어날 것이다."

우리는 이스트강과 퀸즈, 롱아일랜드가 보이는 동쪽 창가로 이동했다.

선지자가 말했다. "그렇게 탑은 말 한마디에 존재하게 되었습니다. 말 한마디가 그것을 확정 지었죠."

"그 말로 시작되어 그 말로 끝나네요."

"탑은 그 말이 이루어진 것이었습니다."

"미 의회에서는 실제로 이사야 9장 10절의 맹세가 글자 그대로 선포되었어요. 상원 원내총무는 그게 이사야서 말씀이라고 밝히기까지 했죠. 그런데 대통령은 그 말을 기둥에 남기면서 그 사실을 알았을까요?"

"아뇨. 그는 자신이 쓸 것을 썼을 뿐이에요."

"대통령은 맹세를 요약해 놓았어요."

선지자가 말했다. "그게 다가 아니에요. 2,500년 전에 선포되고 기록된 원어로 그 맹세를 선언해 보겠습니다. 당신은 수를 세어 주세요. 레베님(L'venim)."

"하나."

"나팔루(Nafaloo)." "둘."

"브가지트(V'Gazit)." "셋."

"니브네(Nivneh)." "넷."

"쉬크밈(Shikmim)." "다섯."

"구다우(Gooda'oo)." "여섯."

"브아라짐(V'Arazim)." "일곱."

"나칼리프(Nakhalif)." "여덟."

"여덟 마디네요. 맹세 전체가 여덟 마디의 원어로 이루어져 있습니다. 여덟 마디에 한 나라의 운명이 결정되었어요. 나라의 심판이 확정 지어진 거예요. 여덟 마디 말에 나라가 멸망하게 되었죠."

내가 말했다. "여덟 마디… 꿈에서 왕은 구름마다 한 마디씩 새겼어요. 분명 여덟 개의 구름이었을 겁니다. 그런데 인장에는 한 마디밖에 없어요. 왜죠?"

선지자가 물었다. "몇 글자죠? 여덟 글자 아닌가요?"

"맞아요."

"그건 한 단어가 아니에요, 누리엘. 여덟 마디 맹세의 머릿 글자들을 모아 놓은 것입니다."

"영어로 하면 몇 마디가 되죠?"

"영어로 옮기면, 스무 단어가 넘습니다. 이제 대통령이 탑에 남긴 말들을 말해 보겠습니다. 이번에도 세어 보세요."

"우리는(We)." "하나."

"기억한다(Remember)." "둘."

"우리는(We)." "셋."

"다시 쌓는다(Rebuild)." "넷."

"우리는(We)." "다섯."

"다시(back)." "여섯."

"일어난다(come)." "일곱."

"더 강하게(Stronger)." "여덟."

"여덟 마디군요. 대통령이 남긴 글의 의미뿐만 아니라 마디 수도 고대의 맹세와 일치하네요."

"여덟 마디 히브리어 맹세와 일치하는 여덟 마디 영어 맹세…."

"히브리어 여덟 마디에 히브리 왕국이 멸망했습니다. 그리고 이제 동일한 맹세가 여덟 마디의 영어가 되었죠."

"그리고 그게 징조에 새겨져 있고요."

"대통령이 남긴 네 번째 단어가 뭐였죠?"

"우리는 기억한다. 우리는 다시 쌓는다… 네 번째 말은 '다시 쌓는다'예요."

"고대의 맹세의 네 번째 단어는 히브리어 니브네(Nivneh)입니다."

"그게 무슨 뜻이죠?"

"'재건, 다시 쌓는다'는 말입니다."

"같은 말이네요! 그리고 그 말은 다시 쌓을 거라고 맹세한 건물 꼭대기에 있고요."

"고대 양피지에 기록된 여덟 마디가 미국 고층 빌딩 기둥 위에 새겨진 여덟 마디가 되었죠."

"그런데 여덟 마디 말에 고대 국가의 심판이 확정되어 멸망했으니, 이제는…"

"내가 한 말을 잊지 말아요, 누리엘. 왕의 말이 나라의 운명을 결정짓습니다."

"그렇다면 더 불길한 일이네요."

"그렇게 하나님께 반항하며 도전하는 나라를 상징하는 반항의 탑 꼭대기에 반항과 도전의 말들이 세워졌습니다. 징조, 곧 심판의 탑이 그것을 존재하게 만든 맹세… 심판의 말들로 확정되고 완성된 것이에요."

그 후 선지자는 나를 북쪽 창가로 데려갔다. 도시의 나머지 부분, 엠파이어 스테이트 빌딩과 맨해튼 중부의 고층 빌딩들이 보였다. 해가 지자 모든 건물에 불이 켜졌다.

나는 물었다. "그건 어디 있죠?"

"뭐가요?"

"대통령이 남긴 글 말입니다. 볼 수 있을까요?"

선지자가 대답했다. "아뇨. 하지만 그것은 지금 아주 가까이에 있습니다. 탑 꼭대기에 있는 벽 안쪽 기둥에 숨겨져 있어요."

"아무도 계획하지 않았는데… 모든 것이 그 미스터리대로… 하나로 합쳐지네요…"

"6개월 후에도 그렇게 되었죠."

"6개월 후에 무슨 일이 있었는데요?"

"기둥에 글을 남기고 6개월 후, 그는 대통령에 재선되면서 취임식에서 시 한 편을 낭송할 사람을 택했어요. 그 사람은 미국을 향해 하나님이 아니라, '우리 손으로 이룬 일'에 감사하라고 선포했습니다.[3] 그러면서 미국의 손으로 이룬 성과, 그라운드 제로의 탑에 대해 찬양했죠."

"그 사람은 미국을 향해 징조를 찬양하라고 선포한 거네요!"

"그는 대통령 취임식에서 '하늘이 그들의 회복력에 굴복했다'고 하면서 미국의 시선을 '하늘에 닿아 있는 자유의 탑 마지막 층'에 집중시켰습니다. 누리엘, 어떤 게 떠오르나요?"

"바벨탑이요. 탑의 마지막 층… 꼭대기가 하늘까지 닿는 탑이요(창 11:4)."

"그 사람은 미국의 시선을 그 탑의 꼭대기, 마지막 층에 집중시켰습니다. 그 탑 마지막 층에는 구체적으로 뭐가 있죠?"

내가 말했다. "반항과 도전의 맹세가 새겨져 있어요."

선지자가 말했다. "우리의 회복력에 굴복하는 하늘… 그 하늘까지 닿는 반항의 탑… 대통령의 취임식은 징조를 선포하며 바벨탑을 연상시키는 말로 확증되었습니다."

내가 말했다. "그리고 바벨의 말은 처음부터 그라운드 제로의 폐허에 있었고, 그 자리에 탑이 세워졌죠."

"그러므로 뉴욕에서 그리고 미국에서 가장 높은 곳에 있는 말, 미국의 왕이 하늘로 들어 올린 말은… 하나님께 반항하며 도전한 나라, 심판의 그늘 아래 있는 나라의 말과 동일한 것이었습니다."

❖❖❖

애나가 말했다. "모든 게 처음으로… 그 탑과 맹세로 거슬러 올라가는군요. 하나님께 반항하며 도전한 나라… 놀랍고… 불길하네요."

"우리는 엘리베이터를 타고 내려오는 내내 아무 말도 하지 않았어요. 징조 현장에 있어서가 아니라, 계시된 것 때문이었죠. 그는 건물에서 벗어난 후에야 인장을 바꿔 주었습니다.

나는 이 계시 때문에 식은땀을 흘리며 꿈에서 깼어요. 꿈 이면의 현실이 내가 보게 될 형상보다 훨씬 불길한 것이었습니다. 악몽 속에 있었지만 그건 실제이며 현실이었어요."

주

1. 조시 어니스트(Josh Earnest) "세계무역센터에 설치된 오바마 대통령 사인 기둥" 백악관, 2012년 8월 2일 https://obamawhitehouse.archives.gov/blog/2012/08/02/beam-signed-president-obama-installed-world-trade-center.
2. 찰스 F. 파이퍼(Charles F. Pfeiffer) 와 에베렛 F. 해리슨(Everett F. Harrison), eds., 위클리프 성경 해설(시카고, 무디 성경 학교, 1990), 이사야 2권 설교 3편, https://books.google.com/books?id=r4lLCAAAQBAJ&pg.
3. 리차드 블랑코(Richard Blanco) "원 투데이" 메리 브루스(Mary Bruce), "'원 투데이': 리차드 블랑코(Richard Blanco) 취임시 전문", ABC 뉴스, 2013년 1월 21일 https://abcnews.go.com/Politics/today-richard-blanco-poem-read-barack-obama-inauguration/story?id=18274653.

22장
형상

애나가 말했다. "당신이 보게 될 형상이란 게 인장에 있는 걸 말하는 건가요?"

누리엘이 말했다. "아뇨. 인장에 있는 형상은 시작에 불과했어요."

"무슨 형상이었는데요?"

"긴 옷을 입은 남자가 받침돌 앞에 절하는 모습이었어요… 그 돌 위에는 어떤 남자가 앉아 있었는데… 아니 정확하게는 앉아 있는 형상이었어요. 그건 사람의 형상이 아니었어요. 그 앞에서 절을 하는 사람에 비하면 지나치게 컸거든요."

"그럼 뭐죠?"

"그건 우상이었어요…"

"그걸 어떻게 알았죠?"

"처음에는 몰랐어요. 그래서 고대의 신이나 우상의 이미지를 인터넷으로 검색해 보았죠."

"그래서 뭘 찾았나요?"

"수많은 고대 신과 우상들이 있었지만, 아무 성과도 얻지 못했어요. 그 후에 꿈을 꿨어요. 고대 도시에 높이 솟아 있는 가파르고 거대한 산이 보였습니다. 망치와 끌을 든 사람들이 그 산을 올라가고 있었어요. 그들은 망치와 끌로 바위를 쪼며 어떤 형상을 조각하기 시작했는데, 얼마 지나지 않아 그 모습이 분명해졌어요.

그것은 거대한 사람의 얼굴이었어요. 턱수염이 있고 곱슬머리에 왕관을 쓰고 있더군요. 그런데 그게 수염을 깨끗하게 깎은 대머리 남자 얼굴로 바뀌더니, 다시 보석으로 치장한 긴 웨이브 머리의 여자 얼굴로 변하기 시작했어요. 그 후에도 계속 얼굴이 바뀌었어요. 그러는 동안, 산 밑에 있는 사람들이 산에 있는 형상을 경배하고 찬양하기 시작했어요. 형상은 다시 여자의 얼굴로 바뀌었어요. 그러더니 더 이상 변하지 않았습니다. 그리고 그 얼굴이 미소 지었어요.

그때 산의 바위가 금이 가며 갈라지기 시작하더니, 돌로 된 거대한 생물의 몸이 드러났어요. 그건 그것의 나머지 몸이었어요. 여자는 처음에는 땅에 앉아 있다가 곧 일어섰는데, 거대했어요. 여자가 일어나자 사람들은 그 앞에 절하며 경배하기 시작했습니다.

여자의 오른손에는 칼이 있었는데, 그 칼을 하늘로 들어 올렸어요. 그 후 다른 팔을 들더니, 또 다른 팔을 들었고, 이어서 또 다른 팔을 들어올렸습니다."

"도대체 팔이 몇 개나 되는 거죠?"

"여덟 개요. 그러더니 밑에 있는 사람들은 안중에도 없는 것처럼 걷기 시작했어요. 사람들이 비명을 지르며 그를 피해 달아나더군요. 여자는 도시로 향하더니 도심 속 높은 건물과 탑들 사이에 섰습니다. 그제서야 여자의 이상한 머리장식이 보였어요. 사각형의 탑처럼 보이는 것 위에 뾰족한 것이 튀어나와 있는 모양이었어요. 여자가 입을 열어 말하기를 '나는 죽음, 세상의 파괴자다'라고 하더군요. 그러더니 도시 쪽으로 칼을 들며 미친듯이 웃기 시작했어요.

꿈은 그렇게 끝났어요. 광기 어린 웃음소리가 머릿속에서 울리며 잠에서 깼죠."

애나가 말했다. "와, 당신이 왜 식은땀을 흘리며 깼는지 알겠어요. 그래서 그건 무슨 뜻이죠?"

"아직 기억이 생생할 때 꿈에서 본 것을 그려 놓기로 결심했어요. 그리고 그 그림을 인장과 함께 코트 주머니에 넣어 두었죠. 그런데 바로 그날부터 미스터리가 밝혀지기 시작했어요.

나는 맨해튼 남부에 있었어요. 점심시간이라 음식을 팔고 있는 길모퉁이에 멈춰 서서 팔라펠(병아리콩을 으깨어 만든 작은 경단을 납작한 빵과 함께 먹는 중동 지역 음식)을 샀죠. 그때… 팔라펠을 먹으며 거기 서 있다가 그걸 봤어요."

"뭘요?"

누리엘이 말했다. "그 여자… 아니 그 존재가 하고 있던 머리장식이요. 그림을 꺼내어 눈앞에 있는 것에 대보았어요. 그 머리장식이 멀리 보이는 것보다 훨씬 더 간결했지만, 모양과 구조는 동일했어요."

"그게 뭐였는데요?"

"엠파이어 스테이트 빌딩이요."

"엠파이어 스테이트 빌딩? 머리장식이요?"

"그 빌딩 꼭대기가요. 모르겠어요… 어쩌면 15층 건물과 그 꼭대기에 세워진 첨탑일지도요… 사각형의 탑 위에 뾰족하게 튀어나와 있는 모양… 그 여자가 머리에 쓰고 있던 게 그랬거든요."

"그 여자가 건물 꼭대기를 머리에 쓰고 있었다고요? 도대체 무슨 말이에요?"

누리엘이 말했다. "이해할 수 없었지만… 알아내야 했어요. 그래서 택시를 타고 엠파이어 스테이트 빌딩이 있는 34번가로 갔어요. 그리고 전망대로 올라가는 엘리베이터를 탔죠."

"전에 거기 갔었잖아요."

"그래요. 선지자와 함께 갔었죠. 제발 이번에도 그가 거기에 있기를 빌었어요. 그가 있어야… 뭘 살펴봐야 할지 알 수 있을 테니까요. 전망대에 도착하자마자, 사람들 사이에서 그를 찾아 헤매기 시작했죠. 지난번에 만났을 때는 망원경을 들여다보고 있었어요. 그래서 특별히 망원경을 사용하고 있는 사람들에게 관심을 기울였습니다. 하지만 그의 그림자도 보이지 않았어요.

어떻게 해야 할지 모르겠더라고요. 그래서 다시 한번 돌아보기로 했죠. 그래서 그렇게 했는데… 선지자가 있었어요. 망원경으로 도시 경관을 들여다보고 있더군요."

✦✦✦

내가 물었다. "어떻게 여기 왔죠?"

선지자가 대답했다. "당신처럼 엘리베이터를 타고 왔겠죠."

"조금 전까지는 여기 없었잖아요."

지금 그 문제를 논하는 것은 쓸데없다는 생각이 들었다.

"당신이 이 문제를 어떻게 이해할지 모르겠어요."

선지자가 말했다. "처음부터 시작해 보는 게 어때요? 꿈을 꿨죠?"

"네."

나는 꿈 얘기를 들려준 뒤, 내 그림이 그 건물 꼭대기와 어떻게 일치하는지 보여 주었다.

"인장에 있는 형상은 당신이 생각하는 게 맞아요. 그건 어떤 우상 신의 제단이에요. 당신의 꿈도 우상 신과 관련이 있고요."

"어떻게요?"

"이스라엘은 단순히 하나님을 떠난 게 아니었어요. 그들은 다른 존재를 찾았습니다. 이방 나라의 다른 신들, 우상을 의지했죠. 항상 그런 식이었어요. 우리는 모두 하나님을 예배하도록 창조되었습니다. 그래서 우리가 하나님을 떠나거나 처음부터 하나님을 알지 못하면, 다른 존재들, 다른 신과 우상들, 우리 손으로 만든 것들을 숭배하게 됩니다."

"어째서 우상이죠? 왜 인간은 우상을 의지하는 걸까요?"

"스스로 신을 만들어 내면 창조자가 됩니다… 스스로 신이 되는 것이에요. 그렇게 되면, 스스로 진리를 창조하여 그것을 바꿀 수 있죠.

이스라엘 백성이 그들의 삶과 문화에서 하나님을 몰아내자, 이방신들이 밀고 들어와 그 공간을 채웠습니다. 그런데 이방 여러 나라에서 들어와 하나님의 자리를 차지한 신들은, 이스라엘의 하나님과는 달리 보이기도 하고, 만질 수도 있었어요. 이방신들이 등장하면서 보이지 않는 하나님을 숭배하던 것에서 보이는 물질적 존재, 실체가 있는 육적이고 감각적인 존재를 숭배하게 되는 대대적인 변화가 일어났죠."

"미국이 이스라엘 멸망의 전철을 밟고 있다면… 미국도…"

선지자가 물었다. "우상을 찾게 되었냐고요?"

"네…"

"미국 건국 당시 존 윈스롭이 뭐라고 경고했는지 기억해요?"

"그게 잘…."

"'그러나 우리의 마음이 돌아서서 순종하지 않고 유혹을 받아 다른 신들, 곧 우리의 쾌락과 이익을 숭배하고… 섬기면…'⁽¹⁾이라고 했습니다.

고대 이스라엘이 그렇게 되었죠. 그들의 마음이 하나님을 떠나면서 유혹을 받아 다른 신을 숭배하고 섬겼습니다. 이러한 고대 이스라엘의 경고가 미국 건국 당시에 경고로 주어졌죠. 그 내용은 '만일 미국이 나라의 기초이신 하나님을 떠나면, 결국 다른 신들을 숭배하고 섬기게 된다'는 것이었습니다."

"그래서 그렇게 되었다는 건가요?"

"미국은 20세기 중반부터 공공광장과 문화 가운데서 노골적으로 하나님을 제거하기 시작했습니다. 그 시기에 또 다른 변화가 일어난 것은 우연이 아니에요. 미국 문화 가운데 보이지 않는 것에서 육적이며 물질적인 것, 관능적이고 감각적인 것으로의 대대적인 변화가 일어났습니다. 하나님이 사라지자, 우상들이 들어와 그 자리를 채웠죠."

"하지만 우상 신들을 숭배한다고요?"

"현대 세계나 미국은 그것을 신이나 우상이라고 부르지 않아요. 하지만 그건… 신이나 우상과 마찬가지죠. 성공과 번영, 돈, 안락함, 성, 쾌락, 자아 등이 미국의 신이요 우상들입니다. 그 외에도 많은 것들이 숭배의 대상이요 주인 노릇을 하고 있죠. 그리고 그런 신들이 자리잡은 문화는 균열이 일어나며, 진리가 주관적인 것이 되고, 보이는 것이 실재가 되며, 인간이 신이 됩니다. 하나님이 사라지면 모든 것이 하나님이 됩니다."

"그렇다면 이게 심판과 관련이 있다는 건가요?"

"열왕기하 17장 15-16절은 고대 이스라엘의 심판과 종말에 대해 예언적으로 분석해 놓았습니다. '여호와의 율례와 여호와께서 그들의 조상들과 더불어 세우신 언약과 경계하신 말씀을 버리고 허무한 것을 뒤따라 허망하며 또 여호와께서 명령하사 따르지 말라 하신 사방 이방 사람을 따라 그들의 하나님 여호와의 모든 명령을 버리고… 하늘의 일월 성신을 경배했다'고 말씀하죠.

이 땅에 신과 우상들이 등장했다는 것 자체가 심판이 임하고 있다는 신호입니다. 그래서 이스라엘 말기에 그런 신호들이 급격히 증가한 것이에요.

이런 일은 북이스라엘뿐만 아니라 남유다에서도 일어났습니다. 유다 왕국에 심판이 임하기 전, 신들의 형상이 모든 곳, 심지어 거룩한 곳에서도 나타나기 시작했어요. 에스겔 선지자는 환상 가운데 예루살렘 성전에서 무슨 일이 벌어지고 있는지 엿보았습니다. 그는 안뜰 입구에서 어떤 우상을 보았어요(겔 8:3,5). 그 후 어떤 방에 들어갔는데, '각양 곤충과 가증한 짐승과 이스라엘 족속의 모든 우상이 그 사방 벽에 그려져 있었다'고 합니다(겔 8:10).

다시 말하지만, 이건 신호입니다. 형상, 곧 우상 신들의 신호예요. 그 후 에스겔은 '이 성읍을 관할하는 자들이 각기 죽이는 무기를 손에 들고 나아오게 하라'는 음성을 듣죠(겔 9:1).

예루살렘의 심판, 곧 유다 왕국의 종말이 선언된 것입니다. 먼저 신들의 형상이 보이고 이어서 심판이 선언되었어요. 패턴은 이렇습니다. 나라가 멸망할 때 사람들은 완전히 우상 신들에게 심취합니다. 우상 신들이 그 땅에서 급격히 확산되어 그 형상이 나타나게 되죠. 그리고 심판이 임합니다."

"하지만 그런 신들의 형상이 지금 어떤 모습으로 나타날 수 있을까요? 현대의 신들과 우상숭배는 이해가 되지만, 우리는 그것들을 신이라고 부르거나 신으로 여기지 않아요. 또 신들의 모습으로 보이지도 않는데, 어떻게 신들의 신호나 형상이 미국에 나타날 수 있죠?"

"그것과 상관없이 신호들이 나타나는 방법이 있습니다."

"무슨 말이죠?"

"신의 형상이 나타났어요."

"어떤 신이요?"

"이스라엘의 마지막 때에 이방신들의 형상이 나타났습니다. 마찬가지로 미국에서도 이방신의 형상이 나타났죠."

"어디에서요?"

"뉴욕이요. 에스겔 선지자가 성전에서 '이스라엘 족속의 모든 우상'을 보았을 때, 어떤 모습이었죠?"

"벽에 그려진 형상이었어요."

"미국에서도 벽에 그려진 형상으로 신들의 신호가 나타났습니다."

"어떤 벽에요?"

"이 도시의 어떤 건물 외벽에요."

"이교도 사원인가요?"

"꼭 그렇지만은 않습니다."

"이해가 되지 않아요."

"밤에 어떤 신의 형상이… 우상 자체가 빌딩에 투사되었어요."

"어떤 신의 형상이요?"

"칼리 여신이요."

"인도 여신 말인가요?"

"그래요. 인도의 여신이죠. 고대 이스라엘의 마지막 때에 다른 나라에서 숭배하는 신들의 형상이 나타났습니다. 마찬가지로 뉴욕에서도 칼리 여신의 형상이 나타났어요."

"칼리 여신은 팔이 두 개 이상인가요?"

"그렇습니다."

"그러면 꿈에서 본 게 칼리 여신이 맞네요. 여신은 여러 개의 손 중 하나에 칼을 들고 있었어요."

"칼리가 맞을 겁니다."

"그래서 칼리의 형상이 뉴욕시에 있는 건물 가운데 하나의 벽에 나타났다고요?"

선지자가 말했다. "네, 칼리의 얼굴이었습니다. 그녀의 얼굴만 수백 피트(100피트는 약 30.5m에 해당함)에 이를 정도로 어마어마했죠. 그것은 세상에서 가장 거대한 신의 형상이었을 겁니다."

"건물 전체가 우상이 되었다고 할 수 있겠네요. 어느 건물이었죠?"

선지자가 말했다. "우리가 서 있는 곳이요. 우리는 가장 거대한 우상 위에 서 있는 겁니다."

"엠파이어 스테이트 빌딩이요?"

"네."

"엠파이어 스테이트 빌딩에 신의 형상을 비췄다고요?"

선지자가 대답했다. "네, 그렇게 오랫동안 미국 문명의 탁월함과 영광을 상징하던 건물이 우상으로, 거짓 신의 모습으로 바뀌었죠."

"그 모습을 상상해 보려 애쓰는 중이에요."

"당신은 이미 그렇게 했어요. 우상의 머리장식이 이 건물 꼭대기와 일치할 뿐만 아니라, 그 형상이 나타났을 때 그런 모습이었기 때문에 당신이 여기 있는 거예요. 이 건물 꼭대기가 여신의 머리장식, 즉 왕관 부분이었죠. 사실, 지금 우리는 왕관 위에 서 있는 거예요."

내가 말했다. "엠파이어 스테이트 빌딩과 우상… 이상한 조합이네요."

선지자가 말했다. "그렇지 않아요. 둘 다 영이 구현된 상징물입니다. 자, 인장에서 뭘 봤죠?"

"산꼭대기의 사원에 있는 우상이었어요."

"그곳은 '높은 곳'입니다. 높은 곳은 보통 우상을 두고 의식을 행하며 숭배하도록 신전이나 사당으로 바쳐졌죠. 그러면 그 신이 주변을 덮어 버리게 됩니다. 엠파이어 스테이트 빌딩은 오늘날 미국의 높은 곳이고, 신의 형상이 나타난 곳이에요."

"그래서 뉴욕시를 덮었군요."

"그렇습니다. 칼리의 얼굴이 도시 경관 위로 높이 솟아올랐죠."

"불길한 일인 것 같네요."

"볼래요?"

"뭘요?"

"휴대폰 꺼내 봐요."

그래서 나는 휴대폰을 꺼냈다.

"검색창에 '칼리와 엠파이어 스테이트 빌딩'을 쳐 봐요."

내가 물었다. "휴대폰 사용하세요?"

"그렇다고 하면 놀라운 일인가요?"

"상상해 본 적도 없는 것 같아요."

검색 버튼을 누르고 그 장면을 보았다. 무시무시한 악마의 모습이었다. 악몽 속의 존재가 실제로 있었다. 이마에는 세 개의 눈이 있었는데, 하나는 중앙에 수직으로 세워져 있었다. 금빛이 도는 붉은색 조명이 켜진 엠파이어 스테이트 빌딩 상단부가 왕관, 즉 머리장식을 이루고 있었다. 얼굴은 칠흑같이 검었고, 아래쪽으로 길게 늘어져 있는 혀는 붉은 핏빛이었다.

내가 말했다. "소름 끼치네요. 대체 왜 이런 걸 보여 주는 거죠?"

"사람들이 이렇게 한 이유 말인가요? 아니면 이렇게 된 이유를 말하는 건가요?"

"사람들이 이렇게 한 이유 말이에요."

"이건 멸종 위기에 처한 동물들을 보여 주려는 것이었습니다. 그런데 무슨 이유인지 그 동물들 전부 이 어둠의 여신의 형상으로 덮였죠."

"그러면 그렇게 된 이유는요?"

선지자가 대답했다. "미스터리가 그렇게 만든 것이에요. 고대 이스라엘처럼 하나님을 떠난 나라는 항상 다른 신, 곧 우상들을 찾아 의지하게 됩니다. 그리고 그 형상들이 그 땅에 나타나게 되죠. 사람들이 그 형상을 숭배해서가 아니었습니다. 그건 하나님을 버리고 이제 다른 신, 곧 결코 입 밖으로 낸 적 없는 이름을 섬기게 된 나라에 나타난 신호였어요. 그 형상이 언제 나타났는지 알아요?"

"아뇨."

"토요일이었습니다."

"그래요?"

"성경의 안식일이에요."

"그렇다면 읽게 되어 있는 말씀이 있었겠군요."

"그렇습니다. 형상이 나타난 당일에 읽게 되어 있는 말씀이 있었어요."

"그게 중요한가요?"

"그렇다고 할 수 있죠."

"그게 뭐였는데요?"

선지자가 말했다. "그건 경고였습니다. 이스라엘에 '너희는 깊이 삼가라… 스스로 부패하여 자기를 위해 어떤 형상대로든지 우상을 새겨 만들지 말라 남자의 형상이든지, 여자의 형상이든지 땅 위에 있는 어떤 짐승의 형상이든지… 우상을 새겨 만들지 말라(신 4:15-17)'고 경고하는 말씀이었죠.

우상, 곧 거짓 신을 숭배하고 그 형상을 만드는 것에 대한 하나님의 경고였어요."

"그게 형상이 나타난 날에 읽게 되어 있는 말씀이었다고요?"

"네. 계속해서 그 말씀은 우상과 그 형상 때문에 그 나라에 닥칠 심판에 대해서도 경고합니다. 심지어 십계명도 한 번 더 언급되어 있었죠. '너는 나 외에는 다른 신들을 네게 두지 말라. 너를 위하여 새긴 우상을 만들지 말고 또 위로 하늘에 있는 것이나 아래로 땅에 있는 것이나 땅 아래 물속에 있는 것의 어떤 형상도 만들지 말며 그것들에게 절하지 말며 그것들을 섬기지 말라(출 20:1-5).'"

내가 말했다. "십계명은 신들의 형상을 금하죠. 이상하게도 십계명이 미국의 벽에서 사라지고, 이제 그 자리에 다른 신의 형상이 나타나게 되었네요."

선지자가 말했다. "그렇게 이상한 일은 아니에요. 미국은 이스라엘을 따라갑니다. 동일한 일이 고대 이스라엘에서도 일어났어요. 하나님의 말씀이 이스라엘 문화에서 사라지자 다른 신들이 들어왔죠."

"그래서 거짓된 신을 숭배하고 그 형상을 만드는 것을 금지하는 내용이 뉴욕시에 거대한 신의 형상이 나타난 날 읽게 되어 있는 성경 말씀이었군요."

"그리고 그날의 구절은 우상과 신의 형상을 만드는 것을 중점적으로 경고하는 말씀이었죠."

"그렇다면 뉴욕시 전역에서…"

"네, 브루클린에서 맨해튼에 이르는 뉴욕시의 모든 회당에서 두루마리를 펴고 우상 신과 그 형상에 대해 경고하는 고대의 말씀을 낭독하기 시작했죠… 신의 형상이 뉴욕에 나타날 준비를 하고 있는 동안에 말이에요."

"꿈속에서는 우상이 도시로 걸어가 탑들 곁에 섰어요. 그게 여기서 일어난 일이었네요."

"그래요."

"여신의 얼굴은 왜 그렇게 까맣죠?"

"칼리는 '검은 여인'이라고 불립니다. 그녀는 어둠의 여신이에요."

"그러면 사람들은 어둠의 신을 만들어 내려고 엠파이어 스테이트 빌딩의 모든 빛을 사용했군요."

선지자가 말했다. "네, 사람들은 어둠을 빛으로, 빛을 어둠으로 대신했습니다. 타락한 나라에 대한 말씀을 기억하십시오. '악을 선하다 하며 선을 악하다 하며 흑암으로 광명을 삼으며 광명으로 흑암을 삼으며 쓴 것으로 단 것을 삼으며 단것으로 쓴 것을 삼는 자들은 화 있을진저(사 5:20).'"

"우상은 꿈속에서 도시 위로 칼을 들어 올렸어요."

"칼리는 그렇게 칼을 휘두르는데… 혀에서는 피가 뚝뚝 떨어집니다."

"왜죠?"

"칼리는 파괴의 여신, 파괴자예요."

나는 돌아서서 아래쪽에 펼쳐져 있는 도시 전경을 바라보았다.

"그러면 파괴의 여신이 이 도시 위에 나타났다는 거네요?"

"그래요. 죽음의 여신이요."

"뉴욕에 나타난 죽음의 여신."

"어둠과 파괴와 죽음의 여신이죠."

"불길한 징조네요."

"그렇습니다. 이스라엘 멸망 당시에 나타난 신들의 형상도 마찬가지였죠. 그들도 죽음과 파괴, 임박한 심판을 나타내는 불길한 징조들이었어요."

나는 아무 말도 하지 않고 광활한 도시 경관만 내려다보았다. 그 형상이 나타난 것과 그것이 가져올 결과에 대한 생각이 끊이지 않았다. 그러다가 입을 열었는데, 생각지도 않은 말이 튀어나왔다.

"그러나 우리의 마음이 떠나 복종하지 않고 미혹되어 다른 신들을 경배하게 되면…"

"그렇습니다. 우리의 마음이 떠나면…" 선지자가 내 말을 받았다.

우리는 그 후 아무 말도 하지 않았다. 전망대에 세찬 바람이 부는 동안, 말 없이 도시만 바라보았다.

✦✦✦

애나가 말했다. "놀랍네요. 그런 일이 있었는지 전혀 몰랐어요."

누리엘이 말했다. "마찬가지예요. 하지만 그건 그가 처음으로 아홉 개의 징조들을 계시해 주었을 때와 동일한 방식이에요. 나는 전혀 몰랐어요. 그리고 이 일들 대부분은 그런 일이 있었는지 또는 그 의미가 뭔지 세상이 알지 못하는 사이에 벌어졌죠. 그런데 나는 결정적이고 중요한 일들 대부분이 그럴 거라고 생각해요."

"엠파이어 스테이트 빌딩 꼭대기에서 무슨 일이 있었는지 들었을 때, 오싹했을 것 같아요."

"그랬죠."

"그래서 그다음은요?"

"내가 그에게 인장을 주자, 그는 나에게 또 다른 인장을 주었어요."

"그러면 다음 미스터리는…"

"'벽 위의 글씨(불길한 징조라는 뜻)'라는 표현, 들어 본 적 있죠?"

"네, 들어 봤어요."

"그건 단순한 표현이 아니에요. 다음 미스터리에서는 미국에 대한… 벽 위의 글씨를 보았어요."

주 ─────────

1. 윈스롭(Winthrop), "기독교 자선의 모델"

23장
벽 위의 글씨

"그래서 그 인장에는 뭐가 있었죠?"
"기둥머리에 장식이 있는 고대 건물처럼 보였어요."
"연방 대법원처럼요."
"그런데 대법원과는 달리 전면 중앙에 삼각형 모양의 지붕이 있고, 그 아래에 네 개의 기둥이 있었어요. 그리고 그 기둥 좌우의 건물 벽에는 외국 문자로 된 네 마디 말이 각각 두 마디씩 있었습니다."
"그게 무슨 말인지 이해할 수 있었나요?"
"아뇨."
"그러면 그 후 꿈을 꿨나요?"
"맞아요. 밤인데, 하얀 대리석 계단을 걸어 올라가고 있었어요. 계단 끝에 이르자, 받침대 위에 하얀 대리석으로 된 거대한 컵 혹은 잔처럼 보이는 것이 있더군요. 무늬와 기호, 암호 같은 것들이… 가득 새겨져 있는 것이 의식에 쓰이는 그릇 같았어요. 거대한 그릇 너머로 하얀색의 거대한 대리석 벽이 보였는데, 그게 건물의 일부인지 아니면 따로 떨어져 있는지는 알 수 없었어요.

그때 그릇에 균열이 생기기 시작했어요. 갈라진 틈으로 색색의 빛이 새어 나오는데, 마치 액체로 된 빛이 폭포수처럼 쏟아지는 것 같았어요. 곧 하얀 대리석 바닥이 오색 빛으로 뒤덮이더니, 이어서 벽으로 퍼지기 시작했어요. 머지않아 벽도 오색 빛으로 물들었습니다. 그때 벽에 글자들이 나타나기 시작했어요. 마치 보이지 않는 손이 그 글자들을 새겨 넣는 것 같았어요."

"어떻게 오색 빛이 찬란한 곳에서 글자를 볼 수 있었죠?"

"그 글자들은 눈이 부실 정도로 하얀 빛으로 쓰여졌어요. 뭐라고 쓰였는지 보려고 다가갔지만, 외국 문자라서 읽을 수는 없더군요. 그래서 오색 빛이 쏟아져 나오던 그릇을 보려고 돌아섰는데, 깨진 조각들만 남아 있었어요. 그러면서 꿈이 끝났죠."

"그러면 그것에 대해 알아낸 게 있나요?"

"처음에는 많지 않았어요. 하지만 벽 위의 글씨가 성경에 나온다는 사실을 알고 있었기에 본문을 찾아 읽었죠."

"성경 어디에요?"

"다니엘서에요. 그건 바빌로니아 왕 벨사살의 궁전에서 일어난 사건이었어요. 왕이 귀족들을 위해 큰 잔치를 베풀었는데, 잔치 중간에 예루살렘 성전에서 약탈해 온 거룩한 그릇들을 가져오라고 명령했죠. 그들은 그렇게 그 그릇들을 가져와 포도주를 가득 채운 뒤, 바빌론의 신들을 찬양하며 마시기 시작했어요.

바로 그때 사람의 손이 나타나더니 궁궐 벽에 글씨를 쓰기 시작했는데, 아무도 그게 무슨 뜻인지 알지 못했어요. 그들은 다니엘 선지자를 불렀고, 다니엘은 그들에게 그 말의 뜻을 알려 주었죠. 그것은 일어날 일들에 대한 신호이며 징조, 곧 경고였어요(단 5장). '임박한 재앙의 조짐'을 뜻하는 '벽 위의 글씨'라는 표현을 쓰게 된 것도 바로 이 때문이에요."

"그래서 그게 도움이 됐나요?"

"고대의 기록은 그릇, 곧 잔에서 시작되는데, 내 꿈도 거대한 그릇으로 시작되었어요. 그리고 둘 다 벽 위의 글씨로 끝이 났죠. 이 둘은 연결되어 있었어요. 궁전 벽 위의 글씨가 어떤 모양이었는지 알아내려고 번역을 살펴보기 시작했어요. 발견한 것을 인장 위의 글자와 비교해 보았는데, 일치하더군요. 하지만 여전히 이것이 그 외에 무슨 상관이 있는지는 알 수 없었어요. 그 후 마트에 갔다가 거기서 돌파구를 찾았죠."

"마트에서요?"

"계산을 마치고 거스름돈을 받았는데, 그게 20달러짜리 지폐에 있었어요."

"20달러짜리 지폐에… 계시가 임했다고요?"

"지폐 뒷면에 인장 속의 건물이 있었어요. 삼각형 모양의 지붕에 네 개의 기둥이 있는 건물이요… 그건 바로 백악관이었어요."

"백악관이요? 그런데 그게 당신 꿈이나 다니엘서와 무슨 상관이 있죠?"

"짐작도 할 수 없었어요. 하지만 그때 마침 할 일이 있어서 그곳에 갔죠."

"백악관에요?"

"백악관 북쪽 잔디밭 맞은편에 있는 라페예트 광장이라는 공원에요. 정오에 거기 도착했어요. 공원 중앙에는 말을 타고 전투 중인 앤드류 잭슨 동상이 있었습니다. 그래서 그것을 살펴보았죠."

"왜요?"

누리엘이 말했다. "20달러 지폐 뒷면에는 백악관이 있지만, 앞면에는 앤드류 잭슨이 있어요. 그냥 직감이었습니다. 하지만 손해 볼 건 없으니까요. 그런데 동상 뒤편 백악관이 마주 보이는 곳으로 가자, 그가 거기에 있었어요."

"선지자요?"

"네. 그때까지 알아낸 것을 말해 달라고 하더군요. 그래서 꿈과 인장, 다니엘서의 연관성에 대해 이야기해 주었죠."

❖❖❖

선지자가 말했다. "훌륭해요, 누리엘. 그런데 다니엘서에서는 무엇 때문에 그 글씨가 벽에 나타나게 되었죠?"

내가 대답했다. "성전 그릇을 가져와서 왕의 잔치에 사용했어요."

"그러면 그건 어떤 원리를 보여 주는 걸까요?"

"모르겠습니다."

"탈신성화(desacralization)의 원칙입니다."

"탈신성화요? 처음 듣는 말인데요."

"신성하고 거룩한 것을 그렇지 않은 목적이나 용도로 사용하는 것을 말합니다. 성전의 그릇들은 거룩한 것이었어요. 하나님을 위해 만들어지고 성별된 것이었죠. 그런데 바빌로니아인들이 그 목적에 반하여 향락과 이방신 숭배의 도구로 사용한 것입니다."

"그런 걸 신성 모독으로 볼 수도 있나요?"

선지자가 말했다. "그렇게 하는 것도 신성 모독입니다. 그 때문에 글씨가 나타난 거예요.

이 원칙은 바빌론에 국한되는 것이 아닙니다. 이스라엘에서도 마찬가지였어요. 이스라엘 백성은 하나님을 떠나면서 탈신성화, 곧 신성 모독 행위를 하기 시작했어요. 그들은 하나님께 성별된 것을 그분의 뜻에 반하는 용도로 사용했습니다. 하나님의 성전에서 이방신과 우상들에게 의식을 행했고 심판이 임했죠."

"하지만 그게 미국과 무슨 상관이죠?"

"하나님의 길을 알던 민족이 타락하면, 하나님의 것들을 그분의 뜻에 반하는 용도로 사용하게 됩니다. 하나님의 목적을 위해 거룩하게 구별된 것을 하나님과 상관없는… 거룩하지 않은 일에 사용하는 것이에요. 그리고 심판의 때가 가까워질수록, 그런 신성 모독 행위들이 더 많이… 자주 일어나죠."

"하지만 미국은…"

"하나님을 떠난 미국도 고대의 행위를 저질렀습니다."

"성스러운 것을 거룩하지 않은 일에 사용했다고요?"

"그렇습니다. 그런 행위나 시기와 때의 미스터리는 이미 이야기 나누었어요. 이제는 그 본질에 대한 미스터리를 시작해야 해요.

다니엘서는 성전의 거룩한 그릇들을 꺼내오는 것으로 시작됩니다. 하지만 가장 중요하고 거룩한 하나님의 그릇은 은, 금으로 만들어진 것이나 장인의 손으로 빚은 것이 아니에요. 가장 거룩한 그릇은 하나님의 손으로 빚어 창조해 내신 것입니다. 그중 하나가 결혼이죠. 결혼은 거룩하고 신성한 그릇으로 하나님을 위해 창조되고 구별되었습니다. 그것은 역사가 시작된 이후 문명의 기초였어요. 그런데 2015년 6월 26일, 미국이 그 거룩하고 신성한 그릇을 깨뜨렸죠."

"꿈에서 깨진 그릇이…"

"그건… 고대 바빌론의 잔치에서 하나님의 그릇으로 신성 모독을 저지른 것과 마찬가지였습니다. 하나님의 뜻과 목적에 성별된 것의 창조 목적을 거부하는 행위였죠."

"그러면 꿈속의 그릇은 결혼을 나타내는 것이었군요."

"그뿐만이 아니에요. 그건 근본적으로 어떤 법이나 인물, 대중, 또는 행위를 넘어서는 문제입니다."

"그러면 뭐죠?"

선지자가 말했다. "존재입니다. 바빌로니아인들처럼 하나님의 거룩한 그릇을 이방신들을 찬양하며 마시는 데 사용하는 것은, 그 그릇들이 진정한 의미나 목적, 가치 또는 존엄성이 없다고 선언하는 거예요. 당신이 어떤 그릇을 마음대로 사용할 수 있다면, 참된 가치나 확실한 목적이 없다고 말하는 것이나 마찬가지예요. 이것이 바로 타락한 문명에서 나타나는 문제입니다. 결혼이든, 삶이든, 존재 자체든 문제는 동일해요. 하나님을 떠나는 것은 목적에서 벗어나는 것이고, 궁극적으로는 생명 자체를 버리는 것입니다. 그러므로 그런 일들의 끝은 멸망이에요.

그날… 6월 26일에 일어난 일은 결혼 외에도 많은 것들에 영향을 미쳤습니다. 그것은 신성한 그릇들을 정해진 목적에서 분리시켜 버렸어요. 남자와 여자라는 신성한 그릇… 남성에게서 남성성을, 여성에게서 여성성을 분리시켜 이성 간에 서로 외면하고 멀어지는 문명이 되어 버린 것입니다. 이러한 행위의 결과가 한꺼번에 나타나지는 않았지만, 미국 문화의 모든 조직과 구조 속으로 흘러들어 가기 시작했죠."

"깨진 그릇에서 쏟아져 나오던 오색 빛처럼 말이죠?"

"그렇습니다."

"그런데 오색 빛은 뭐죠?"

"6월의 그날, 그릇이 깨어지자 미국 전역과 전 세계에서 축제가 벌어졌는데, 그것을 다양한 색상으로 표현했어요."

"무지개 말이군요."

"무지개가 깃발과 플래카드, 간판, 사람들 위에 나타났죠."

"오색 빛은 무지개를 상징하는 것이었네요."

"그런데 무지개는 뭐죠?"

"집단 행동이나 어떤 운동의 표시요?"

선지자가 말했다. "무지개는 사람이 아니라 하나님의 것입니다. 하나님이 친히 주시며 구별하신 징표였죠. 결혼이나 존재와 마찬가지로 무지개도 거룩한 그릇입니다. 그런데 6월의 그날, 하나님이 주신 징표, 무지개도 그 거룩한 목적을 빼앗기고 말았어요. 거룩과 하늘의 목적을 거스르는 일에 들어 올려진 그릇이 되었죠."

내가 말했다. "그렇게 또 하나의 신성 모독 행위가 자행되었네요. 첫 번째 신성 모독을 두 번째 신성 모독으로 축하하고 기념했으니… 신성 모독의 날이었군요."

선지자가 말했다. "거룩한 그릇이 깨어진 거예요."

내가 말했다. "이 모든 일들의 중심에는 대법원이 있는데, 우리는 지금 백악관에 서 있어요. 미스터리가 나를 여기로 이끌었고 당신이 나를 만나기로 택한 곳도 여기예요. 왜 여기죠?"

"한 나라가 하나님을 떠나 그 가치와 기준을 바꾸려 할 때, 누가 그런 큰 변화를 승인한다고 했죠?"

내가 말했다. "그 나라의 제사장들이요."

선지자가 말했다. "그래요. 그런데 왕도 마찬가지입니다. 즉 대법원뿐만 아니라, 왕… 곧 대통령도 그런 변화를 승인했어요. 낮은 고등법원 제사장들의 것이지만, 밤은 왕의 것이었습니다. 그날 밤, 왕이 축하 행사에 참석하여 이루어진 일에 대한 허가와 승인을 발표했죠."

바빌론에서 하나님의 그릇이 모독당하던 날, 왕궁 벽에 표징이 나타났어요. 그러므로 미국에서 하나님의 그릇이 모독당하던 날에도, 왕궁 벽에 표징이 나타나게 됩니다."

"왕의 궁전이라면 백악관 말인가요?"

"네."

"그러면 백악관 벽에 표징이 나타났다는 건가요?"

"네, 대통령의 승인과 함께요."

"그런데 그 표징이라는 게…"

"백악관 벽을 무지개색 조명으로 비추었죠."

"꿈속의 벽은 백악관 벽을 나타나는 것이었군요."

"이 땅에서 가장 높은 건물, 미국을 대표하는 건물이 신성 모독의 색으로 덮였습니다. 그렇게 백악관 자체가 신성 모독과 하나님의 길들에 반항하는 그릇이 되었어요. 그리고 온 나라와 전 세계가 그것을 보았죠."

"미국의 상징물이… 신성 모독의 표가…"

"무지개가 그 외에 또 무엇과 관련이 있는지 알아요?"

"아뇨."

"하나님의 보좌입니다. 에스겔은 무지개처럼 보이는 하나님의 영광에 대해 이야기하고(겔 1:26-28), 요한계시록은 무지개가 하나님의 보좌를 두르고 있다고 기록합니다(계 4:3). 그런데 바로 그 표징, 하나님의 보좌와 주권과 권위의 표징이 그분의 권위에 대항하는 일에… 하나님의 보좌와 전쟁을 벌이는 인간의 보좌… 왕궁 벽에 사용된 거예요."

"탑 꼭대기에 반항과 도전의 말을 남긴 왕이 이번에는 백악관 벽에 반항과 도전의 색을 허가했군요."

"무지개가 또 무엇과 관련이 있는지 알아요, 누리엘?"

"뭔데요?"

"심판입니다. 무지개는 심판 가운데 태어났어요. 노아 시대에 심판이 임한 후, 하나님의 자비의 징표로 나타난 것이었죠."

"그렇다면 좋은 징조군요."

선지자가 말했다. "그렇죠. 하지만 하나님의 자비, 심판을 저지하시려는 열망의 표징을… 그분을 거스르는 데 사용하면 어떻게 될까요? 하나님의 자비의 징표를 그 뜻에 반하는 것으로 바꾸어 깨뜨리면 무슨 일이 벌어질까요? 그러면 뭐가 남죠? 심판만 남습니다. 바빌론에서 벽 위의 글씨가 나타난 것은, 심판이 확정 지어졌다는 표였습니다. 적군이 바빌론의 문들로 들어와 제국을 멸망시켰죠. 모독 행위는 심판을 야기합니다."

"미국에 그 징후가 나타난 날은 이스라엘의 심판을 확정 짓는 표가 나타난 탐무즈월 아홉 번째 날이었고요."

"그런데 그날 이후 무슨 일이 있었는지 알아요?"

"아뇨."

"백악관에 무지개 빛 조명이 비춰지고 40일도 안 되어 또 하나의 건물에 조명이 비춰졌습니다. 엠파이어 스테이트 빌딩에 죽음과 파괴의 신의 모습이 나타났죠."

"그러면 백악관 벽에 나타난 것은 징조였군요."

"미국 전체가 그 징조를 목격했죠…"

"백악관 자체가 징조였던 거네요."

"네, 백악관 자체가 징조가 되었고, 그 글씨는 벽에 무지개색으로 나타났습니다."

✦✦✦

선지자는 종종 그랬듯이, 정리할 시간을 주었다. 나는 백악관을 바라보며 잠시 생각에 잠겨 있었다.

마침내 선지자가 말했다. "지금 가는 게 좋을 것 같습니다. 경비 담당자가 우리가 누구인지 궁금해하기 시작했어요."

우리는 백악관에서 라페예트 광장을 지나 보도까지 걸어갔다. 그리고 거기서 인장을 주고받았다.

✦✦✦

애나가 물었다. "다음 미스터리는 뭐죠?"

"고대의 거룩한 날, 하나님의 말씀을 변개한 지도자, 돌아온 징조, 하늘의 표징과 이 땅의 타락입니다."

24장
심판의 나무

"그래서 인장에는 뭐가 있었죠?"

누리엘이 말했다. "나무 한 그루요. 원 안에 나무 한 그루가 있는데, 잎도 없고, 가지와 뿌리가 구별되지 않았습니다. 그래서 어느 쪽이 위이고 아래인지 알 수 없었어요."

"그건 뭘 뜻하는 거죠?"

"원 안에 있는 게 나무인 건 분명한데, 그 의미는 이해되지 않았어요."

"그러면 꿈을 꾸었나요…?"

"그래요. 나는 작고 가느다란 보트에 앉아 있었습니다. 밤이었고, 앞에는 뱃사공이 있었어요. 그가 배를 움직이고 있다고 생각했는데, 노는 보이지 않았던 것 같아요. 뱃사공이 위를 가리키며 보라고 하더군요. 초승달이었습니다. 그는 초승달이 뜬 것은 오늘이 이달의 첫 번째 날이라는 뜻이라고 하더군요. 계속 강을 따라 이동하다 보니, 달빛이 강해지면서 밝아지고 있다는 것을 알게 되었어요.

뭍에 이르러 우리는 배에서 내렸어요. 그리고 뱃사공을 따라갔는데, 엄청나게 큰 물체와 마주쳤습니다. 그건 거대한 나무의 밑동이었어요. 달빛이 눈에 띄게 밝아지기에 위쪽을 올려다보았습니다. 거대한 물체의 정체는 자유의 여신상이었어요. 그런데 나무로 만든 자유의 여신상이거나 자유의 여신상 모양의 나무 같았어요. 여신상의 옷, 석판, 횃불 아랫부분, 팔과 손가락, 얼굴 전부 나무 껍질이었어요. 하지만 머리카락과 횃불의 불꽃은 마치 나뭇잎처럼 푸른색이었습니다. 그런데 그건 그냥 나뭇잎이 아니라, 소나무의 바늘잎 같은 거였어요.

달빛이 계속 환해지면서, 나무 껍질에 문제가 있다는 것을 알았어요. 여기저기 벗겨져 있고, 곰팡이가 피어 있을 뿐만 아니라, 깊은 구멍들과 금이 가 있더군요. 그건 병들어 있었어요. 그때 뱃사공이 다시 하늘을 가리켰습니다. 보름달이었어요. 그가 시간이 되었다고 말하자, 거센 바람이 나무 또는 조각상에 몰아치기 시작했습니다. 그러자 삐걱거리는 소리가 들리며 조각상이 앞뒤로 조금씩 흔들리기 시작했어요. 그렇게 점점 심하게 요동치더니 거대한 뿌리가 땅에서 뽑히기 시작했고, 결국 큰 폭발음과 함께 땅에 쓰러져 버리더군요.

그 후 해가 떴고, 나는 그 폐허를 걸었어요. 조각상은 반으로 쪼개져 있었습니다. 횃불의 불꽃은 비어 있었고, 왕관도 머리에서 벗겨져 있었어요. 뱃사공이 말하더군요. '이제 희망은 어디에 있을까?' 그러면서 꿈이 끝났습니다."

애나가 물었다. "그래서 그것은 당신을 어디로 이끌었죠?"

"두 방향이었어요. 그런데 어느 쪽으로 가야 할지 확신이 서지 않았어요. 하지만 이미 다른 인장으로 나무를 찾으러 다녔기 때문에 보트를 타고 자유의 여신상에 가 보기로 했죠."

"전에 거기 가 본 적이 있나요?"

누리엘이 말했다. "아뇨. 대도시에 사는 사람들은 보통 그래요."

"뭐가요?"

"어떤 장소에 절대 가지 않는 거요. 그렇게 나는 리버티 섬으로 가는 페리를 타려고 배터리 파크로 향했어요. 선착장으로 가면서, 왼편 공원 벤치에 앉아 있는 어떤 남자를 지나쳤습니다. 걷느라 그를 알아보지 못했는데, 익숙한 음성이 들려왔어요."

◆◆◆

"거기서는 찾을 수 없을 겁니다."

돌아보자, 선지자가 땅콩 봉지를 손에 들고 벤치에 앉아 있었다.

"그러면 어떻게 찾을 수 있죠?"

나는 뭘 찾아야 하는지 온전히 알지도 못하면서 물었다.

선지자가 말했다. "어쩌면 내가 도움이 될지도 모르겠네요."

나는 그가 이미 알고 있을 거라 확신하면서도, 옆에 앉아 꿈 얘기를 들려주었다.

"고대의 맹세는 두 가지, 무너진 벽돌 자리에 올라간 건물과 쓰러진 뽕나무 대신 심겨진 에레즈 나무로 이어집니다. 각각은 하나님의 부르심에 반하는 나라의 도전과 반항의 표징이죠. 그래서 미국은 9.11 이후 벽돌이 무너진 땅에 탑을 쌓기 시작했고, 뽕나무가 쓰러진 땅에 에레즈 나무를 심었습니다."

"희망의 나무 말이죠?"

"우리는 이미 탑에서 무슨 일이 있었는지 보았어요. 그러면 남은 에레즈 나무는 어떻게 되었죠?"

내가 대답했다. "시들기 시작했어요."

"갑시다."

선지자가 벤치에서 일어나며 말했다. 우리는 선착장을 벗어나 맨해튼 남부의 거리를 향해 걸었다. 선지자가 말했다.

"성경에 여러 나라들의 심판을 암시하는 상징이 있는데, 여러 번 반복적으로 사용됩니다."

"어떤 상징이죠?"

"하나의 형상, 비유, 사건입니다. 이사야 선지자는 에티오피아의 멸망을 예언하며, '(그분이) 연한 가지를 베며 퍼진 가지를 찍어 버릴 것이다(사 18:5)'라고 했고, 에스겔 선지자는 이집트의 멸망에 대해 '가는 가지가 산과 모든 골짜기에 떨어졌고 그 굵은 가지가 그 땅 모든 물가에 꺾어졌다(겔 31:12)'고 예언했습니다. 예레미야 선지자는 조국의 심판과 멸망을 예언하며 '그 위에 불을 피웠고, 그 가지는 꺾였도다(렘 11:16)'라고 했죠. 모두 어떤 형상을 사용하고 있죠?"

"가지가 부러지는 거요?"

"맞아요. 가지가 부러지는 것은 국가적인 심판의 표징입니다."

"그러면 그게 인장의 형상과 관련이 있나요?"

"이것은 징조인 에레즈 나무와 관련이 있습니다. 에레즈 나무는 쓰러진 뽕나무 대신 심겨져, 한 나라의 희망을 상징하게 되었죠. 성경은 '가지가 마르면 꺾인다(사 27:11)'고 합니다. 그래서 징조, 곧 희망의 나무의 가지들이 말라 버렸고, 잘려 나갔습니다. 그렇게 가지가 잘린 채 그라운드 제로 구석에 서서 처음 그곳에 심겨져 희망의 나무라 불리던 때의 모습을 희미하게나마 보여 주었죠. 국가의 재기와 부흥의 상징으로 심겨진 나무가 멸망의 상징물이 되었어요.

하지만 나무가 그렇게 달라졌다는 사실뿐만 아니라, 누가 나무를 보러 왔는지도 중요합니다."

"누가 왔는데요?"

"대통령이요."

"오바마 대통령이요?"

"네. 그는 9.11 몇 주년을 맞아 그라운드 제로를 방문하여 시편 46편을 읽었습니다. 46편은 주님이 이 땅에 평화를 가져오시고 전쟁 무기를 파괴하신다며 '활을 꺾고 창을 끊는다(시 46:9)'고 말씀합니다.

활은 궁수들이 전쟁에서 사용하는 무기죠. 그러므로 이 구절은 전쟁이 끝나고 평화가 임하는 복에 대해 말씀하는 것이에요. 그런데 대통령이 성경 말씀을 바꾸었어요. 그는 자신이 무엇을 하고 있는지 몰랐던 게 분명하지만, 어쨌든 그렇게 했습니다. 대통령은 '활(bow)을 꺾으신다' 대신 '가지(bough)를 꺾으신다'[1]고 말했어요.

영어에서는 두 단어의 소리가 비슷하지만, 성경에서는 의미가 완전히 다릅니다. 활을 부러뜨리는 것은 축복이지만, 가지가 꺾이는 것은 한 나라의 심판에 대한 성경적인 표징이에요. 대통령은 그렇게 국가적인 축복의 말을 심판의 말로 바꾸어 버렸죠. 백악관 홈페이지에 올라온 시편 인용도 대통령이 말한 대로 '활'(bow) 대신 '가지'(bough)로 되어 있었습니다. 성경 말씀을 바꾸어 버린 거예요.

그리고 대통령이 '주께서 가지를 꺾으신다'고 말할 때, 거기서 멀지 않은 곳에 시들어 가며 가지가 꺾이게 될 나무가 서 있었습니다."

"대통령이 그 말을 할 때 가지가 부러졌나요?"

"아뇨. 그 말을 한 뒤에 그렇게 됐죠. 그런데 그보다 훨씬 큰 국가적인 심판의 표징이 또 있습니다. 그건 가지뿐만 아니라 나무가 쓰러지고 파괴되는 것과도 관련이 있어요."

"뽕나무가 쓰러지는 것처럼요?"

"네, 그런데 그보다 더 강력한 표징입니다. 특히 다른 나무, 에레즈 나무와 관련이 있는 표징이에요. 에스겔 선지자는 앗시리아의 심판과 멸망에 대해 이렇게 말했습니다. '앗시리아는 키가 크고 꼭대기가 구름에 닿은 에레즈 나무(레바논 백향목)였다… 여러 나라의 포악한 다른 민족이 그를 찍어 버렸다(겔 31:3,12).'

예레미야 선지자는 나라를 멸망시킬 심판에 대해 다음과 같이 말했습니다. '내가 너를 파멸할 자를 준비하리니 그들이 각기 손에 무기를 가지고 네 아름다운 에레즈 나무(백향목)를 찍어 불에 던지리라(렘 22:7).'

스가랴 선지자는 예루살렘의 멸망을 예언하며 '레바논아 네 문을 열고 불이 네 에레즈 나무(백향목)를 삼키게 하라(슥 11:1-2)'고 했습니다."

내가 물었다. "그런데 에레즈 나무에 대해 이야기하는 것이 왜 그렇게 중요하죠?"

"답은 이름에 있습니다. '에레즈'가 무슨 뜻인지 기억해요?"

"강하다요?"

"그 나무는 강하기로 유명했습니다. 그런 이유로 고대의 맹세에 '뽕나무가 찍혔으나, 우리는 에레즈 나무로 그것을 대신하리라'고 언급되었던 거예요.

그래서 이 나무는 너무나도 중요합니다. 그들은 에레즈 나무처럼 강하게 회복하리라 다짐하고 있어요. 에레즈 나무는 그렇게 그들의 반항과 도전의 상징이 되었습니다. 그것은 뽕나무보다 훨씬 강했어요. 그러므로 뽕나무는 쉽게 쓰러질 수 있지만, 에레즈 나무는 그렇지 않을 거라고 여겼습니다. 그들은 앞으로 어떤 심판도 없을 거라고 믿었어요. 어떤 주석은 '그들이 쓰러진 약한 뽕나무를 사나운 강풍에 살아남을 강한 백향목[에레즈 나무]으로 교체하려 했다'[(2)]고 설명합니다."

내가 말했다. "그러면 미국도 뽕나무를 에레즈 나무로 대신하고 희망의 나무라 부르면서, 심판에 맞서 반항하고 도전할 뿐만 아니라, 그것을 면하게 될 거라고 선언한 것이었네요."

선지자가 말했다. "그렇게 행한 사람들의 의도가 그랬다는 것이 아니라, 성경적인 의미가 그렇다는 거예요. 한번 보겠어요?"

"에레즈 나무요?"

"네."

선지자가 탑 꼭대기로 데려간 것을 제외하면, 나는 그라운드 제로에 가는 것을 피했다. 하지만 우리는 지금 그쪽으로 향하고 있었다. 그가 나에게 보여 주고 싶어 하는 것이 거기 있었기 때문이다. 우리는 그라운드 제로의 검은색 철제 울타리로 다가갔다. 쓰러진 뽕나무 대신 에레즈 나무를 심은 땅이 보였다.

선지자가 말했다. "여기에요, 누리엘. 뭐가 보이는지 말해 봐요."

나는 울타리 사이를 뚫어지게 바라보며 희망의 나무를 찾았다.

"나무가 보이지 않아요. 여기가 맞나요?"

선지자가 말했다. "위치는 맞습니다. 나무가 보이지 않는 이유는 거기 있지 않기 때문이에요. 사라졌어요."

"사라졌다고요?"

"고대의 표징이 이 땅에 나타났어요. 그래서 그 나무가 보이지 않는 거예요."

"무슨 표징이요?"

"국가적인 심판의 표징이요."

"무슨 말이죠?"

"선지자들이 말한 대로 '에레즈 나무가 넘어졌습니다(슥 11:2).' 국가적인 심판의 표징으로 쓰러져 버렸어요."

"무엇 때문에요?"

"나무를 관리하던 책임자들이 그렇게 했어요."

"왜요?"

"나무가 말라 죽어 가는데 어떻게 해도 살아나지 않았어요… 그래서 그들이 나무를 없애 버렸습니다."

"재기와 부활의 표징을 없애 버린 거네요."

"그들이 징조를 없애 버리면서 또 하나의 에레즈 나무가 쓰러졌습니다."

"전혀 몰랐어요."

선지자가 말했다. "그럴 리가… 당신 책을 읽지 않았나요, 누리엘?"

"기록하느라 시간이 없었어요. 왜요?"

"그 책을 읽도록 해요. 전부 당신 첫 번째 책에 나와 있습니다. 그 일이 일어나기 전에 당신이 쓴 책에 말이에요."

"내 책을 읽어 봤나요?"

"당신은 그라운드 제로의 희망의 나무인 백향목, 즉 에레즈 나무에 대해 이렇게 써 놓았어요. '그러나 이런 나라가 스스로를 구원하기 위해 자기 힘에 소망을 두면, 그것은 거짓된 희망이다. 그 나라의 참된 소망은 오직 하나님께 돌아갈 때 발견하게 된다. 그렇게 하지 않으면 희망의 나무는 강한 백향목이 땅으로 무너져 내리는 날의 징조에 불과하다.' 그 일이 일어나기 몇 년 전에 당신이 쓴 내용이에요."

"내가 아니라 당신이 한 말처럼 들리는데요."

"내가 말했을지도 모르지만, 다른 사람들이 볼 수 있게 기록한 건 당신이에요."

"나무는 언제 쓰러졌죠? 언제 베어 버린 거예요?"

"그들은 히브리 절기에 희망의 나무를 없애 버렸습니다."

"어느 절기요?"

"어떤 나라가 심판 받은 것을 기념하는 날이요. 유월절, 하나님을 대적하는 나라에 재앙이 닥친 날이었습니다."(3)

내가 말했다. "하루에 국가적인 심판의 신호 두 가지가 나타났네요."

"그리고 땅이 아니라 하늘에 나타난 심판의 표징들도 있어요. 심판의 날에 대해 '달이 빛을 내지 못하게 하며(겔 32:7) 달이 핏빛같이(욜 2:31)' 될 것이라고 기록되어 있습니다. 달이 어두워지고 핏빛으로 변하는 것은 심판의 날과 관련하여 일어나게 될 두 가지 표징이에요. 아직은 그날에 온전히 드러나지 않고 있지만, 이미 부분적으로 나타나고 있죠."

"언제요?"

"월식 때요. 달이 어두워지고 핏빛으로 변하여 블러드문이라는 게 될 때 말입니다."

"하지만 그건 달과 지구가 정해진 때에 정해진 위치에 있을 때마다 일어나는 현상이라 예측할 수 있어요."

"그래요. 하지만 그렇게 정해진 때들도 하나님께 속한 것이에요. 그분이 그것들을 준비해 놓으시고 모든 일이 하나로 합쳐지는 때와 장소를 정하십니다. 그분은 무엇이든, 심지어 이미 있는 표징도 징조로 사용하실 수 있어요."

"왜 이런 말을 하는 거죠?"

"유월절 전날 에레즈 나무가 쓰러졌습니다. 같은 날 밤, 달이 어두워졌죠. 징조가 이 땅에 임하여 달이 어두워졌고… 핏빛으로 변했습니다."

내가 말했다. "그렇다면 같은 날에 모두 세 가지 징조가 나타난 거네요."

"게다가 하늘에 또 다른 심판의 표징이 나타났는데, 앞서 말한 표징과는 다르지만 연결됩니다. 이렇게 기록되어 있어요. '해가 어두워지고 달이 핏빛같이 변하려니와(욜 2:31).'"

선지자는 이어서 말했다. "태양이 어두워지는 또 다른 징조가 심판의 날과 관련하여 일어나게 되어 있습니다. 그런데 이것도 이미 부분적으로 나타났어요."

"일식 말이군요. 하지만 일식과 월식이 동시에 일어날 수는 없어요."

"그래요. 다른 날에 일어나죠. 그러므로 심판의 표징은 두 가지… 두 개의 빛이 어두워지는 것… 이틀입니다. 그런데 남아 있는 반항의 징조들은 몇 가지죠?"

"에레즈 나무와 탑, 두 가지요."

"탑은 마지막으로 꼭대기에 첨탑을 놓으며 완성되었어요. 최고 높이가 1,776피트(약 541미터)에 달했죠. 그날은 2013년 5월 10일이었어요. 그런데 바로 그날 해가 어두워졌죠. 즉 그 탑은 태양이 어두워진 날에 하늘에 닿은 것이에요."

"그러면 심판의 두 가지 표징이 각각의 징조와 같은 날에 나타났네요. 하나는 탑이 하늘에 닿을 때, 다른 하나는 에레즈 나무가 땅에 쓰러질 때 나타난 거예요."

"그래요."

내가 말했다. "인장 속의 나무를 두르고 있는 원은 달을 나타내는 것이었군요."

"그렇습니다."

"그런데 꿈속에서는 모든 일이… 변하는 달빛… 곧 월식에 따라 일어났어요. 그리고 나무는 보름달에 쓰러졌죠."

선지자가 말했다. "유월절에는 보름달이 뜹니다."

"그러면 꿈속에서 쓰러진 나무는 자유의 여신상 모습을 하고 있었는데… 자유의 여신상은 희망의 나무처럼 희망을 상징하고… 에레즈 나무는 고대에 반항하고 도전하던 나라의 희망을 상징하기 때문이었네요."

선지자가 말했다. "그래요. 그렇다면 에레즈 나무가 쓰러지는 것은 무슨 의미일까요?"

"희망이 사라지는 거요… 한 나라의 반항적인 희망과 하나님 없이 더 강하게 회복하고 재기하려는 계획의 종말입니다."

선지자가 말했다. "하지만 자유의 여신상은 단순한 희망의 상징이 아니에요. 그것은 미국 자체를 상징합니다. 마찬가지로 에레즈 나무도 하나님께 도전하고 반항하는 나라 자체를 상징하는 거예요."

"그렇다면 에레즈 나무가 쓰러진 것은 미국의 몰락을 예언하는 건가요?"

"하나님께 도전하고 반항한 고대 이스라엘이 어떻게 되었죠? 그 결말이 어땠나요?"

"결국 나라가 멸망했죠."

그는 더 이상 아무 말도 하지 않았다.

내가 말했다. "질문이 있어요. 뽕나무가 쓰러진 것도 심판의 표라면, 에레즈 나무가 쓰러진 것은 더 큰 것을 말하는 건가요? 더 큰 심판, 재앙 말이에요."

선지자가 말했다. "그렇습니다. 그런데 이유가 뭘까요?"

"뽕나무가 더 약해서 뽑히기 쉬우니까요. 하지만 에레즈 나무는 강해서 쓰러뜨리려면 더 큰 힘이 필요하죠. 따라서 쓰러진 에레즈 나무는 뽕나무가 쓰러진 것보다 더 큰 심판을 암시하는 거예요."

"그렇습니다. BC 732년에 앗시리아인들이 이스라엘을 침공하여 뽕나무를 쓰러뜨린 것은 국가적인 재앙이었지만, 흔들림 곧 경고였어요. 이스라엘은 뽕나무 대신 에레즈 나무를 심겠다고 맹세했죠. 그러나 또 다른 재앙이 임했어요. 그런데 그것은 나라를 흔들 뿐만 아니라 멸망시켰죠. 그러므로 에레즈 나무가 쓰러진 것은 뽕나무가 쓰러진 것보다 훨씬 더 큰 일을 말하는 것이에요."

"그러면 9.11에 뽕나무가 쓰러졌으니… 에레즈 나무가 쓰러진 것은… 앞으로 더 큰 재앙이 닥친다는 말인가요?"

"에레즈 나무가 쓰러진 것은 큰 나라의 멸망을 경고하는 것입니다. '그가는 가지가 산과 모든 골짜기에 떨어졌고, 그 굵은 가지가 그 땅 모든 물가에 꺾어졌으며, 세상 모든 백성이 그를 버리고 그 그늘 아래에서 떠나갔다(겔 31:12)'라고 기록된 날을 경고하는 것이에요."

"세상 모든 백성이 그를 버리고 그 그늘 아래에서 떠나갔다…"

나는 그의 말을 받아 되뇌었다.

✦✦✦

누리엘이 말했다. "그는 인장을 받은 후, 다음 인장을 넘겨주었어요."

"그러면 그 인장은 어디로 연결되죠?"

"고대의 골짜기, 선지자, 흙 항아리, 얼굴의 집, 나라가 어두워지는 것, 그리고 그들 모두를 나타내는 징조로 연결되었어요."

주

1. 버락 오바마(Barack Obama), "9.11 10주년 기념식에서 대통령의 발언" 백악관, 2011년 9월 11일, https://obamawhitehouse.archives.gov/the-press-office/2011/09/11/remarks-president-september-11th-10th-anniversary-commemoration.
2. 조셉 S. 엑셀(Joseph S. Exell)과 헨리 도날드 모리스 스펜스 존스(Henry Donald Maurice Spence-Jones), 전체 설교단 해설, 제 5권(해링턴, DE:델마바, 2013) https://books.google.com/books?id=VjZcCgAAQBAJ&pg.
3. 이것은 두 명의 독립적인 증인에 의해 확인됨.

25장

도벳

"그래서 그 인장에는 뭐가 있었어요?"

누리엘이 말했다. "전에 있던 인장처럼 글자가 새겨져 있었는데, 세 글자뿐이어서 나는 그게 한 단어라고 생각했어요. 그리고 글자 주위에는 곡선 표시가 되어 있었어요."

"그게 뭐죠?"

"여러 번 그 의미에 대해 생각했지만, 어떻게 해야 할지 알 수 없었어요. 하지만 그게 한 단어라고 확신했고, 이번에도 팔레오 히브리어 문자인 것 같아서 그게 무슨 뜻인지 말해 줄 정통 유대인 학자에게 그것을 가져가기로 결심했어요."

애나가 말했다. "잠깐만요. 브루클린에서 서점을 운영하는 남자요? 당신이 몇 년 전에 선지자가 준 인장 하나를 해석하러 갔던…"

"맞아요."

"하지만 그때는 올바르게 해석해 주지 않았잖아요. 도대체 무슨 생각으로…"

"그의 해석은 빗나갔지만, 그 문자를 읽을 줄 아는 히브리 학자니까요. 이번에는 한 단어에 불과해서 그가 잘못 해석할 거라고는 생각하지 않았어요."

"그래서 브루클린으로 갔군요."

"네, 그의 서점으로요. 그는 나를 맞이하더니 가게 문을 닫고, 안쪽의 방으로 안내했습니다. 우리는 지난번처럼 나무 탁자에 앉았어요. 그 방은 하나도 변한 것이 없더군요. 인장을 건네주자, 그는 돋보기를 쓰고 문자들을 살펴보기 시작했어요. 그러더니 나를 올려다보다가 글자를 내려다보고, 다시 나를 올려다보고는 글자를 내려다보았습니다. 그는 굉장히 곤란해 보였어요."

◆ ◆ ◆

그가 물었다. "어디서 이걸 구했죠?"

지난번에 그를 찾아왔을 때는 결코 이런 질문을 하지 않았다.

내가 대답했다. "누가 줬습니다."

"이게 뭔지 알아요?"

"아뇨. 안다면 여기 오지 않았겠죠."

그가 말했다. "이건 어두운 물건입니다."

"무슨 말이죠?"

"어둠의 말이에요."

"무슨 말인데요?"

"도벳."

"도벳이요?"

그는 내가 자신이 방금 한 말을 그대로 따라하는데도 나쁜 말을 하는 것처럼 쳐다보았다.

"그게 무슨 뜻이죠?"

"북을 치는 것처럼… 치는 것과 관련이 있는 어원에서 나온 말입니다."

"그렇게 나쁘게 들리지 않는데요?"

"이것에 관여하지 말아요."

"인장이요?"

"인장에 있는 단어 말이에요."

◆◆◆

애나가 말했다. "상당히 강한 반응이네요. 그래서 어떻게 했어요?"

"그는 나에게 더 이상 아무 말도 하지 않았어요. 나는 집에 돌아와 침대에 쓰러져 잠이 들었고 꿈을 꾸었어요. 긴 옷을 입고 수염을 기른 남자가 커다란 흙 항아리… 물병 같은 것을 들고 가는 모습이 보였어요. 그는 이상하게 생긴 건물 쪽으로 걸어가고 있었는데, 공포 영화에 나오는 집 같기도 하고… 크렘린 궁전처럼 보이기도 했어요. 나는 그를 따라 안으로 들어갔어요.

내부 곳곳에 등불이 켜져 있었지만 어두웠습니다. 우리는 사암처럼 보이는 커다란 벽에 도착했는데, 벽 안쪽에 얼굴들이 있었어요."

"얼굴들이요?"

"수많은 얼굴들을… 돌에 조각해 놓은 것처럼 보였어요. 흙 항아리를 든 남자가 벽에서 6미터쯤 떨어진 곳에 멈춰 서더니 마치 벽 속의 얼굴들에게 말을 거는 것처럼 이야기를 하기 시작했어요. 아니… 그는 그들에게 말을 하고 있었어요."

♦♦♦

그 남자가 말했다. "여기서 그 일이 일어났어요. 이곳이 그 일이 시작된 곳… 어둠에 문을 열어 준 곳입니다."

그러자 얼굴들이 움직이더니 말을 하기 시작했다.

그들이 말했다. "우리는 마땅히 해야 한다고 생각하던 것, 옳다고 여기던 일들을 한 거예요."

남자가 말했다. "하지만 악을 선하다 하고, 선을 악하다 하며, 빛을 어둠이라, 어둠을 빛이라 하는 자들에게 화가 있습니다. 당신들이 어둠에 문을 열어 주었어요."

그 후 남자는 천장을 올려다보았는데, 나는 그가 그 너머의 하늘을 보고 있다는 사실을 알았다. 그 후 그는 괴로워하며 외쳤다.

"도벳!"

그는 흙 항아리를 머리 위로 들어 올리더니 돌바닥에 내던져 산산조각 내 버렸다. 그리고 바닥에 무릎을 꿇고 울기 시작했다.

♦♦♦

"그러면서 꿈이 끝났어요."

애나가 물었다. "그건 무슨 뜻이죠?"

"그는 큰 소리로 인장에 새겨진 말을 외쳤는데, 서점의 남자가 경고한 것처럼 좋은 의미는 아닌 것 같았어요… 하지만 나는 그게 무슨 의미인지 알아내기로 결심했죠. 내가 가진 성경 뒤편에는 용어 색인이 있었어요."

"용어 색인이요?"

"특정 단어가 성경 어디에 나오는지 알려 주는 거예요. 그렇게 '도벳'이라는 단어를 찾아 예레미야서를 펼쳤는데, 한 군데를 제외하고 성경에서 그 단어가 나오는 유일한 곳이더군요."

"그러면 예레미야가 흙 항아리를 든 사람이었나요?"

"그래요."

"또 뭘 알아냈죠?"

"도벳은 예루살렘 성 외곽에 있는 힌놈의 골짜기에 있는 곳으로, 대단히 중요한 곳이었어요. 주님이 예레미야 선지자를 통해 그곳에 대해 말씀하시기를, '여호와께서 말씀하시되 유다 자손이 나의 눈앞에 악을 행했다… 힌놈의 아들 골짜기에 도벳 사당을 건축하고 그들의 자녀들을 불에 살랐다(렘 7:30-31)'고 하셨죠."

"자녀들을 불태운다고요?!"

"그래서 하나님이 그곳을 책망하신 것이에요. 도벳은 자녀들을 죽이던 곳입니다."

"그들은 왜 그런 끔찍한 짓을 저질렀을까요?"

"하나님을 버리고 택한 새로운 신들을 숭배하기 위해서였어요. 그들은 자녀들을 제물로 바치면서 신들의 호의와 번영 등을 얻게 될 거라고 생각했죠."

"그런데 왜 그게 선지자가 준 인장에 있는 거죠?"

"알 수 없었어요. 그날 늦게 센트럴 파크에서 산책을 하고 참나무 그늘 아래 앉았습니다. 잔디밭에서 놀고 있는 아이들이 보이더군요. 도벳과 이스라엘과 자녀들에 대해 생각하게 되었어요. 그렇게 생각에 빠져 있는데, 어떤 남자가 내 앞에 서서 태양을 가리고 있었어요. 그제서야 정신이 들었죠. 그는 선지자였어요."

✦✦✦

선지자가 물었다. "누리엘, 인장을 해독했나요?".

내가 대답했다. "그런 것 같아요. 도벳이죠?"

선지자는 내 옆에 앉으며 말했다.

"도벳은 이스라엘이 하나님을 버리고 얼마나 타락했는지를 보여 주었습니다. 그곳은 그 과정의 일부였어요. 한 나라가 절대적 진리인 하나님을 버리고 선택한 신들과 손으로 만든 우상을 숭배하면, 무슨 일이 벌어진다고 했죠?"

"스스로 그 기초에서 떨어져 나가 그 목적과 의미를 잃어버린다고요."

"그렇습니다. 이스라엘은 그렇게 하나님을 떠났고 그 목적과 의미도 버렸어요. 그런데 생명이 그 목적과 의미를 잃어 버리면, 그것을 함부로 여기게 됩니다. 그래서 생명을 학대하고, 희생시키며, 죽일 수 있게 되죠. 하나님을 떠난 문명은 그렇게 그분의 형상대로 창조된 이들을 제거할 수 있습니다. 그래서 이스라엘 사람들도 자녀들을 제물로 바치게 된 거예요. 가장 순결한 이들의 피 때문에 이스라엘은 심판 받게 되었습니다."

"그런데 그게 왜 인장에 있는 거죠?"

"미국이 이스라엘 멸망의 전철을 밟고 있다면, 이것도 따르지 않았을까요?"

내가 대답했다. "자녀를 제물로 바친다고요? 그건 고대에나 있던 일이에요."

선지자가 물었다. "그럴까요? 미국은 이스라엘의 전철을 밟아 하나님을 떠났습니다. 그래서 동일한 힘이 활동하게 되었죠. 미국은 목적과 가치를 잃어버렸어요. 그리하여 생명도 그 신성함을 잃고 일회용품이 되어 버렸죠.

그러면서 고대의 죄악이 미국 땅에서 재연되었어요. 미국은 가장 순결한 생명을 희생시키는 일을 승인하고 허가해 주었습니다. 태어나지 않은 아이들을 죽이는 것을 합법화했고 그것을 축하했죠. 가장 무방비한 존재들, 보호받아 마땅한 생명들이 죽임을 당했어요. 이 모든 과정이 고대의 전철을 밟은 것이었습니다. 진보주의자들이 미국의 공공광장에서 하나님을 몰아내는 모습을 본 그해에, 또다시 고대의 죄가 반복되었어요. 이스라엘은 수천 명의 자녀들을 죽였지만, 미국은 셀 수 없이 많은 자녀들을 죽였죠."

"비슷한 점이 있기는 하지만, 그게 꿈에서 본 얼굴의 집과 무슨 관계가 있는지 이해가 되지 않아요."

선지자가 일어나며 말했다.

"그렇다면 당신은 더 많은 걸 찾아야겠군요. 하지만 나는 당신이 그러리라 믿습니다."

그 후 그는 잔디밭으로 걸어 들어가더니 놀고 있는 아이들을 지나쳐 점점 멀어졌다.

❖ ❖ ❖

애나가 말했다. "그러면 풀리지 않은 미스터리는 얼굴의 집이군요."

누리엘이 말했다. "그래요. 나머지는 이해가 되었습니다. 흙 항아리를 든 남자는 예레미야였어요. 예레미야가 흙 그릇, 곧 옹기를 이스라엘 장로들에게 가지고 가서 자녀들을 제물로 바치는 것을 질책하는 본문도 찾았죠(렘 19장). 그는 꿈처럼 그들 앞에서 항아리를 깨뜨렸어요. 그 모든 걸 알아냈지만, 얼굴의 집은 여전히 미스터리였습니다. 나는 그게 무엇을 의미하는지 알지 못한 채 몇 주를 보냈어요. 그러다가 돌파구를 찾았습니다."

애나가 물었다. "마트에서요?".

누리엘이 대답했다. "아뇨. 편의점에서요. 길을 가는데 배가 너무 고파서 간식을 사려고 편의점에 들렀어요. 나오다가 신문 가판대 쪽을 대충 훑어 보았는데, 그게 보였습니다."

"그게 뭔데요?"

"첫 페이지에 꿈속의 건물 사진이 있었어요."

"공포 영화에 나올 법한데, 크렘린 궁전 같기도 한 건물이요?"

"네, 실제로 존재하는 건물이었어요. 그곳에 가봐야겠더라고요. 그래서 다음 날 두 시간 반을 운전해서 거기 도착했어요. 이미 해가 져서 하늘이 어두워지고 있었어요… 그래서 정말로 불길하게 보이더군요."

"그게 무슨 건물인데요?"

"뉴욕주 의회의 입법부 건물이요. 나는 올바니(Albany)에 있었어요. 그 건물은 뉴욕주 의회 건물이었습니다."

◆◆◆

건물 앞에 서 있는데, 뒤에서 목소리가 들려왔다.

"꿈에서 이런 모습이었나요?"

돌아보니, 선지자가 있었다.

"이게 꿈에서 본 건물이라는 걸 어떻게 알았죠?"

선지자가 말했다. "그럴 것 같았어요. 이제 안으로 들어갑시다."

그는 건물의 옆문 중 하나로 나를 데려갔다. 그리고 문을 열고 안으로 들어가며 따라오라고 손짓했다.

내가 물었다. "정말 이렇게 해도 돼요? 무단침입은 아니겠죠?"

"그럴 리가요."

건물 내부는 어두웠고, 꿈과 비슷하게 곳곳에 조명이 켜져 있었다. 선지자가 나를 거대한 돌계단으로 데려갔는데… 사방에 조각된 얼굴들이 가득했다. 계단을 이루는 틀에도, 둥근 천장에도, 석재 장식들 곳곳에 우리를 엿보는 얼굴들이 있었다.

내가 말했다. "그래서 여기가 얼굴의 집이군요. 그런데 왜 이곳 꿈을 꾼 걸까요?"

선지자가 말했다. "여기서 모든 것이 시작되었기 때문입니다."

"모든 게 시작되었다니… 뭘 말하는 건가요?"

선지자가 대답했다. "어둠… 고대의 죄악, 끔찍한 행위들 말이에요."

"태아를 죽이는 것 말이죠…?"

"그 일이 여기 얼굴의 집에서 시작되었어요. 바로 이곳에서 이 땅 곳곳으로 퍼져 나갔죠."

"꿈속의 남자가 얼굴들을 향해 말하기를, 바로 이곳이 어둠에 문을 열어주었다고 했어요. 하지만 낙태는 대법원에서 합법화되지 않았나요?"

"네, 1973년에 대법원의 판결로 낙태가 이 나라의 법이 되었죠. 하지만 시작은 그게 아닙니다. 그보다 3년 앞선 1970년에 여기 얼굴의 집에서 시작되었어요. 바로 이 자리, 이곳에서 누구든지 원하면 태아를 살해할 수 있는 임신 중절권을 허가하는 법이 시작되었죠."

"그게 뉴욕에서 시작되었다고요?"

"1970년, 몇 개 주에서 낙태를 합법화하려고 움직이기 시작했습니다. 그런데 뉴욕주에서 앞장서서 법안을 통과시키면서 미국 낙태의 메카가 되어 버렸죠. 그렇게 이곳에서 시작된 어둠이 결국 전국으로 퍼져 나가게 되었어요. 뉴욕주에서 법을 통과시킨 이듬해에 미국 변호사 협회는 미 전역에서 낙태를 합법화시키기 위해 '일률적 낙태 법안'을 입안하고 그 다음해에 찬성표를 던졌습니다.

일률적 낙태 법안은 이 건물에서 승인된 것에 기초한 것이었어요. 이듬해 대법원은 미국 전역에서 낙태를 합법화하는 것을 가결시켰죠. 블랙먼(Blackmun) 판사는 대법원 판결의 전구체 격인 '일률적 낙태법'을 인용하여 '이 법안은 대부분 뉴욕주 낙태법에 기초한다'고 기록했어요.

뉴욕은 태어나지 않은 아이들의 살해를 합법화한 후, 곧바로 뉴욕주의 모든 여성을 이 범주에 끌어들여 이 법안에 동참시키기 시작했습니다. 이렇게 뉴욕은 단숨에 낙태의 진원지로 부상했어요. 미국 전역에서 낙태가 합법화되기 몇 년 전에 낙태를 전국으로 확산시키는 어둠의 근원이 된 것이에요. 미국의 다른 어느 곳보다도 뉴욕에서 낙태가 더 많이 행해졌습니다. 그리고 뉴욕주에서도 특히 뉴욕시에서 자행된 낙태 시술이 압도적으로 많았죠.[1] 그러므로 아이들을 죽이는 것에 관해서는 뉴욕이 미국의 수도 격입니다."

나는 인장을 꺼내어 살펴보았다. 그제서야 인장이 이해되었다.

"글자들 주변의 곡선은 물을 나타내는 것이었군요."

"그렇습니다."

"이건 섬이군요. 인장의 도벳은 섬이에요."

"그래요."

"도벳은… 뉴욕시군요."

선지자는 그것에 대해서는 아무 말도 하지 않고, 주제를 바꾸려는 것 같았다.

"탑이 의미하는 게 뭐라고 했죠?"

"그것을 세운 나라나 왕국, 그 힘과 영광이요."

선지자가 대답했다. "그래요. 그래서 그 교만과 오만, 죄를 상징하기도 합니다. 세계무역센터는 미국 자체이자, 미국의 영광과 권력의 상징물이었어요. 하지만 미국의 죄악과 어둠을 상징하기도 하죠."

"무슨 말이죠?"

"첫 번째 탑이 언제 완성되었는지 알아요?"

"아뇨."

"1970년… 임신 중절권이 보편적인 권리로 표결에 부쳐지던 해였습니다. 그리고 그 탑들은 어느 주에 세워졌죠?"

"뉴욕주요."

"그 법을 통과시킨 바로 그 주입니다. 그리고 어느 도시죠?"

"뉴욕시요."

"그 탑은 미국 낙태의 수도인 뉴욕에 왕관을 씌워 주었습니다. 그리고 탑 건축을 시작하는 서류에 서명한 손이 자녀 살해권을 제정하는 서류에도 서명을 했죠. 그런데 두 탑이 완공된 게 몇 년도인지 알아요?"

"아뇨."

"1973년입니다. 같은 해에 태아를 살해하는 것이 미국의 법이 되면서 어둠이 완성되었죠. 그렇게 모든 것이… 탑과 어둠이 하나가 되었습니다. 이 둘은 처음부터 한쪽이 다른 쪽을 보여 주며 하나로 합쳐지게 되어 있었어요.

예레미야 선지자가 '도벳 사당'에 대해 언급했는데(렘 7:31), 백성이 사당(또는 산당, '높은 곳'이라는 뜻)을 세운 곳이 바로 도벳이었습니다. 그러므로 뉴욕시가 미국의 도벳이라면, 틀림없이 사당이 세워져 있을 겁니다."

내가 말했다. "쌍둥이 빌딩, 세계무역센터요. 미국의 높은 곳, 곧 도벳 사당이에요."

"그리고 도벳 사당이 이스라엘이라는 나라가 아이들을 죽이던 장소를 나타내는 것처럼, 쌍둥이 빌딩도 미국이 아이들을 죽인 장소와 그것이 시작된 시간을 보여 주었습니다."

내가 말했다. "지금 생각났는데, 도벳 사당에는 그들이 제물을 바치던 신들의 형상도 있었어요."

"그렇습니다."

"그래서 뉴욕시의 높은 곳, 곧 사당에 죽음의 여신 칼리의 형상이 나타났군요. 미국의 죽음의 도시에서 피를 흘리는 모습으로요."

"갑시다." 선지자가 계속해서 나를 건물 안쪽으로 인도하며 말했다.

"누리엘, 쌍둥이 빌딩이 시작된 곳이 어딘지 알아요?"

"글쎄요…"

"바로 이곳입니다."

선지자가 이어서 말했다. "여기 얼굴의 집, 바로 이 건물에서 아이들을 죽이기 시작했어요. 이 둘은 같은 때, 동일한 장소, 건물에서 시작되었습니다."

"그러면 이 건물은 처음부터 징조와 연결되어 있었군요."

선지자가 말했다. "그렇습니다. 끝까지 그랬죠."

"무슨 말이죠?"

"뉴욕은 미국을 고대의 죄악으로 몰아넣은 지 거의 반세기 만에 또다시… 훨씬 더 깊은 어둠에 빠뜨렸습니다."

"어떻게요?"

선지자가 말했다.

"뉴욕 주지사는 1970년에 통과된 법을 넘어서는 법안, 곧 모든 단계의 낙태를 확대 허용하는 법안을 통과시킬 것을 주 입법부에 요구했습니다. 그게 논란이 되자 거부되었음에도, 그 법은 출생 시점까지의 아동 살해를 합법화했죠. 낙태와 유아 살해 사이의 경계가 사라지기 시작한 것이에요."

그때 선지자가 나를 입법부 회의실 가운데 한 곳으로 데려가며 말했다.

"바로 이곳입니다. 그들이 그 법을 바로 여기서 통과시켰어요. 그 법이 통과된 뒤, 여기서 또 무슨 일이 있었는지 알아요?"

"아뇨."

선지자가 말했다. "그들은 환호했습니다. 고대에 그랬던 것처럼 일어나서 환호성을 질렀어요. 또 그들이 그 법을 통과시킨 날이 며칠인지 알아요?"

"아뇨."

"1월 22일입니다. 반세기 전 대법원이 미 전역에 태아 살해를 합법화한 날도 1월 22일이었죠. 뉴욕은 그렇게 훨씬 더 잔인하고 섬뜩한 법안을 통과시키며 그날을 기념했습니다. 그리고 그 법이 통과되자, 다른 주들도 더 많은 피를 흘리도록 확대하는 법안을 통과시키려 애쓰기 시작했죠. 또다시 뉴욕이 이 나라를 어둠 속에 빠뜨린 겁니다."

내가 말했다. "그건 신호네요."

"무슨 말이죠?"

"악화되고 있다는 신호예요. 미국은 돌아서지 않았어요. 상태가 그대로 유지된 것도 아니고, 모든 것이 악화되고 있습니다. 미국이 지속적으로 타락하며 무너지고 있어요."

선지자가 말했다. "그래요. 그리고 모든 것이 고대의 전철을 밟고 있습니다."

"어떤 식으로요?"

"예레미야가 자녀들의 피를 흘리는 나라에 심판을 예언했을 때는 이미 늦었습니다. 그것은 멸망 바로 전날에 받은 예언이었어요. 심판을 앞둔 나라에 나타나는 표징 가운데 하나는 아이들을 살해할 뿐만 아니라, 뻔뻔스럽게, 심지어 기뻐하며 그 일을 저지른다는 것입니다. 이것이 재앙의 징조이고, 시간이 늦었다는 의미예요."

"그리고 그 모든 것이 미국에서 재연되고 있죠."

선지자가 말했다. "네. 우리는 표징에 대해 말하면서 도벳 사당과 이스라엘이 자녀를 제물로 바친 것… 그리고 뉴욕의 높은 곳, 곧 사당인 쌍둥이 빌딩과 낙태의 시작 사이의 연관성을 보았어요.

뉴욕이 그 끔찍한 법을 통과시킨 바로 그날, 미스터리가 이어져 다시 한번 탑과 연결되었습니다."

"무슨 말이죠?"

"그날 뉴욕 주지사가 그라운드 제로의 타워에 불을 밝혀 이 법이 통과된 것을 축하하라는 지시를 내렸죠."

"주지사가 징조에 불을 밝혔다고요?"

"하나님을 대적하는 나라의 교만과 반역의 징조가 죄악의 빛에 휩싸였습니다. 그 끝이 하늘에 닿은 탑… 꼭대기가 반항과 도전의 말로 덮인 탑에 불이 켜졌어요. 징조에 밝은 빛이 비춰진 거예요. 그리고 이것은 그 자체로 또 하나의 표징이자 예언적인 경고였습니다."

"어떤 종류의 빛이었죠?"

"핑크색이었습니다."

"핑크색이요?"

"여성뿐만 아니라, 아기들과도 관련된 색이죠."

"그들은 피처럼 붉은 빛을 켜야 했군요."

"그리하여 미국이 아이들을 죽이기 시작한 것을 기념하는 날, 미국의 죄악이 더욱 심각해진 그날, 징조, 곧 도벳 사당에 전 세계가 볼 수 있게 밝은 빛이 비춰졌죠."

"악마 같아요. 달리 표현할 말이 없는 것 같습니다. 아이들을 제물로 바치고 있는 거잖아요? 수많은 아이를 죽이고 축하하고 있어요. 모두 악마 같습니다."

선지자가 말했다. "악마 같죠. 이스라엘이 이런 일을 자행하게 된 것을 악마 같다고 표현할 수밖에 없습니다. 미국도 마찬가지고요."

우리는 어두운 복도를 따라 이동했다. 그러다가 선지자가 멈춰 서서 위쪽을 가리키며 물었다.

"말해 봐요, 누리엘. 뭐가 보이죠?"

나는 휴대 전화의 조명으로 그것을 살펴보았다.

"마치… 악마 같아요… 저건 뭐죠?"

그것은 돌 틈 어둑한 곳에 숨어 있는 생물의 얼굴이었다. 입법부 건물보다는 공포 영화에 나오는 집에 더 어울릴 것 같았다.

"저걸 뭐라고 부르는지 알아요?"

"아뇨."

"악마요. 마귀라고도 합니다. 얼굴의 집에 숨겨진 얼굴이에요."

내가 말했다. "여기서 나가죠."

나는 일 초도 그곳에 머물러 있고 싶지 않았다. 우리는 들어왔던 문으로 나왔다. 상당히 멀리 왔을 때, 우리는 멈춰 서서 뒤돌아 보았다.

"궁금한 게 있어요. 예레미야는 이스라엘이 자녀들을 살해하는 것을 책망할 뿐만 아니라, 심판을 예언했어요. 그는 도벳과 그 나라에 닥칠 재앙과 죽음을 예언했죠. 그러면 이 모든 것은 재난과 죽음이 도벳, 그러니까 뉴욕시와 미국에 임할 것이라는 의미인가요?"

선지자가 말했다. "수천 명의 부르짖음으로 도벳에 심판이 임했다면, 그보다 훨씬 많은 생명의 부르짖음에는 무엇이 임할까요?"

♦♦♦

애나는 산책로 맞은편의 나무들을 멍하게 바라보며 겁먹은 표정으로 앉아 있었다.

누리엘이 말했다. "날이 어두워지고 있네요. 돌아갈까요?"

그녀는 시선을 돌리지 않고 대답했다.

"아뇨. 계속해요."

♦♦♦

나는 선지자가 인장을 받아 가며 다른 인장을 줄 거라 생각했다. 그러나 그는 그렇게 하지 않았다.

"우리는 끝을 향해 가고 있습니다. 내일 오후 정도에 우리가 처음 만난 곳, 그 일이 시작된 곳에서 만납시다."

♦♦♦

"거듭되는 만남 가운데 이제는 다른 어느 때보다 명확하게 알게 되었어요. 어디로 가야 하는지 알 수 있을 정도였죠."

"거기가 어딘데요?"

"모든 것이 시작된 강가 그 벤치요. 거기에 내가 봐야 할 것이 하나 더 있었습니다."

주 ————————

1. 라이언 리자(Ryan Lizza), "미국 낙태의 수도" 뉴욕, 2005년 12월 2일

26장
합쳐짐

나는 3시 직전에 벤치에 도착했다. 그 시간이 내가 생각하는 오후 정도 였기 때문이다. 앉아서 기다리는데, 얼마 지나지 않아 그가 와서 벤치에 앉았다.

✦✦✦

"내가 올 거라고 말한 소녀 말입니다. 그 소녀는 당신이 무엇을 보게 될 거라고 말했죠?"

"이후에 일어날 일이요."

"그게 무슨 뜻이라고 생각했죠?"

"우리가 처음에 마주친 이후 계속해서 나타난 신호와 징조들이요."

"그래서 당신은 보게 되었습니다. 이제 어떻게 생각해요?"

"받아들이기 버거워요. 그리고 몇 년 전 처음 만났을 때보다 훨씬 더 불길하고 두렵습니다."

"그 소녀는 당신이 언제까지 나타난 것을 보게 될 거라고 말하던가요?"

"현재까지요."

"그래서 작년까지 계속 보았죠. 그렇게 끝난 것처럼 보였을 겁니다."

그렇게 말하고 그는 입을 다물었는데, 그게 끝이 아닌 것 같았다. 나도 말 없이 그가 침묵을 깨 주기를 기다렸다.

마침내 선지자가 말했다. "당신과 나눌 것이 있습니다. 상황이 돌고 도는 것처럼, 처음부터 비밀이었던 것이에요. 나는 이스라엘 자손이 매주 펴는 두루마리와 안식일마다 읽게 되어 있는 말씀, '파라샤'에 대해 이야기했습니다. 그런데 미국과 관련하여 읽게 되어 있는 말씀들이 있었다면 어떨까요?"

"무슨 말이죠?"

"특정 날짜에 읽게 되어 있는 말씀 달력 말입니다."

"미국에 대한 파라샤요?"

"그렇다고 할 수 있죠. 그 말씀을 미국에서만 읽게 되어 있었다기보다는, 다른 어떤 나라보다 미국인들이 더 많이 읽게 되었을 뿐이에요."

"어떻게 그런 게…"

"미국에서 시작된 '일년성경(One Year Bible, 일년 통독용 성경)'은 1년 동안 특정한 날짜에 읽을 성경 말씀이 정해져 있습니다. 그래서 그해의 모든 날짜에 읽게 되어 있는 성경 말씀들이 있죠."

"회당의 두루마리처럼요."

선지자는 코트 주머니에서 책을 꺼내며 말했다.

"《일년성경》은 또 다른 형태의 파라샤입니다."

그는 그 책을 펴더니 어느 부분을 찾아 나에게 넘겨주었다.

"큰 소리로 읽어 봐요, 누리엘."

그래서 그가 가리키는 구절을 소리 내어 읽었다.

"주께서 야곱에게 말씀을 보내시며 그것을 이스라엘에게 임하게 하셨은즉, 모든 백성 곧 에브라임과 사마리아 주민이 알 것이어늘 그들이 교만하고 완악한 마음으로 말하기를 벽돌이 무너졌으나 우리는 다듬은 돌로 쌓고 뽕나무들이 찍혔으나 우리는 백향목으로 그것을 대신하리라 하는도다."

내가 이어서 말했다. "이건 이사야 9장 10절의 맹세잖아요."

선지자가 말했다. "한 나라의 심판의 시작을 나타내는 말이죠. 공격의 형태로 한 나라에 닥치는 재난 말이에요."

"그 페이지 상단을 보면, 날짜가 있을 겁니다. 그 말씀을 읽게 되어 있는 날짜죠. 말해 봐요. 며칠이죠?"

"9월 11일…9.11 당시 읽게 되어 있는 말씀이네요! 이 성경 자체가 미국에 심판이 시작될 정확한 날짜를 보여 준다는 말인가요?"

선지자가 말했다. "정확히 9월 11일에 일어나야 했습니다. 그래서 적이 미국을 치는 날은 9월 11일이라는 것이 확인되었어요. 모든 게 거기 있었습니다. 미국은 9월 11일에 적의 공격을 받게 되었죠."

"말도 안 돼요!"

"그렇지만 사실입니다. 전부 거기 있었어요."

"게다가 미국 전역에서 《일년성경》을 읽고 있고요?"

"그렇습니다. 즉, 매년 9월 11일이면 미국 전역에서 적이 그 땅을 공격하는 내용을 펼친다는 말이에요."

"이 성경을 만든 사람들이요. 그들은 어떻게 안 걸까요? 그들도 미스터리를 알았나요? 징조들에 대해 말입니다…"

"그들은 몰랐습니다. 단순히 1년이 시작되는 1월 1일에 구약 성경의 첫 절인 창세기 1장 1절을, 구약 성경의 끝인 말라기 4장은 1년의 마지막 날인 12월 31일에 읽도록 정해 놓았을 뿐이에요. 그러한 기본 알고리즘에 따라, 이사야 9장 10절을 9월 11일에 읽게 된 것입니다. 미스터리 가운데 작용하는 힘이 또다시 나타나면서 모든 것이 정확한 때와 장소에서 하나가 된 거예요."

"그렇다면 그 일이 이루어지기 위해, 결국 특정 날짜에 모든 것이 하나가 되도록, 성경의 길이와 단어 수가 맞춰져야 했다는 말이네요."

"그분은 모든 일, 모든 사건과 실제 상황들을 함께 엮어 내십니다."

"《일년성경》은 언제 나왔죠?"

"9.11 이전에요."

"그러면 9.11이 일어나기도 전에 그게 언제 일어날지 계시된 거네요."

"그렇습니다. 사실 그 날짜는 이 성경이 처음 나온 1985년까지 거슬러 올라갑니다. 그래서 믿는 자들은 1985년 이후 매년 9월 11일이면, 적군이 그 땅에 들이닥쳐 파괴를 가져온다는 성경 말씀을 펼칩니다. 그 말씀은 공격 받을 것은 물론, 그날 벌어지게 될 벽돌의 무너짐, 곧 건물 붕괴까지도 계시해 주었죠. 그렇게 9월 11일과 관련되어 읽게 되어 있었어요."

내가 말했다. "그리고 뽕나무가 쓰러지는 것에 대해서도 언급되어 있었죠. 이것도 9월 11일과 연결되어 그날 뽕나무가 넘어졌어요."

"그래요. 그 모든 것이 9월 11일에 기록되어 있었고, 그날 그 일이 일어났습니다. 9월 11일 아침, 미국 전역의 그리스도인들이 그 땅을 공격할 적에 대해 언급된 성경 본문을 펼쳤어요.

미국 정부, 국방부, 정보기관들이 알기도 전에, 미 전역의 그리스도인들은 적이 들이닥쳐 파괴를 가져올 그날 아침의 모습을 보게 되었습니다. 첫 번째 벽돌, 곧 첫 번째 건물이 무너지기 전에, 심지어 첫 번째 건물이 공격 받기 전에, 그들은 벽돌, 곧 건물들이 무너질 것에 대해 읽고 있었어요."

"그리고 북쪽 타워의 금속 기둥이 뽕나무를 쓰러뜨리기 전에, 이미 쓰러진 뽕나무에 대해서도 읽었겠죠… 성경은 거기서 더 나아가… 미국이 재난에 어떻게 반응할지도 계시해 주었습니다… 반항이었죠."

선지자가 대답했다. "맞아요. 또 그날 읽게 되어 있는 말씀의 배경이, 한때 하나님을 알았지만 떠나 버린 나라라는 사실도 중요합니다. 9월 11일은 한 나라의 심판 과정이 시작되는 첫 번째 재앙의 날이 되었어요."

"그리고 징조들이 시작되었죠."

"네, 징조들이 계속되고 있어요. 우리가 마주치면서 보게 된 모든 것이… 계속되는 징조들, 신호들, 경고들, 심판의 원형 및 진행 등과 관련이 있죠. 나무가 말라 죽는 것이나 탐무즈월 9일, 신의 형상, 탑에 남겨진 글, 깨진 그릇, 쓰러진 에레즈 나무, 도벳의 경고… 전부 하나님을 떠난 나라에 나타나는 신호들입니다. 고대 이스라엘의 멸망과 관련하여 주어진 것과 동일한 신호들이에요. 누리엘, 심판은 지금도 진행 중입니다."

내가 대답했다. "원형에 따르면 심판이 임하게 되는데, 우리는 지금 어느 과정에 있죠?"

선지자가 물었다. "인장 가지고 있나요?"

인장을 넘겨주자, 그가 다른 인장을 건네주었는데, 새로운 것이 아니었다. 그것은 이전에 소녀에게 받은 산 위의 도시 인장으로, 섬에서 선지자와 재회했을 때 그에게 넘겨준 것이었다.

내가 물었다. "왜 이걸 돌려주는 건가요?"

"당신이 준 것이니까요. 그리고 이제 끝이 되었어요."

"하지만 당신은 내 질문에 답하지 않았어요. 지금 우리는 어디에 있죠?"

"그게 당신에게 계시될 거라고 하던가요?"

"아뇨. 하지만…"

"그게 당신이 알아야 할 사실이라면 알게 될 겁니다."

그러더니 그는 벤치에서 일어나 걷기 시작했다.

나는 큰 소리로 말했다.

"당신이 따르는 예언적 규칙 같은 게 있다는 걸 압니다. 하지만 질문에 답해 줄 수도 있잖아요. 규칙을 깰 수는 없는 건가요?"

그는 살짝 미소 지으며 나를 돌아보았다.

"잘 지내요, 누리엘."

그렇게 그는 가 버렸다. 그게 마지막이었다.

◆◆◆

애나가 물었다. "그렇게 끝난 거예요? 그는 당신에게 그 모든 계시들을 보여 주었어요. 그런데 '잘 지내요'라는 말로 끝났다고요? 선지자와의 첫 만남이 마무리될 때, 그는 당신에게 사명을 줬고, 당신은 그걸 이뤄 냈어요. 세상에 널리 알렸죠. 책을 썼어요. 그런데 이번에는 사명도 없고, 아무것도 없어요. 선지자가 단순히 당신을 깨우쳐 주려거나, 당신만 알고 있으라고 그 모든 계시를 준 것 같지는 않아요. 지난번처럼 이유와 목적, 그리고 사명이 있어야 한다고요. 할 수 있는 게 아무것도 없는데, 희망이 없는데, 그 모든 것을 보여 주는 게 무슨 의미가 있죠? 징조들은 경고가 아닌가요? 그렇다면 사람들이 경고를 받아야죠. 선지자도 처음에 당신에게 할 일이 더 있다고 하지 않았어요?"

"하지만 그는 내게 사명을 주지 않았어요."

"그렇다면 그게 끝이 아닐지도 몰라요. 그는 당신에게 현재까지 일어난 일들을 보여 주었잖아요. 그러니 지금은 그렇게 끝나더라도, 그가 보여 줘야 할 것이 끝난 건 아닐 거예요."

누리엘이 말했다. "잘 모르겠어요."

"좋아요. 알겠어요. 하지만 나랑 약속해요."

"뭘요?"

"선지자가 다시 나타나거든, 알려 줘요."

"애나, 왜 그 일을 그렇게 걱정하는 거죠?"

"당신이 미국… 그러니까 이 세상의 삶과 죽음, 그리고 미래에 대해 말하고 있기 때문일지도 모르겠어요… 어쩌면 그게 끝이 아닐 수도 있다는 걸 알기 때문일 수도 있고요. 그에게는 당신에게 보여 줘야 할 게 더 있을 거예요. 그리고 그 일이 언제 일어나는지도 알고 싶고요. 그러니 약속해 줘요."

"그래요. 그가 돌아온다면 말이에요."

남겨진 것

PART
4

THE HARBINGER

27장
폐허의 아이들

"그가 돌아왔군요!"

애나가 소리쳤다. 그녀는 그 일이 아니라면, 누리엘이 예고도 없이 나타날 리가 없다는 사실을 알고 있었다.

"선지자가 돌아왔군요! 그를 만난 거예요. 그래서 온 거죠? 내가 그럴 거라고 했잖아요. 하지만 모든 게 진행 중이고, 모두가 무슨 일이든 하기 두려운 상황이라 그가 돌아오더라도 당신이 올 줄 몰랐어요."

"하지만 약속했잖아요."

"내가 여기 있을 줄 어떻게 알았어요? 밤인데…"

"애나, 당신은 쉬지 않고 일하잖아요. 사무실에 불이 켜진 걸 보고, 당신일 거라 생각했어요."

애나가 말했다. "들어와요."

그곳에는 그들 두 사람밖에 없었다. 애나는 누리엘을 안으로 데리고 들어가서 서둘러 의자 두 개를 마주 보게 해 놓았다.

"그러니까 그게 끝이 아니었군요."

"당신 말이 맞았어요."

"그러면 어떻게 마주치게 되었는지, 그것부터 말해 봐요."

누리엘이 말했다. "우연히 마주치긴 했는데, 선지자를 만난 건 아니었어요."

"네? 그럼 누구를 만났는데요?"

"그 사람은 예상하지 못한 방식으로 나타났어요. 아무런 정보도, 신호도 없이 몇 달이 지나갔어요. 그 후에 꿈을 꿨는데, 고대 도시의 폐허 속을 걷고 있었어요. 사방에 연기와 먼지가 자욱하더군요."

"이전에도… 꿈에서 그런 모습을 본 적 있잖아요."

"네, 하지만 이번은 조금 달랐어요. 폐허 곳곳에서 아이들이 돌아다니며 놀고 있었습니다. 돌무더기나 무너진 벽, 건물 잔해에 앉아 있는 아이들도 있었는데, 등을 지고 있어서 얼굴은 보이지 않았어요. 무너진 기둥의 주추에 푸른색 망토를 입은 아이가 앉아 있더군요. 그 아이의 얼굴을 보려고 기둥 맞은편으로 걸어갔어요. 어린 소녀였는데… 마스크를 쓰고 있었어요."

"마스크요?"

"파란색 수술용 마스크였어요. 그런데 그 소녀뿐만 아니라, 폐허에 앉아 있는 아이들 절반가량이 마스크를 쓰고 있었습니다. 고대의 긴 옷을 입었는데… 마스크를 쓰고 있었어요."

◆◆◆

내가 물었다. "왜 마스크를 쓰고 있니?"

소녀가 대답했다. "전염병 때문에요."

"항상 그걸 써야 하니?"

소녀가 말했다. "아뇨. 잠깐은 벗어도 돼요."

소녀는 망토를 내리며 마스크를 벗었다. 구불거리는 긴 금발 머리가 드러났다. 푸른색 코트를 입은 그 소녀였다. 지금은 푸른색 코트 대신 푸른색 망토를 입고 있었는데, 먼지투성이었다.

소녀가 말했다. "누리엘, 주변에 뭐가 보이죠?"

내가 대답했다. "도시의 폐허?"

"당신은 이전에는 하나님을 알았지만 떠나가서 돌아오지 않은 왕국의 종말을 보고 있어요. 하나님의 음성… 그분의 부르심에 귀 기울이지 않은 나라의 모습이에요."

내가 물었다. "고대 왕국 말이니?"

소녀가 대답했다. "아뇨. 당신이 잘 아는 왕국이에요."

내가 말했다. "이게 끝이라면, 바꿀 수 없을 텐데… 어째서 이걸 보고 있는 거지? 왜 이 모든 것이 내게 계시되고 있는 걸까? 목적이 뭐지?"

"이렇게 끝나지 않게 하려는 거예요."

"내가 그걸 바꿀 수 있을까?"

"누리엘, 당신이 이 모든 것을 보게 된 것은 바로 그 목적을 위해서예요."

"내가 무슨 일을 할 수 있는지 모르겠다…"

"이제 당신은 현재의 일들과 아직 일어나지 않은 일들을 보게 될 거예요."

"미래 말이구나…"

"어떤 것이 미래와 관련이 있고, 그것을 어떻게 해야 하는지 보게 될 거예요."

"내가 뭘 할 수 있을지 모르겠다…"

"그래서 그를 다시 만나게 될 거예요."

"선지자 말이구나."

"또 다른 인장이 필요할 거예요. 마지막 인장 가지고 있나요? 지난번에 당신에게 준 인장 말이에요. 그가 당신에게 돌려줬죠?"

"글쎄다…"

현실에서는 항상 가지고 다녔지만, 꿈속에서도 인장을 가지고 있는지는 알 수 없었다. 그래서 주머니에 손을 넣어 보았는데, 인장이 있었다. 그것을 넘겨주자, 소녀는 또 다른 인장을 건네주었다. 그런데 다른 인장이 아닌 것 같았다.

내가 말했다. "네가 전에 준 산 위의 도시 인장을 돌려준 것 같은데…"

소녀가 말했다. "아뇨. 다른 인장이에요. 자세히 살펴보면 알게 될 거예요."

바로 그때 아이들의 소리가 들려왔다. 뭐라고 말하는지 알아들을 수는 없었지만, 소녀를 부르는 것 같았다. 소녀는 다시 망토와 마스크를 쓰며 말했다.

"누리엘, 인장 잃어버리지 말아요. 그를 만나려면 그게 필요할 거예요."

그 후 소녀는 기다리는 아이들에게 달려가더니, 그들과 함께 폐허 속으로 사라졌다. 그리고 꿈이 끝났다.

✦✦✦

"일어나자마자 인장을 넣어 둔 서랍으로 갔어요. 그리고 무엇이든 찾으려고 연구하기 시작했죠."

애나가 물었다. "그래서 찾았나요?"

"하나가 아니라 여러 개의 단서가 있었어요. 그리고 그 단서들이 나를 마지막 미스터리로 이끌었죠… 아직 일어나지 않은 것에 대한 미스터리로 말이에요."

28장
흔들림

애나가 말했다. "좋아요. 이해가 되지 않는 것은 그 소녀가 당신에게 인장을 줬는데 그게 꿈속이었다는 거예요. 그렇다면 실제로는 아무것도 주지 않은 거잖아요."

누리엘이 말했다. "하지만 받았어요. 그 아이는 앞으로 나아가는 데 필요한 것을 주었습니다."

"그러나 당신이 단서를 찾으려고 살펴본 인장은 이미 가지고 있던, 선지자가 전에 돌려준 것이잖아요. 그런데 어떻게 그것으로 새로운 것을 알아낼 수 있었죠?"

"꿈은 그 인장에 내가 이전에 깨닫지 못한 것들, 내가 보지 못한 단서들이 있다는 것을 알려 주었어요."

"그게 뭔데요?"

"보이는 것은 산 위의 도시였어요. 그런데 자세히 살펴보니, 그게 보였습니다. 이전에는 형상을 둘러싸고 있는 것을 반지의 무늬라고 생각했어요. 그런데 반지를 두르고 있는 무늬 한가운데에 작은 형상들이 흩어져 있었어요. 자세히 살펴보지 않았다면, 알아차리지 못했을 겁니다. 그것을 발견하긴 했지만, 그게 뭔지 알아내려면 도구가 필요했어요. 집에 있는 커다란 돋보기로 그게 뭔지, 어떻게 생겼는지 확인할 수는 있었죠. 하지만 실제로 뭘 의미하는지는 또 다른 문제였습니다."

애나가 말했다. "인장 하나에 여러 개의 형상이 있었네요. 모두 하나의 미스터리와 관련이 있었나요?"

"아뇨. 몇 가지 미스터리와 관련이 있었어요."

"어째서 전부 하나의 인장에 있었을까요?"

"모르겠어요. 어쩌면 이전에 내가 보게 된 것들을 하나로 합치기 위해서 였을지도 몰라요."

"꿈은 어땠어요? 미스터리마다 다른 꿈을 꿨나요? 아니면 하나의 꿈에 모든 미스터리가 다 있었나요?"

"이후에는 꿈을 꾸지 않았어요. 소녀의 꿈이 마지막이었죠. 그리고 인장에 있는 형상은 다음 계시에 대한 것이 아니라, 다음 계시를 받을 장소에 대한 것이었어요. 그래서 미스터리를 알아내기보다는, 계시를 받으러 갈 장소를 알아내야 했죠."

"왜 그렇게 생각했죠?"

"어쩌면 시간이 없어서 그랬을지도 몰라요."

"인장에 있는 건 뭐였어요?"

"형상들이 원형으로 배열되어 있었기 때문에, 오른쪽 상단에서 시계 방향으로 살펴보기로 했어요."

"어떤 형상이었는데요?"

"정사각형 안에 원이 들어 있는 단순한 형상이었어요. 그 원은 시계였고, 9시 반을 가리키고 있었습니다. 나는 그 의미를 알아내려고 애썼어요. 그게 9장 30절 같은 성경 구절을 가리키는 걸지도 모른다고 생각했지만,

맞아떨어지는 게 없었어요.

　나중에 너무나도 쉽게 그 의미를 깨닫게 되었죠. 텔레비전을 켜 놨는데, 뉴스에서 '타임스퀘어'라는 말이 들렸습니다. 바로 그거였어요. 그 시계는 광장, 그러니까 타임스퀘어 안에 있는 시계나 시간을 나타내는 것이었어요."

　애나가 물었다. "시계가 가리키는 9시 30분은 뭐죠?"

　"그 시간에 내가 거기 있어야 할 것 같았어요."

　"그러면 날짜는요?"

　"다른 모든 것과 마찬가지로, 모든 게 정해진 시간에 하나가 될 거라고 생각했어요. 그래서 그날 밤 거기에 가기로 결심했죠."

　"그래서 뭘 찾았나요?"

　"타임스퀘어라는 곳의 오색찬란한 조명과 거대한 스크린, 끊임없이 움직이는 영상들이 불편한 광경이요. 하지만 정말 놀라운 사실은 사람이 없었다는 거예요. 게다가 그날 밤 그곳을 지나간 몇 안 되는 사람들도 대부분 마스크를 쓰고 있었어요."

　애나가 말했다. "바이러스 때문에요."

　"네. 바이러스 때문에 도시 전체가 유령 마을, 유령 도시 같았어요. 하지만 사람이 거의 없었기 때문에, 그를 만나는 데 그리 오래 걸리지 않았죠. 그는 매년 새해 전날이면 공이 떨어지는 원 타임스 스퀘어 앞에 서 있었어요."

✦✦✦

　내가 말했다. "내게 보여 줄 게 더 있었군요."

선지자가 말했다. "그래요."

"그런데 거기에 내 질문에 대한 답도 포함되어 있나요? 우리가 심판의 과정이라는 미스터리 가운데 어디 있는지 질문했었죠."

선지자가 말했다. "우리는 시간이 보이는 곳에 있습니다. 시간과 때 그리고 그 흐름 안에서 우리가 어디에 있는지 이야기하기 위해서요."

그는 잠시 멈춰 주위를 둘러보더니 말했다.

"세계의 교차로지만, 오늘 밤에는 지나다니는 사람이 거의 없네요."

내가 말했다. "사람들은 두려워하고 있어요."

우리는 천천히 타임스퀘어를 걷다가 가끔 멈춰 섰는데, 그동안 동영상과 찬란한 네온사인만 계속 우리 위에서 재생되고 있었다.

"당신이 본 미스터리에는 성경에 나타난 국가 심판 과정이 반복되고 재연되는 원리가 포함되어 있습니다. 그 원리는 미국이 하나님을 떠날 때와 9.11 당시에도 작용했죠. 당신이 본 첫 번째 징조와 그 후의 징조들 가운데서도 작용했고, 지금 이 시간 미국에서 벌어지는 모든 일들 속에서도 작용하고 있어요. 따라서 자연스럽게 '원형이 재연되면 어떻게 되는가'라는 질문을 던지게 되죠. 미스터리는 어디에서 끝나죠?"

"그게 내 질문이었어요."

"고대 이스라엘은 처음으로 진동을 경험한 후, 마음이 굳어져서 하나님과 더욱 멀어졌습니다. 9.11 이후 미국도 마찬가지였죠. 그 후에는 어땠죠? 우리가 마지막으로 만났을 때도 징조들, 심판과 경고의 신호들이 계속 나타나고 있었습니다. 그게 무슨 의미일까요?"

"미국도 계속 하나님과 멀어지고 있다는 의미겠죠."

선지자가 말했다. "그게 계속되고 있을 뿐만 아니라, 더 심각해지고 속도도 빨라졌습니다."

내가 물었다. "그것도 고대의 전철을 밟고 있는 건가요?"

"그렇습니다. 이스라엘이라는 나라가 멸망할 때도 경고를 받고 진동을 경험했는데도, 계속 하나님과 멀어졌을 뿐만 아니라, 더욱 심각하게 타락하고 그 속도도 빨라졌어요."

"그러면 지금까지도 고대의 본이 그대로 재연되고 있군요."

"그래요."

"그래도 선택의 여지가 있나요?"

"선택의 여지가 없다면, 경고나 신호, 징조도 없겠죠. 오히려 이 모든 것은 그 본보기, 원형의 종말을 막기 위해 있는 거예요. 징조나 신호가 있을 때마다, 그 나라는 되돌릴 수 있는 기회, 은혜의 시간을 받게 됩니다. 9.11 이후 지금까지 미국은 그 기회와 은혜의 시간을 보내고 있어요."

"조금이라도 돌아왔나요? 9.11 이후 하나님께 돌아온 날들이 있었습니까?"

선지자가 말했다. "그때 이후 하나님께 돌아오는 사람들도 있었습니다. 하나님께 돌아가려는 운동이 일어나고 부분적인 부흥도 있었지만, 대규모 회개나 국가적인 회심은 일어나지 않았죠. 오히려 미국의 주류 문화는 더욱 뻔뻔해지기만 했습니다. 이렇게 미국도 고대 이스라엘의 불길한 전철을 밟아가고 있습니다."

내가 물었다. "그러면 어떻게 되죠?"

"누리엘, 제발 당신이 쓴 책을 읽어요. 당신의 첫 번째 책에 있는 내용이에요."

"나는 당신이 말해 준 것을 인용해 놓았을 뿐이에요."

"나 역시 이사야 9장 고대 이스라엘의 반항의 맹세에 대한 주석을 인용했을 뿐이에요. '심판의 첫 번째 단계 후에 전능하신 재판관이신 여호와께 진심으로 돌이키지 않았기에 다음 단계가 임한다'[1]는 내용이었죠. 다시 말해, 그 나라가 첫 번째 진동, 재앙 후에 하나님께 돌아가지 않으면 더 큰 진동이 있게 됩니다."

"더 큰 진동…"

"또 고대 맹세에 대한 또 다른 이사야서 주석도 인용했죠. 당신은 그것을 같은 장에 포함시켰어요. '하나님의 계획은… 우리가 그분께 돌아가 그분을 찾게 만드려는 것이다. 그런데 이 뜻이 작은 심판으로 이루어지지 않으면, 더 큰 심판이 임할 수도 있다'[2]는 내용이었죠. 9.11 이후 7년간 미국과 세계 경제에 진동이 임했습니다."

"금융 위기 말이군요."

"하지만 진동이 한 번만 있지는 않을 겁니다. 처음보다 더 큰 재앙이 닥칠 거예요. 이 일에 대해 처음으로 이야기 나눌 때, 당신은 진동과 재앙이 어떤 형태로 나타날 것인지 물었어요. 그리고 '앞으로 일어날 일들'이라는 장에 내가 말한 내용을 기록해 놓았죠. '그것은 경제적 붕괴나 군사적 패배, 무질서와 분열, 기반 시설의 무너짐, 인재, 자연 재해, 쇠퇴와 몰락의 형태로 나타날 수 있다. 그리고 하나님의 복을 많이 받은 나라라면 그 모든 은혜와 복이 취소된다.'"

내가 물었다. "이 일들이 일어나는 시기는 언제인가요? 지금 우리의 위치는 어디죠? 기회의 시간은 얼마나 남았습니까?"

"선지자들은 사건이 일어나기 직전에, 그 일들에 대해 경고했어요. 하지만 그런 일들이 이루어지기 몇 년, 수십 년, 심지어 수세기 전에 경고하는 경우도 있었습니다. 우리는 하나님을 어떤 틀에 가두거나 그분의 길을 공식화할 수 없어요. 며칠이든, 몇 년이든, 수십 년이든, 수세기든 하나님이 주관하십니다. 사건마다 때가 있고, 모든 일의 때와 시기는 그분의 손에 달려 있어요.

그런데 당신은 몇 년 전 내게 고대의 본에 나타난 구체적인 시간을 알려 달라고 부탁했어요. 그 나라에 첫 번째 진동이 있고 더 큰 재난과 진동이 있기까지 얼마나 흘렀는지 말해 달라고 했죠. 북이스라엘은 10년이었다고 하자, 남유다에 대해서도 물었어요. 당신은 이 질문과 답을 당신 책 '앞으로 일어날 일들' 장에 넣었어요.

'그러면 남왕국 유다는 어떨까? 최초의 공격과 징조, 그리고 멸망이라는 동일한 패턴을 따랐을까? 그렇다. 동일하게 BC 605년 바빌로니아인들에게 최초의 침략을 당했고, 나중인 BC 586년에 바로 그 군대가 돌아와 그 땅과 도시, 그리고 성전을 파괴했다.' 그러므로 첫 번째 진동은 BC 605년에 있었고, BC 586년에 더 큰 재앙이 닥쳤습니다. 얼마나 걸렸죠?"

"대략 20년?"

"정확히 몇 년이죠?"

"19년이요."

선지자가 말했다. "19년… 심판은… 바빌론이 그 땅을 최초로 침공한 지 19년 만에 내려졌습니다. 침공 19년 만에 파괴와 멸망이 임했어요. 19년은… 심판의 기간입니다."

선지자는 마치 내가 뭐라고 반응하기를 기다리는 것처럼 입을 다물었다. 나는 걸음을 멈추고 돌아서서 그와 마주보았다.

"2020년! 첫 번째 진동인 9.11이 벌어진 2001년에서 19년 후는 2020년이에요. 2020년은 전염병이 미국을 덮치며 크게 진동한 해입니다. 코로나 바이러스로 혼란하고 많은 것이 붕괴된 해, 더 큰 진동이 있는 해였어요."

선지자가 말했다. "19년은… 심판의 기간입니다."

"그러면 그 주석은 더 큰 일들에 대해 뭐라고 설명하죠?"

"작은 심판에 하나님께 돌아가지 않으면, 더 큰 심판이 임할 수도 있다고요."(3)

내가 말했다. "일어나는 모든 일이 더 큰 진동, 흔들림이군요."

선지자가 말했다. "더 큰 진동이기는 하지만, 그게 유일한 진동은 아닙니다… 또 다른 진동이나 더 큰 흔들림이 없을 거라는 말이 아니에요."

"미국과 전 세계의 모든 도시와 마을에 두려움과 공포가 확산되면서, 수백만 명이 집 안에 꼭꼭 숨어 국가와 세계 경제의 많은 부분이 마비되었고, 미국 50개 주에 재난선언이 내려졌어요. 또 역사상 처음으로 세계 곳곳이 폐쇄 및 정지 상태가 되었죠… 그 정도면 충분한 것 같은데요."

"네, 그래도 또 다른 진동이 없다는 말은 아니에요."

"같은 장에 들어간 또 다른 내용이 기억나요. 당신은 다가오는 흔들림과 재난에 대해 이야기하면서 여러 나라들 위에 군림하는 국가에 대한 심판은, 근본적으로 그 왕관이 제거되는 것을 의미한다고 말했죠. 다가오는 진동이 왕관과 관련이 있다고 말이에요."

"그래서요?"

"왕관은 라틴어로 코로나(corona)입니다… 코로나는 바이러스 이름이죠. 그러므로 그 흔들림은 왕관, 곧 코로나와 연결되어 있어요."

선지자가 말했다. "맞아요. 그 전염병은 코로나로 불립니다. 그러면 공식 명칭은 뭐죠?"

"코로나 19(COVID-19)요."

선지자가 말했다. "19… 심판의 수입니다. 물론 사람들은 전혀 다른 이유로 그런 이름을 붙였지만, 그럼에도 첫 번째 진동에서 더 큰 흔들림이 있기까지의 연수, 심판의 원형에 주어진 숫자가 담겨 있어요."

내가 물었다. "그래서 돌아온 건가요? 흔들림 때문에요."

선지자가 대답했다. "그럴 수도 있겠죠."

"그러면 지금 일어나고 있는 일 이면에 더 많은 미스터리가 있어서… 그걸 보여 주려는 건가요?"

"그럴 수도… 그 이상일 수도 있습니다."

주 ─────

1. 프란츠 델리츠(Franz Delitzsch), 이사야의 예언에 대한 성서 해설서 제1권, trans. 제임스 마틴(James Martin) (에딘버러: T&T 클라크, 1873), 258, https://books.google.com/books?id=b0hGAAAAYAAJ&pg.

2. 매튜 헨리(Matthew Henry), 전체 성경 주석, 제4권, 기독교 고전주의 도서관, 2020년 5월 24일 액세스, https://ccel.org/ccel/henry/mhc4/mhc4.Is.x.html.

3. 헨리(Henry), 전체 성경 주석.

29장
전염병

선지자가 말했다. "이 얘기를 하려면 앉는 게 좋겠어요."

우리는 앉아서 쉴 수 있는 타임스퀘어 안쪽 광장에 이르렀다. 하지만 우리 외에는 아무도 없어서 적당한 곳에 자리를 잡고 앉았다.

"누리엘, 모든 빛, 그러니까 어떤 도시나 국가나 문명의 화려함과 영광을 살펴보세요. 그 모든 것의 이면에는 어둠이 있습니다."

그때는 그가 정확히 무엇을 말하는지 몰랐다. 그 순간 또 다른 질문이 떠올랐다.

"미국과 세계가 전염병의 대유행으로 거의 멈췄어요. 이유가 뭐죠? 왜 전염병인가요?"

선지자가 말했다. "어떤 현상이든 그 이면에는 다양한 원인과 이유, 목적이 있습니다. 그래서 하나의 사건 이면에 자연적인 원인과 초월적인 원인이 공존하며 함께 작용하여 시공간을 점령하는 모습을 볼 수 있어요. 왜 질병이 있죠? 우리가 타락한 세상, 곧 죄악과 부패와 파괴, 전쟁, 전염병, 재난의 세계에서 살아가기 때문입니다. 악한 일들과 재앙이 일어나죠.

어떤 사건 이면에 자연적인 원인이 있다는 사실이, 초월적이고 초자연적인 원인도 있다는 사실을 부인하거나, 악한 일에 구속적인 목적이 있을 수도 있다는 사실을 부인하지 않습니다. 한쪽이 다른 쪽을 무효화하지 않아요.

우리가 처음 만났을 때 기억해요? 남북전쟁을 노예제도에 대한 하나님의 심판이라고 언급한 링컨 대통령의 두 번째 취임사를 읽었죠. 억압으로 얻은 부를 잃어버리고, 채찍질에 흘린 모든 핏방울이 전쟁에서 흘린 피와 대등해질 것이라는 내용이었습니다.(1)

그는 전쟁의 초월적인 원인과 목적, 즉 노예제도라는 악행에 대한 하나님의 심판과 그 종말에 대해 이야기했어요. 이것이 재앙의 유일한 이유라거나, 그 이면에 다른 자연적인 원인들이 없다는 말이 아니었습니다. 또 남북전쟁의 자연적인 원인들이 결코 그 가운데 역사하는 심판과 구원의 초월적인 목적을 취소시키지도 않았죠. 두 가지가 함께 동일한 시기에 같은 장소에서 작용하고 있었어요.

마찬가지로 고대 이스라엘의 심판도 악하고 잔인한 제국을 통해 이루어졌습니다. 이런 제국들의 부상 이면에는 정치, 군사, 사회, 문화, 경제 외에 수많은 이유와 원인들이, 또 다른 인간사의 흐름이나 변화 등과 복잡하게 한데 얽혀 있고, 동시에 이 모든 요소가 선지자들이 예언한 심판을 이루기 위해 하나로 연결되었어요. 왜 재앙이 일어났죠? 그 모든 것 때문입니다.

고대 이스라엘에 심판이 임할 때, 파괴와 재앙이 불의한 자는 물론 의로운 자들에게도 미쳤습니다. 주변 국가들과 선지자들도 해를 입었어요. 온전한 심판은 이 세상이 아니라 다음 세계에 속한 것이에요. 따라서 이런 재난 가운데 어떤 사람은 쓰러지고 살아남는 것이 다른 사람보다 죄가 많거나 적다는 의미가 아니었어요. 그런 재앙은 개인에게 집중되는 것이 아니에요. 그것은 한 문명에 대한 심판이었습니다. 따라서 링컨도 남북전쟁을 하나님의 심판으로 언급하면서, 전쟁 중에 쓰러진 개인이 아니라 한 문명이 노예제도 때문에 심판 받고 있다고 말하는 것이었어요."

"네, 좋아요. 그런데 그게 전염병과 무슨 상관이 있죠?"

"마찬가지로 전염병 이면에 수많은 원인이 있다고 해서 초월적인 목적이 없다는 말이 아니에요. 또 초월적인 목적이 있다고 해서 그런 전염병에 감염되거나 쓰러진 개인이 심판 받고 있는 것도 아니죠. 오히려 이 문제는 문명이나 국가, 그리고 한 시대의 심판과 관련이 있습니다."

"그러면 전염병이 대유행하는 상황이 심판일 수도 있나요?"

선지자가 대답했다. "반드시 그런 건 아니지만, 그럴 수도 있습니다. 그런데 그런 경우에는 표징이 나타나죠. 심판이 돌림병의 형태로 나타나는 것을 성경 전반에서 찾아볼 수 있어요. 돌림병은 그때나 지금이나 해악이나 재앙으로 여기지만, 하나님은 그것을 구원을 이루는 데 사용하셨습니다. 히브리인들은 어떻게 이집트에서 구원받았죠?"

"재앙, 전염병으로요."

"그렇습니다. 한 번이 아니었어요. 그리고 그때만 그런 것도 아니었죠. 성경은 사람의 악독과 교만을 전염병으로 심판하여 왕국을 흔들고, 거짓 신과 우상들을 넘어뜨리며, 자는 자들을 깨우고, 잃어버린 자들과 타락한 자들을 회복시켜, 나라들을 하나님께 돌이키게 했다고 기록합니다."

"전염병이 구원에 사용된다고요?"

"그래요, 누리엘. 자연적인 것과 초자연적인 것뿐만 아니라 선과 악, 심판과 자비도 같은 시간, 동일한 공간에 존재할 수 있습니다. 하나님이 한 나라를 깨우고 되돌리기 위해 적의 공격을 허락하시는 것처럼… 결국 멸망을 피하게 하려고 전염병을 허락하실 수도 있어요."

"그러면 지금 일어나고 있는 일도 그런 상황이라고 볼 수 있나요?"

선지자가 말했다. "네, 그럴 수 있습니다. 전 세계를 강타한 전염병은 삶의 확실한 것들과 사회 기반이 얼마나 빨리 흔들리고 제거될 수 있는지 분명히 보여 주었어요. 그래서 사람들은 흔들리거나 사라지지 않을 단 하나의 확실성과 기초, 곧 하나님을 찾게 되었죠."

"그렇다면 전염병이 전 세계적으로 유행하는 것은 심판인가요?"

"심판이라면, 심판 받는 대상이 있어야 할 것입니다. 전염병은 전 세계에 영향을 미쳤어요. 그렇다면 이 시대, 현 세계에 심판이 미칠 만한 특별한 게 있나요?"

"있겠죠?"

"있습니다. 이처럼 하나님을 버리고 대규모로 그분의 길을 뒤엎어 놓은 세대는 없었어요. 하지만 그런 심판을 일으킬 만한 구체적인 죄악이나 행위가 있을까요?"

"많은 것 같아요."

선지자가 말했다. "많죠. 하지만 특별히 심판을 불러일으키는 것이 있습니다."

"그게 뭐죠?"

선지자가 대답했다. "피를 흘리는 거예요. 악은 동일한 것, 곧 인간의 생명을 빼앗았다면 인간의 생명으로 갚아야 하는 것이 고대의 법입니다."

"링컨이 말한 대로 노예제로 흘린 피는 전쟁에서 흘린 피로 갚게 되어 있군요."

"그러면 이 세상과 세대가 그런 죄를 지었다고 생각하나요? 피를 흘리거나 인간의 생명을 빼앗는 것과 관련된 죄 말이에요."

"태아를 죽이는 거요? 가장 무고한 사람의 생명을 빼앗고 학살하는 것, 낙태 말이에요."

"누리엘, 예레미야 선지자가 나라의 심판을 예언하며 흙 항아리를 들고 서 있던 곳이 어디죠?"

"도벳과 힌놈의 골짜기가 내려다보이는 문이요."

"그곳은 그 나라의 아이들을 우상에게 제물로 바치던 땅이었습니다. 그것은 예언적 선포이자 행위로, 심판을 예고하는 것이었어요. 예레미야는 그들이 그 골짜기에서 행한 일 때문에 심판이 임할 거라고 예언했죠. '그들이… 무죄한 자의 피로 이곳에 채웠음이며 또 그들이 바알을 위하여 산당을 건축하고 자기 아들들을 바알에게 번제로 불살라 드렸나니… 그러므로… 다시는 이곳을 도벳이나 힌놈의 아들의 골짜기라 부르지 아니하고 오직 죽임의 골짜기라 부르는 날이 이를 것이라… 내가 그들로… 칼에 엎드러지게 할 것이다(렘 19:4-7).'

그들이 그 골짜기에서 자녀들의 피를 흘렸기 때문에, 바로 그 자리에 그들의 피가 흐르게 될 것입니다."

"고대의 법…"

"특히 아이들, 가장 무고한 자들의 피가 하나님의 심판을 불러일으킵니다. 예레미야는 나라의 멸망을 예언하는 것이었어요. 자녀들의 피가 그들과 왕국 전체의 멸망을 가져왔습니다. 자녀들을 제물로 바친 것이 그들의 유일한 죄일까요?"

"아니요."

"그렇습니다. 그 땅에 죄가 가득해서 모든 것이 심판 받게 되어 있었어요. 하지만 자녀를 죽이는 것이 그중 가장 끔찍하고 두드러진 죄로, 그들이 얼마나 타락했는지 생생하게 보여 주었죠. 그래서 그 죄와 함께 다른 모든 죄도 심판 받은 것입니다. 문명 전체가 심판 받아 멸망했어요. 예레미야가 자녀들의 피 때문에 나라에 닥칠 심판에 대해 뭐라고 말했는지 들어 볼래요? '내가 이 성읍을 놀람과 조롱거리가 되게 하리니 그 모든 재앙으로 말미암아 지나는 자마다 놀라며 조롱할 것이다(렘 19:8).' 여기서 '재앙'은 히브리어로 '막케(makkeh)'인데, 질병에 사용되는 다른 말들처럼, '병에 걸림' 또는 '부상 또는 상처, 유행병, 전염병' 등을 뜻하는 말이에요."

"유행병이요?"

선지자가 대답했다. "네. 예레미야는 동일한 죄와 심판에 대해 또 다른 예언에서 이렇게 말했죠. '힌놈의 아들의 골짜기에 바알의 산당을 건축하였으며 자기들의 아들들과 딸들을 몰렉 앞으로 지나가게 하였느니라… 이스라엘의 하나님 여호와께서 너희가 말하는 바 칼과 기근과 전염병으로 말미암아 바벨론 왕의 손에 넘긴 바 되었다 하는 이 성에 대하여 이와 같이 말씀하시니라(렘 32:35-36).'"

"전염병…"

"다시 말하지만, 자녀들의 피는 심판 받게 됩니다. 그리고 그 심판이 나타나는 방법 중 하나가 역병, 유행병, 전염병이 시작되는 것이에요. 두 번째 예언에서는 히브리어 '데베르(dever)'를 사용하여 전염병을 언급하는데, 데베르는 출애굽기에서 이집트에 닥친 재앙에 사용된 것과 동일한 단어입니다. 출애굽기의 첫 번째 재앙은 무엇이었죠?"

"첫 번째 재앙이요? 글쎄요…"

"나일강이 피로 변하는 것이었습니다. 나일강은 이스라엘의 남자 아기들이 이집트인에게 살해된 곳으로, 그들의 도벳이요, 힌놈의 골짜기였어요. 그렇게 어린아이들의 피는 나라의 심판을 불러일으키고, 심판은 다시 한번 전염병의 형태를 취합니다."

"그러면 미국과 전 세계를 강타한 전염병은… 피와 관련이 있는 건가요?"

"이집트는 나일강에서 수천 명의 히브리 아이들을 살해했습니다. 예레미야가 예언한 유다 왕국은 도벳 골짜기에서 수천 명의 자녀들을 제물로 바쳤죠. 우리 문명은 얼마나 많은 아이들을 죽였을까요?"

"낙태로 살해된 아이들 말인가요?"

"미국에서만요."

"글쎄요…"

선지자가 말했다. "수천 명도 아니고, 수만 명도 아닙니다… 수십만… 수백만 명이 아니에요. 육천만… 육천만 명이 넘습니다! 나치 독일이 자행한 홀로코스트가 심판 받아야 한다면, 10번의 홀로코스트를 저지른 문명은 어떻게 될까요? 거기서 얼마나 많은 피가 외치고 있을까요?… 그리고 이 시대의 나라들은 얼마나 많은 아이들을 죽이고 있을까요?"

"잘 모르겠습니다."

"10억 명이 넘는 아이들입니다!"

"10억 명!"

"각각의 생명이… 아이가… 산 채로 찢기고 화학물질에 불태워져 숨도 쉬어 보지 못하고… 부모의 품에 안겨 울어 보지도 못하고 살해되었습니다. 얼마나 많은 피가 흘려졌을까요? 끔찍한 사실은 이 세대가 역사상 다른 어떤 세대보다 훨씬 더 많은 아이들을 죽였다는 것입니다. 이 정도로 무고한 피를 많이 묻힌 세대는 없었어요. 한 생명을 잃어버리는 것은 재앙입니다. 그리고 하나님은 잃어버린 생명 하나하나에 눈물 흘리십니다… 그러니 10억이 넘는 아이들은…"

내가 말했다. "헤아리기도, 받아들이기도 힘드네요."

"고대 이스라엘에서 그 일을 저지른 사람은 누구죠? 누가 어린아이들을 바쳤습니까?"

"이방신을 섬기는 사제들이요?"

"사제들만 그런 게 아닙니다. 그들이 아이들을 데려간 것이 아니었어요. 아이들을 그들의 손에 맡긴 것이었죠. 그렇다면 무고한 생명의 희생 뒤에는 누가 있었을까요?"

"부모들이요?"

"그래서 더욱 끔찍한 일이었죠. 자녀가 해를 당하지 않게 마땅히 보호해야 할 부모가 저지른 범죄였으니까요. 그것은 약자를 상대로 한 강자의 범죄였고, 가장 어리고 무방비한 아이에 대한 어른의 범죄였습니다. 아이들을 희생제물로 바친 이스라엘에 내린 심판에는 역전과 상반성의 원칙이 나타났어요. 그들이 자녀들의 목숨을 빼앗은 것처럼, 자기 목숨을 빼앗기게 되었습니다. 심판은 상황을 뒤바꿔 놓습니다.

그렇게 엄청난 악을 행한 세상에 심판이 임한다면, 어떤 모습으로 나타날까요? 나이 든 사람이 어린 사람의 목숨을 앗아간 죄에 대한 심판, 그것이 뒤바뀐 상황은 어떨까요?"

나는 머뭇거리며, 거의 떨면서 말했다. "나이 든 자들이 쓰러지겠죠… 나이 든 자들에게 분노를 쏟아내는… 그 세대의 노년층을 쓰러뜨리는 심판일 겁니다. 그리고 그 세대의 젊은층이 살아남겠죠…"

나는 한동안 말문이 막혔다. 선지자도 잠시 내가 생각할 수 있도록 아무 말도 하지 않았다. 그러다가 말했다.

"그리고 아이들의 피를 흘린 죄악의 주요 결과 중 하나가 데베르 또는 막게, 즉 전염병 심판이라면, 이제 세상에 무슨 일이 일어나게 될까요? 예상이 될 겁니다… 우리 세대의 노인들을 쓰러뜨리되 젊은층은 살아남는 전염병…"

"코로나19!"

"이 독특한 전염병의 특징 중 하나는 젊은이들도 바이러스에 감염되기는 하지만, 그 파괴력이 압도적으로 노인들에게 집중된다는 것입니다."

내가 말했다. "고대의 심판… 그 땅을 휩쓸고 지나간 성경 속의 역병처럼, 그 힘이 한곳에 집중되어 압도적으로 노인들을 쓰러뜨리고 있어요."

선지자가 말했다. "말해 봐요. 미국과 세계 여러 나라에서 임신 중절권이 합법화된 지 얼마나 됐죠?"

"1973년에 미 전역에서 합법화되었지만, 시작된 건 1970년입니다."

"그러면 세계 대부분의 나라에 10억 명이 넘는 아이들을 죽게 만든 자들이 2020년에도 살아 있었다는 말입니다. 그것을 막기 위해 아무 행동도, 말 한마디도 하지 않은 자들도 마찬가지예요. 그리고 반세기 전에 낙태 합법화를 옹호한 사람들은 살아 있는 이들 중 가장 나이가 많을 겁니다. 2020년은 한 시대의 종말을 나타냅니다. 그해 그 세대에 이상한 특징을 가진 전염병이 세상에 나타났어요. 수많은 아이들의 호흡을 앗아간 세대가 그들의 목숨을 노리는 전염병에 걸렸죠."

선지자는 내가 듣고 있는 내용을 이해할 수 있게 잠시 멈췄다. 이번에는 내가 침묵을 깼다.

"그러면 그때와 마찬가지로 심판 아래 있는 문명의 많은 죄들 가운데 자녀를 죽이는 것이… 대표적이고 결정적인 악이군요."

"네, 얼마나 악한지 가장 생생하게 증거해 주죠."

"그래서 한 가지 악에 대한 심판으로 문명 전체가… 그 모든 죄악이 심판받는 것이군요."

선지자가 말했다. "말해 봐요. 낙태가 가장 많은 나라가 어디죠?"

"글쎄요…"

"중국입니다. 그리고 이 전염병은 어디에서 시작되었죠?"

"중국이요."

"그러면 다른 나라 정부들이 아이들을 죽이는 것을 승인하도록 본을 보이고 영향을 미친 나라는 어디죠?"

"모르겠어요."

"산 위의 동네, 본이 되는 나라, 미국입니다. 그리고 전염병이 전 세계를 덮쳤을 때, 가장 심각하게 타격을 받은 곳은 어디죠?"

"미국이요."

"그렇습니다."

"하지만 다른 나라들도 마찬가지였어요."

"네, 아이들의 피는 모든 나라에서 찾을 수 있습니다. 고대에도 훨씬 더 많은 아이들이 이스라엘 밖에서 희생되었죠. 그러나 이스라엘은 처음부터 하나님의 목적에 성별된 나라였어요. 더 많은 것을 알고, 더 많은 복을 받았는데, 더 많이 타락했습니다. 그런데 많이 받은 자에게는 많은 것을 찾게 됩니다. 그러므로 이스라엘에 더 많은 책임이 있었기에 그 심판이 더욱 가혹했던 거예요.

미국도 마찬가지로 그 기초부터 하나님의 목적으로 구별되었습니다. 그래서 더 많이 받았는데, 훨씬 더 많이 타락했죠. 그러므로 미국이 다른 나라들과 비슷한 정도로 악을 행했어도 더 혹독한 심판이 임할 것을 예상할 수 있습니다.

그러나 미국은 앞장서서 다른 나라들을 이 일에 끌어들였을 뿐만 아니라, 더 많은 아이들을 살해했어요. 나아가 태아 살인에 관한 법률이 세계에서 가장 관대하여 임신 후반기의 아이들을 죽이는 끔찍한 짓까지도 허용하고 있죠.

미국은 고대 이스라엘을 거울 삼아 세워졌어요. 그러므로 미국이 하나님을 버리고 고대의 행위를 그대로 반복한다면, 고대 이스라엘에 임한 심판이 다시 나타나게 될 것입니다. 그래서 전염병이 세계 모든 나라들 가운데 미국에 집중적으로 분노를 쏟아놓은 거예요. 더 자세히 살펴봅시다. 미국에서 손에 아이들의 피를 가장 많이 묻힌 주는 어디죠?"

내가 대답했다. "뉴욕주요."

"다른 어떤 주보다도 많습니다. 그렇다면 전염병이 어떨 거라고 예상되죠?"

"전염병의 기세가 뉴욕에서 맹렬하겠죠."

"그러면 미국에서 전염병의 기세가 가장 맹렬했던 주는 어딘가요?"

"뉴욕주요."

"그렇게 미국에 피를 흘리게 만든 주, 가장 많은 아이들을 죽인 주가 전염병으로 가장 많은 사망자가 나온 주, 심지어 대다수 나라보다 훨씬 더 많은 사망자가 나온 주가 되었습니다."

내가 말했다. "고대 심판의 법칙이군요."

"더 깊이 들어가 보죠. 뉴욕주에서 가장 많은 아이들이 살해당한 곳은 어디일까요?"

"뉴욕시요?"

"그렇다면 예상되는 전염병의 상황은…?"

"전염병의 기세가 특별히 뉴욕시에서 맹렬하겠죠."

"실제로 전염병이 특별히 심하게 강타한 도시는 어디였죠?"

"뉴욕시였습니다."

"뉴욕은 미국에서 가장 많은 태아들이 죽임을 당한 도시였습니다. 도시 밖에서 죽임을 당한 태아의 수와는 비교가 되지 않을 정도였죠. 그래서 전염병이 미국을 강타했을 때, 뉴욕에서 가장 많은 사망자가 나왔고, 그 수가 다른 지역의 사망자 수와 비교가 되지 않았습니다. 예레미야가 도벳과 힌놈의 골짜기에 대해 뭐라고 예언했는지 기억해요?"

"심판 날에 죽임 당한 자들이 그곳에서 제물로 희생당한 아이들과 연결될 거라고…"

"결국 그렇게 되었습니다. 어린이 인신공양의 중심지였던 도벳은 심판과 학살의 중심지가 되었죠. 그러므로 뉴욕시가 미국의 도벳이라면, 특별히 뉴욕에서 전염병의 기세가 맹렬하리라는 것을 예상할 수 있습니다. 실제도 마찬가지였어요. 미국은 세계적인 유행의 진원지가 되었고, 뉴욕시는 미국 대유행의 진원지이자 세계적인 유행의 진원지가 되었죠. 심판의 법칙대로 낙태의 수도가 전염병의 수도가 된 것이에요."

"뉴욕은 9.11 사태에 이어 징조들, 세계적인 금융 위기, 그리고 이제는 전염병의 중심지… 심판의 도시가 되었군요."

선지자가 말했다. "심판은… 문에서 시작됩니다."

"그러면 당신은 미국 대부분이 어떻게 전염병에 감염되었는지 아나요?"

선지자가 대답했다. "뉴욕에서 시작되었습니다."

"대부분이요?"

"그렇습니다. 미국 내 코로나의 절반 이상이 뉴욕에서 시작되었어요. 반세기 전에 뉴욕에서 미국 전역으로 무엇이 확산되었죠?"

"낙태요."

"낙태라는 죄도 뉴욕에서 출발했고… 전염병도 마찬가지였습니다."

"도벳."

"전염병이 전 세계를 덮치기 직전, 뉴욕에서 무슨 중요한 일이 있었죠? 전년도에 무슨 일이 벌어졌을까요?"

내가 말했다. "법안이요! 뉴욕 입법부가 출생 직전의 태아 살해를 합법화하는 법을 통과시켰습니다."

"그 법이 통과되자 많은 이들이 충격에 빠졌습니다. 끔찍하고 무서운 법이라고 하는 이들도 있었죠. 뉴욕시에서는 크게 기뻐하고 축하하며 법제화했는데, 그것이 심판을 불러일으키지 않을까 염려하는 사람들도 있었습니다."

"그리고 그 모든 일 이후에 전염병이 나타났어요."

선지자가 말했다. "사실은… 같은 해에 일어났습니다. 그 법안은 그해 초에 통과되었고, 그해가 끝나기 전에 전염병이 시작되었어요. 그러므로 둘은 같은 해에 움직이기 시작한 거예요. 실제로 전염병의 이름에도 뉴욕에서 죽음의 법이 제정된 해가 들어가 있습니다."

내가 말했다. "같은 해… 뉴욕 주지사가 징조이자 도벳 사당인 그라운드 제로의 탑에 축하의 불을 밝히라고 지시했죠."

"네, 심판의 징조에 조명을 비추었죠."

"그리고 심판이 임했군요."

"세계 많은 나라가 고대의 죄를 지었습니다. 하지만 뉴욕이 그 선두에 있었고, 2019년에는 선을 넘었죠. 그러자 전염병이 덮쳤어요. 그렇게 선을 넘은 것이 앞으로 일어날 일을 촉발시켰을 가능성이 있을까요? 어쨌든, 전염병이 뉴욕을 덮쳤습니다. 그리고 예레미야가 도벳에 대해 뭐라고 예언했죠? 도벳에서 아이들이 죽었으므로 죽음이 도벳으로 되돌아올 것이라고 예언했습니다.

그래서 뉴욕에서 훨씬 더 많은 아이들을 죽이게 된 것을 축하한 바로 다음 해에 죽음이 뉴욕을 덮쳤어요. 아이들의 죽음을 축하하던 주지사는 이제 사방에서 죽어 가는 이들의 문제를 해결해야 했습니다. 인간의 생명을 처분할 자유를 주장하던 사람이 인간 생명의 가치에 대해 말하게 되었어요. 그리고 죽음의 법을 축하하려고 핑크색 조명을 비추던 것처럼, 일 년 후 또 다른 탑에 뉴욕을 덮친 죽음의 전염병을 증거하는 붉은색 조명을 비추게 되었죠."

"어느 탑에요?"

"엠파이어 스테이트 빌딩이요."

내가 말했다. "엠파이어 스테이트 빌딩은 죽음의 여신 칼리의 형상을 비추던 건물인데… 그렇게 죽음이 그 도시를 덮쳐 버렸군요."

선지자가 말했다. "전염병이 들어온 또 다른 문이 있습니다."

"어디죠?"

"워싱턴주 시애틀입니다. 시애틀은 최초로 공식적인 바이러스 감염 사례가 기록된 곳이에요. 워싱턴주가 1970년에 뉴욕의 뒤를 이어 낙태를 승인한 두 개의 주 중 하나였다는 사실에 주목할 필요가 있습니다. 반세기 후, 전염병이 미국 땅에 도착했다는 소식이 워싱턴주에서 들려오기 시작했는데, 그게 최초 감염 사례였어요. 확진된 다음 날, 미 전역의 신문들이 바이러스가 미국에 들어왔다는 내용을 머리기사로 실었죠. 그 기사가 난 날짜가 며칠이었는지 알아요?"

"아뇨."

"1월 22일입니다. 1월 22일은 미국이 태아 살해를 합법화한 날이에요. 뉴욕이 선을 넘어 그 끔찍한 법을 통과시키고, 그라운드 제로의 탑에 그 법안을 축하하기 위해 조명을 비춘 징조가 나타난 지 정확히 1년이 되는 날이었죠.

"질문이 있어요. 예레미야는 아이들의 피로 인해 전염병과 심판이 있을 거라고 예언했습니다. 심판은 정확히 언제 임했죠?"

"BC 586년입니다."

"BC 586년은 그 나라의 첫 번째 흔들림, 적군의 첫 번째 침공이 있고 19년 후였어요."

"그래요."

"그러면 9.11, 곧 미국의 첫 번째 진동이 있고 19년 후인 2020년에 또 다른 진동뿐만 아니라, 아이들의 피에 대한 보응으로 전염병까지 덮치게 되어 있었다는 게 미스터리인가요?"

"전염병 이름에 포함되어 있는 숫자가 뭐죠?"

"19… 코로나19입니다."

선지자가 말했다. "기간은 19년이었습니다. 그러면 예레미야 19장 내용을 찾아볼까요? 예레미야는 19장에서 자녀들의 피로 인해 나라에 임할 심판과 재앙에 대해 예언했습니다… 19년째 되던 해에 말이에요. 19장은 바로 그것을 예언하고 있습니다."

"19년째 해, 19로 불리는 전염병, 그리고 19년째 해의 재앙과 심판을 예언하는 19장… 감당하기 힘드네요."

선지자가 말했다. "하지만… 그게 다가 아니에요. 도벳과 관련된 예레미야의 말씀은 예언적인 행동과 관련이 있었습니다. '여호와께서 이와 같이 말씀하시되 가서 토기장이의 옹기를 사고… 하시드 문 어귀 곁에 있는 힌놈의 아들의 골짜기로 가서 거기에서 내가 네게 이른 말을 선포하라(렘 19:1-2)' 하셨죠."

"옹기… 흙 항아리요."

"예레미야는 아이들에 대한 나라의 죄악을 드러내고 그로 인해 닥칠 심판을 예언하는 동안, 토기장이의 옹기, 곧 항아리를 들고 있었습니다. 그리고 재앙이 임박했다는 신호로 그것을 깨뜨리며 '이 백성과 이 성읍을… 도벳에 매장할 자리가 없을 만큼 매장하리라(렘 19:11)' 선포했죠."

"뉴욕시가 살해된 아이들의 땅인 도벳에 해당한다면, 그건 뭘 의미하는 거죠?"

"뉴욕시의 사망자가 너무 많아 그들을 수용할 공간이 부족할 것이라는 의미입니다. 그리고 전염병이 뉴욕시를 강타했을 때 무슨 일이 있었는지 알아요? 사망자가 너무 많아서 시체 보관소와 장례식장에서 수용할 수 없을 정도였습니다."

"그래서 어떻게 했죠?"

"그들은 연고가 없는 시신들을 하트섬(Hart Island)이라는 곳으로 옮겼습니다. 예레미야의 예언은 토기장이와 관련이 있습니다. 그는 토기장이의 항아리를 들고 있다가 멸망이 임박했다는 신호로 그것을 깨뜨렸죠. 예레미야가 항아리를 깨뜨리며 예언하던 힌놈의 골짜기와 도벳은 '토기장이의 밭'과 연결된 '토기장이의 문' 근처에 있었다고 합니다. 그러므로 도벳에 죽은 자들을 수용할 공간이 부족할 것이라는 예언은 토기장이, 곧 토기장이의 문 그리고 밭과 관련이 있습니다. 그런데 뉴욕시에서 죽은 사람들을 수용하지 못해 하트섬의 매장지로 옮기며 그곳을 뭐라고 불렀는지 알아요?"

"아뇨."

"바로 토기장이의 밭입니다. 연고 없는 가난한 자들의 공동묘지를 (영어로) '토기장이의 밭'이라고 하죠. 그렇게 시신들은 토기장이의 밭에 매장되었습니다. 그런데 하트섬의 매장지, 곧 토기장이의 밭이라는 말이 어디에서 왔는지 알아요?"

"아뇨."

"힌놈의 골짜기와 도벳에 있는 밭, 예레미야가 19장에서 토기장이의 항아리를 깨뜨리며 예언한 바로 그 밭입니다."

선지자는 이어서 말했다. "성경에 도벳에서 일어나게 될 재앙과 죽은 자들의 매장에 대해 언급한 곳이 또 있어요. 바로 예레미야 7장과 8장입니다. 예레미야는 슬피 울며 나라의 심판에 대한 답을 구합니다. 그는 '길르앗에는 유향이 있지 아니한가 그곳에는 의사가 있지 아니한가 딸 내 백성이 치료를 받지 못함은 어찌됨인고(렘 8:22)'라고 부르짖었죠.

예레미야는 나라의 고통을 토로하며 치유를 구하는 것이었어요. 여기에 사용된 히브리어는 건강, 온전함, 회복, 의사, 완전히 회복함 등… 치유에 대한 것들입니다."

"전부 치료나 의술과 관련된 말 같네요."

"그렇습니다. 그것을 구하는 표현이에요."

내가 물었다. "그런데 길르앗의 유향은 뭐죠?"

"길르앗은 고대 이스라엘에서 치료 효과가 좋은 약재가 나던 곳입니다. 그러므로 예레미야는 재앙이 닥친 후에 백성의 상처를 치유하고 회복시킬 방법을 구하며 왜 아무것도 찾을 수 없는지 의아해하고 있는 거예요.

그리고 전염병이 미국을 초토화시킨 상황에서 미국의 지도자들도 필사적으로 치료법을 구했습니다. 의료업계에 최대한 빨리 해결책을 찾으라고 압력을 가했죠. 전염병이 대유행하는 상황에서 보호하고 치유해 줄 의약품, 백신 말입니다. 첫 번째 희망의 빛은 4월 말 미국의 한 바이오 제약회사가 바이러스 백신 약물 검사에서 긍정적인 결과를 얻었다고 발표하면서 나타났습니다.[2] 초기의 결과들이 보여 준 효과는 미미했지만, 이 소식은 전 세계적으로 화제가 되어 식품의약품안전청에서 의약품 유통에 대한 즉각적인 긴급 승인을 내렸고, 주식 시장이 500포인트 급등했습니다. 미국에는 치료제가 절실했어요."

"그게 길르앗의 유향이군요."

"그래요. 선지자가 부르짖어 구하던 길르앗의 유향… 그것은 하나님을 버리고 자녀들의 피를 흘린 나라의 소망… 심판의 치료제입니다."

"뉴스를 들었던 것 같아요."

"치료제를 제공하는 회사에 대해 들었나요?"

"뭔가 듣기는 들었는데…"

"치료제를 제공하는 회사 이름은요?"

"그건 잘…"

"회사 이름이 길르앗(Gilead, 국내 언론에는 '길리어드'라고 소개됨)이었습니다."

"어떻게 그런…"

"미국의 병을 진정시키는 약이 길르앗에서 나온 것입니다. 정식 명칭은 길르앗 사이언스로 치료제(유향-'진정시킨다'는 의미도 있음)를 생산하는 곳이었어요. 그렇게 미국은 말 그대로 길르앗의 유향에 희망을 두고 있었습니다."

내가 말했다. "그러면 길르앗의 유향은… 도벳 그리고 아이들을 죽인 것으로 심판 받고 있는 나라와 관련된 예언이었군요."

마치 말해 놓고 그 이면에 숨겨진 현실에 깜짝 놀란 것처럼, 나는 입을 다물었다. 그리고 타임스퀘어의 네온사인과 공허함을 응시하며 생각에 잠겼다.

선지자가 말했다. "아직 끝나지 않았어요. 희년이 뭔지 알아요?"

"성경에 나오는 축일이요?"

"잃어버린 것을 원래 주인에게 되돌려 주는 해… 회복과 반환의 해를 말합니다."

"좋은 거네요."

"네, 하지만 희년에는 또 다른 측면이 있어요. 당신이 이전에 다른 사람의 땅을 취했다면, 희년에 그것을 빼앗기게 됩니다. 희년은 지난번 희년 이후 행해진 일을 되돌리는 것이에요."

이어서 선지자가 물었다. "그렇다면 생명은 어떨까요?"

"무슨 뜻이죠?"

"생명… 하나님께 속한 생명을 빼앗은 세대나 국가는… 어떻게 될까요?"

"모르겠습니다."

"바로 그 세대나 나라가 생명을 빼앗기게 되지 않을까요?"

"이해가 되지 않아요."

"누리엘, 미국이 임신 중절권을 합법화한 게 언제죠?"

"1970년이요."

"희년은 50년마다 돌아옵니다."

"2020년!"

"2020년은 미국 낙태의 희년에 해당하는 해였어요."

"그리고 빼앗긴 것을… 되찾게 되죠."

"1970년 뉴욕에서 시작된 지리적 제한 없는 임신 중절권으로 뉴욕주는 낙태의 수도가 되었어요. 50년 후, 그 법안의 희년에 해당하는 해에 전염병의 분노가 뉴욕을 덮쳤죠. 그런데 1970년 언제 이 모든 게 시작됐는지 알아요?"

나는 고개를 저었다.

선지자가 말했다. "이 모든 게 이틀 만에 내가 당신을 데리고 갔던 그 건물에서 시작되었습니다."

"뉴욕주 의사당 건물 말이군요."

"뉴욕주 하원에서 투표가 있고, 바로 다음 날 상원에서 투표가 시작되었습니다. 그 이틀간의 투표로 그 법이 통과되었어요."

"그게 언제죠?"

"1970년 4월이요."

"그러면 그 이틀은 며칠이었죠?"

"뉴욕 하원은 4월 9일, 상원은 4월 10일에 이 법을 통과시켰습니다."

"4월 9일과 10일…"

"50년 후, 전염병이 미국, 특히 뉴욕주를 강타했습니다. 전염병의 기세가 언제 뉴욕주에서 절정에 달했는지 알아요?"

"아뇨."

"뉴욕이 50년 전에 태아 살해를 합법화한 달인 2020년 4월입니다."

"1970년 4월에서 2020년 4월, 50년 후 그달이네요…"

"뉴욕주에서 전염병의 기세와 영향력이 최고조에 달하자, 뉴욕 타임즈를 비롯한 몇몇 기관들이 그 상황을 정확히 짚어 내려 했습니다. 그들은 뉴욕의 전염병 감염률, 즉 7일 평균 신규 감염자 수를 도표화했죠. 그것은 특정 기간을 정확하게 보여 주었는데, 그 결과가 어땠는지 알아요?"

"어땠는데요?"

"이틀… 4월 9일과 10일…"[3]

"설마요!"

"50년 전 뉴욕주가 태아 살해에 찬성표를 던지며 고대의 죄악을 선도하던 바로 그 날짜였습니다."

29장 • 전염병

"50년 전 바로 그날들이…"

"희년을 채운 날들이었죠."

"이건 너무나…" 나는 말을 잇지 못했다.

선지자는 내가 말할 준비가 될 때까지 기다려 주었다.

"당신은 내게 심판 아래 있는 세계뿐 아니라 특정 국가, 섬뜩할 정도로 심판의 원형을 그대로 재연하고 있는 나라의 신호들을 보여 주고 있어요."

나는 이어서 말했다. "나는 이 나라의 해결책을 찾고 있습니다."

선지자가 말했다. "한 가지 방법이 있습니다."

"그렇게 말할 줄은 몰랐어요."

"고대의 죄악에 가담한 이들이라도… 한 가지 방법이 있어요. 그 어떤 죄악보다도 하나님의 사랑이 더 크고 위대합니다. 또 그분의 자비는 그 어떤 심판보다도 강하죠. 하나님은 그분께 나아오는 모든 이들을 받아 주십니다. 희망이 있어요. 분명 어둠이 빛보다 먼저 임하고… 어둠 가운데 빛이 오게 될 것입니다."

"어둠 속에 빛이 보이지 않고 있어요."

선지자가 말했다. "하지만 있어요. 길르앗의 유향이 있습니다."

그는 그렇게 말하며 일어났다. 하지만 나는 움직일 수 없었다. 나는 그렇게 타임스퀘어 한가운데 앉아 있었다. 그동안 오색찬란한 조명과 영상들이 끊임없이 돌아가고 있었다.

주

1. "아브라함 링컨의 두 번째 취임사" (연설, 워싱턴 DC, 3월 4일) https://avalon.law.yale.edu/19th_century/lincoln2.asp.
2. 길르앗 사이언스, "길르앗이 중증 코로나19 환자에게 실험용 항바이러스제 렘데시베르의 3단계 실험 결과 발표" 보도자료, 2020년 4월 29일. https://www.gilead.com/news-and-press/press-room/press-releases/2020/4/gilead-announces-results-from-phase-3-trial-of-investigational-antiviral-remdesivir-in-patients-with-severe-covid-19.
3. "뉴욕 코로나 바이러스 지도 및 사례 지수" 뉴욕 타임즈, 2020년 6월 7일 업데이트 https://www.nytimes.com/interactive/2020/us/new-york-coronavirus-cases.html

30장
돌이킴

애나가 말했다. "어디든 가요."

"어디로요?"

"일단 밖으로 나가요. 새로운 곳, 신선한 공기가 필요해요."

누리엘이 말했다. "밤이 늦었어요. 게다가 전염병이 한창이라, 밤이 아니어도 열려 있는 곳이 없어요. 그런데도 마스크를 쓰고 이 일을 계속하려는 당신 마음을 모르겠네요."

애나가 말했다. "아는 곳이 있어요. 전염병과 상관없는 곳이에요. 어렸을 때, 엄마가 브라이턴 해변이라는 곳에 데려가곤 했는데, 거기로 가요, 누리엘. 근사한 밤이지만, 이 시간에는 아무도 없을 것 같아요. 차를 부를게요."

애나는 운전기사를 불렀다. 그들은 차를 타고 배터리 공원 쪽으로 내려가서 브루클린으로 가는 터널을 지나 브라이턴 해변 산책로에서 내렸다. 그들은 바다에서 9미터 정도 떨어진 모래밭에 가서 앉았다. 어둠 속에서 바다의 소리가 더욱 생생하고 선명하게 느껴졌다. 애나의 예상대로 그곳에는 아무도 없었다.

"그렇게 타임스퀘어에서 선지자와 시간을 보낸 후 어떻게 되었어요?"

"선지자가 해준 말을 받아들이고 정리하는 데 며칠이 걸렸어요. 그 후 서랍 속에 있는 인장과 돋보기를 꺼내어 다음 단서를 살펴보기 시작했죠. 나는 곧 그게 뭔지 깨달았어요."

"뭔데요?"

"수직으로 세워진 직사각형 꼭대기에 뾰족하게 왕관 같은 것이 돌출되어 있었어요."

"들은 적이 있는 것 같은데…"

누리엘이 말했다. "그래요. 전에 본 적이 있는 것이었어요. 선지자와 처음 마주치면서 받은 인장 가운데 있던 형상이었죠. 그래서 그게 무엇을 의미하는지, 정확히 어디로 가야 하는지 알았어요."

"어딘데요?"

"전에 가 본 적이 있는 곳, 미스터리에서 가장 중요한 장소 중 하나인 세인트폴교회요. 그래서 택시를 타고 맨해튼 남부로 갔어요. 교회 앞에서 내려 보도에 서 있는데, 그의 목소리가 들렸습니다."

✦✦✦

선지자가 말했다. "당신은 미래가 정해졌는지… 미국에 희망이 있는지, 어떻게든 심판을 벗어날 수 있는지 물었죠. 처음 이곳에 온 날, 우리는 바로 그 희망에 대해 이야기 나누었어요."

내가 대답했다. "그랬죠. 하지만 그때는 더 많은 시간이 있었어요. 그것은 한 나라가 돌아오도록 주어진 기회의 시간이었죠. 하지만 미국은 돌아오기는커녕 오히려 더 멀어졌어요. 그리고 당신은 모든 것이 심판을 향해 달려가는 한 나라의 모습을 보여 주었죠."

"누리엘, 미스터리의 땅에 대해 말해 봐요."

내가 대답했다. "그건 책에 나와 있어요."

"알아요, 하지만 말해 봐요."

"이스라엘에서 가장 거룩한 땅은 성전산이었어요. 바로 그곳에서 나라의 지도자들이 백성을 모으고 하나님께 성전을 봉헌했죠. 솔로몬 왕과 백성이 기도하며 나라의 미래를 하나님께 바쳤어요. 그런데 이스라엘이 하나님을 떠나자, 많은 경고와 흔들림, 재앙 뒤에 심판이 임하게 되었습니다. 원수가 이스라엘이 하나님께 봉헌한 성전산을 파괴하고 폐허로 만들어 버렸죠. 거룩한 땅의 파괴는 신호였습니다. 기도 가운데 하나님께 바쳐진 거룩한 땅이 이제 심판의 땅이 되어 버렸어요. 이스라엘의 성별된 땅이 파괴의 땅이 되었죠."

선지자가 물었다. "그러면 그게 미국과 무슨 상관이 있죠?"

"미국이 온전한 국가로 세워진 첫날은 1789년 4월 30일, 초대 대통령인 조지 워싱턴의 취임식 날입니다. 그는 취임 후, 미국의 초대 정부가 첫 번째 공무를 수행하게 되어 있는 장소에서 나라의 미래를 하나님께 바치는 기도를 드렸죠. 그렇게 1789년 4월 30일, 미국 최초의 정부가 나라의 미래를 하나님께 바쳤어요. 그 기도가 드려진 곳이 바로 미국의 구별된 땅입니다."

선지자가 말했다. "그리고 그곳은 미국의 수도에 있었습니다. 미국의 첫 번째 수도는 어디죠?"

"뉴욕시요."

"그러면 그들은 뉴욕시 어디에서 그 기도를 드렸나요?"

"맨해튼 남부에서요."

"그렇다면 미국의 성별된 땅은…"

"그라운드 제로예요."

선지자가 말했다. "그렇게 9월 11일에 고대의 미스터리가 성취되었습니다. 파괴가 미국의 성별된 땅으로 돌아온 거죠."

"미국이 하나님께 바쳐 구별한 땅이 그라운드 제로… 황폐한 파괴의 땅이 되었군요."

선지자가 말했다. "그리고 조지 워싱턴과 미국 최초의 정부가 나라를 하나님께 바친 작은 석조 예배당, 세인트폴교회가 지금도 그라운드 제로 뒤편에 세워져 있습니다. 누리엘, 안에 들어가 본 적 없죠? 들어가 볼래요?"

"분명 닫혀 있을 텐데요. 전염병 때문에 이 도시의 모든 것이 폐쇄되었어요."

"하지만 우리는 안으로 들어갈 수 있어요."

우리는 정문이 있는 곳으로 다가갔는데, 놀랍게도 문이 열려 있었다.

내가 물었다. "어떻게 모든 것이 가능하죠? 선지자가 되면 어떤 직업적 특혜가 있나요?"

선지자가 대답했다. "직무상 기밀입니다."

안에는 우리 두 사람 외에 아무도 없었다. 내가 생각하던 모습은 아니었다. 하얀 기둥에 샹들리에, 창문으로 들어오는 빛이 가득한 밝고 통풍이 잘되는 곳이었다.

"미국이 시작되던 첫날 여기서 하나님께 나라를 구별하여 드렸습니다. 바로 여기서 초대 대통령과 의회가 기도했어요."

우리는 벽에 유화가 걸려 있는 곳으로 다가갔다.

"뭐처럼 보여요?"

발톱에 나뭇가지와 화살을 움켜쥐고, 가슴에 별과 줄무늬가 있는 방패를 한 새 그림이었다.

선지자가 물었다. "뭐가 떠오르죠?"

"미국의 국새(나라를 대표하는 도장)요? 그런데 독수리보다는 칠면조처럼 보이네요."

"그게 바로 이것이 얼마나 오래된 것인지 말해 줍니다. 이것은 처음부터… 대머리 독수리가 미국을 대표하는 오랜 상징 중 하나가 되기 전부터 여기 그라운드 제로의 모퉁이에 보관되어 있었어요. 이쪽으로 와요."

선지자는 나를 예배당 앞쪽으로 데려갔다. 이상한 모양의 조각이 예배당 중앙 유리창 앞에 놓여 있었다. 마치 건물 전체가 그것을 중심으로 세워진 것 같았다.

선지자가 말했다. "영광이라는 제단 조각(교회 제단 위나 뒤쪽에 설치하는 조각)입니다. 워싱턴 DC를 설계한 사람이 만든 거예요."

조각 아래쪽에는 십계명이 새겨진 두 돌판이 있었고, 위쪽에는 구름이 자욱한 하늘 중앙에 해 또는 환한 빛처럼 보이는 것이 돌판을 내려 비추는 모습이었다… 그런데 그 해처럼 보이는 것 중심에는 네 개의 히브리 글자가 새겨져 있었다.

"저게 무슨 말인지 알아요, 누리엘?"

"중요한 말인가요?"

"그렇다고 할 수 있습니다. 저건 여호와 하나님의 이름 네 글자예요. 이것은 십계명뿐 아니라, 십계명 돌판을 받은 날과 그날의 모든 상황들… 영광, 구름, 빛, 그리고 하나님의 이름을 묘사하고 있어요. 여기서 무슨 일이 있었는지 생각하면 더욱 놀랍죠."

"그게 무슨 말이죠?"

"9월 11일에 얼마나 많은 사람이 죽었는지 알아요?"

"삼천 명 정도가 죽은 걸로 알고 있어요."

"시내산에서 십계명을 받는 동안, 이스라엘 백성은 하나님을 버리고 금송아지를 숭배했습니다… 이스라엘이 하나님을 버린 최초의 사례였죠. 그 때문에 죽은 자들의 수가 삼천 명 정도였다고 기록되어 있는데(출 32:28), 이는 9.11 당시에 죽은 사람들의 수와 같습니다. 삼천 명의 멸망이 바로 이것과 관련이 있어요."

"그런데 그게 그라운드 제로 모퉁이의 건물에 있었군요…"

"수세기 동안 이곳의 중심축으로 있었죠."

이후 선지자는 나를 교회 뒷문으로 안내하며 말했다.

"누리엘, 이제 밖으로 나갑시다."

나가자마자, 나는 그곳이 어딘지 알 수 있었다. 우리는 교회 안뜰 묘지에 서 있었는데, 이전에 내가 희망의 나무를 찾으려고 들여다보던 철제 울타리가 그곳을 두르고 있었다.

선지자가 말했다. "징조들의 땅입니다. 저기가 그라운드 제로의 뽕나무가 쓰러지자 희망의 나무를 심었던 곳이에요… 하지만 희망의 나무도 말라 죽어 버렸죠. 그리고 저기 울타리 너머에 미국의 성별된 땅… 그라운드 제로의 탑이 있습니다. 이스라엘의 성별된 땅에 무슨 일이 있었는지 알아요?"

"성전산이 파괴된 이후 말인가요? 말해 주세요."

"하나님께 돌아온 백성들은 그 땅으로 돌아와 그분의 목적에 다시 자신을 헌신하며 회복되었습니다. 9.11 재앙은 미국을 기도로, 그리고 하나님께 봉헌한 땅으로 되돌려 놓았죠. 하나님은 미국을 성별과 기도의 땅으로 다시 부르고 계셨어요. 돌아오라고 이 나라를 부르시는 것이었죠. 그러자 사람들이 미 전역에서 몰려와 이 땅의 문에 메시지와 기도문을 붙였습니다. 그들은 이유도 모른 채 여기로 이끌려 온 거였어요."

내가 말했다. "하지만 나라의 이목이 이곳으로 돌아왔음에도, 하나님께 돌아가지는 않았어요. 게다가 미국이 이 땅에서 하나님께 바쳐진 날이 예언적 경고를 받은 날이었죠."

선지자가 말했다. "그래요. 조지 워싱턴은 취임사에서 하나님의 은혜와 복은 '하늘이 정해 놓은 영원한 질서와 규칙을 무시하는 나라에 결코 머물 수 없다'[1]고 말했죠."

"그리고 당신이 경고하기 시작한 후 지금까지, 미국은 하나님의 영원한 질서와 규칙을 무시하고 있을 뿐만 아니라 조롱하고, 깨뜨리고, 깨뜨린 것들을 축하하고 기념했어요. 그것들을 무시할 뿐만 아니라 그것들과 싸우고 있죠."

"그래요. 그 모든 게 사실입니다. 그러나 그분의 자비가 그 모든 것보다 훨씬 크다고 생각하지 않나요? 누리엘, 선은 반드시 어둠을 끝내고 악을 심판하게 되어 있지만, 긍휼, 용서, 자비, 구원, 치유와 회복이 선, 곧 하나님의 마음이라는 것을 결코 잊어서는 안 됩니다."

"하지만 돌아오라고 주어진 기회의 시간에 미국이 오히려 더 멀어졌다면…"

"그렇다면 지금은 더욱 시급한 상황일지도 모릅니다. 회개나 부흥은 흔들림, 진동 가운데 임하는 경우가 많아요. 그런데 지금 미국의 상황이… 흔들림이 아니면 뭐죠? 그분은 지금도 큰 소리로 외치고 계세요."

"그렇다면 그분의 음성은 더욱 커져야 해요."

"9.11이 시작되기 직전에 읽게 되어 있던 고대의 말씀, 파라샤를 기억해요?"

"하나님을 떠난 나라에 임하는 재앙들이요… 적의 침공으로 그 땅이 공격을 받습니다. 내리 덮치는 독수리처럼 성문이 공격 받죠…"

"그건 9.11 주간을 시작하며 읽게 되어 있던 말씀이에요. 하지만 9.11 주간을 마무리하며 읽게 되어 있는 또 다른 말씀이 있었죠. 그게 뭔지 알아요? 재앙이 덮친 나라에 그 이후에 주시는 말씀이었어요. '내가 네게 진술한 모든 복과 저주가 네게 임하므로… 너와 네 자손이 네 하나님 여호와께로 돌아와 내가 오늘 네게 명령한 것을 온전히 따라 마음을 다하고 뜻을 다하여 여호와의 말씀을 청종하면… 네 하나님 여호와께서 네 손으로 하는 모든 일과… 네 토지 소산을 많게 하시고… 곧 여호와께서 네 조상들을 기뻐하신 것과 같이 너를 다시 기뻐하사 네게 복을 주시리라(신 30:1-2, 9-10).'

미국이 9.11 참사로 엄청난 상처와 충격을 받은 주간이 끝나갈 때 읽게 되어 있던 말씀은, 이처럼 재앙으로 상처받은 나라를 향한 하나님의 메시지였습니다. 그것은 돌아오라고 부르시는 분이 하나님이며… 돌아오면 회복시켜 주시겠다는 약속이었어요. 그분의 길을 떠나 넘어지고 재앙을 겪은 나라를… 이제 돌아오라고 부르시는 것이었습니다. 그러므로 백성이 돌아간다면, 하나님이 그들을 회복시켜 주실 겁니다."

내가 말했다. "돌이킴… 우리가 처음 만났을 때, 당신은 그 단어에 집중했었죠."

선지자가 말했다. "그 모든 것이… 9.11 이후 읽게 되어 있는 성경 말씀에 있었어요. 돌아옴 또는 돌이킴이라는 말 이면에는 히브리어 '슈브(shuv)'가 있는데, '회개한다'는 뜻도 있습니다."

"회개, 9.11 이후 사라진 것입니다. 미국은 회개하지 않았기 때문에 결코 돌아오지 않았어요."

"그래요. 회개하지 않으면 돌아올 수 없습니다. 그리고 돌아오지 않으면 부흥도, 회복도 없죠."

우리는 안뜰 길을 따라 풀밭과 낡고 오래된 비석을 지나, 아직 꽃이 피지 않은 나무 밑을 천천히 걸었다.

선지자가 말했다. "그 말씀 기억해요? 솔로몬이 성전을 봉헌하며 드린 기도에 하나님이 응답해 주신 말씀이요. 그 말씀이 성별된 땅과 연결되었죠."

"네, 하나님을 떠나 재앙을 겪은 나라, 멸망해서 상처 입은 나라에 주시는 말씀이었죠. '내 이름으로 일컫는 내 백성이 그들의 악한 길에서 떠나 스스로 낮추고 기도하여 내 얼굴을 찾으면 내가 하늘에서 듣고 그들의 죄를 사하고 그들의 땅을 고칠지라(대하 7:14).'"

선지자가 말했다. "그것은 돌이킴에 대한 말씀입니다. 그래서 지금 더욱 중요한 말씀이죠. 국가적 부흥과 치유, 회복이 있으려면, 반드시 겸손히 기도 가운데 하나님의 임재를 구하며, 죄악과 하나님의 뜻을 대적하는 모든 것으로부터 돌이켜 회개하고 돌아와야 합니다. 그렇게 하면, 하나님이 그 나라의 기도를 들으시고, 죄를 용서하시며, 그 땅을 고쳐 주시겠다고 약속하셨어요."

"그 일은 아직 일어나지 않았어요."

"이 특별한 구절과 약속을 이끌어 내는 게 뭔지 알아요? 바로 앞 절입니다. 그 구절이 뭐라고 말씀하는지 알아요?"

"글쎄요…"

"'혹 내가 하늘을 닫고 비를 내리지 아니하거나 혹 메뚜기들에게 토산을 먹게 하거나 혹 전염병이 내 백성 가운데에 유행하게 할 때에 내 이름으로 일컫는 내 백성이 스스로 낮추면(대하 7:13-14)'이라고 말씀합니다. 앞서 말한 약속 전에 명시된 마지막 사건은 이 땅에 전염병, 역병, 세계적 유행병이 닥친다는 것이에요."

"바이러스…"

"이 땅을 겸손과 기도, 간구와 회개, 치유로 이끄는 것이… 전염병입니다."

"이유가 뭐죠?"

"흔들림, 진동이 유일하게 우리, 개인뿐만 아니라 나라와 문명, 특히 그분의 음성에 귀 기울이지 않는 자들까지도 깨워 하나님께 돌아가게 만드는 경우가 많기 때문이에요."

"이 구절은 메뚜기에 대해서도 언급합니다. 전염병이 대유행하는 건 이해가 되는데… 메뚜기는 현대에 어떻게 적용이 되죠?"

"누리엘, 올해가 무슨 해인지 알아요?"

"연도 말고요?"

"메뚜기의 해입니다."

"무슨 말이죠?"

"메뚜기 재앙, 수천억 메뚜기 떼가 세계를 뒤덮었습니다. 그 수가 실로 엄청나서 유엔에서 '성경적 차원의(대규모)' 재앙이라고 부를 정도였죠."[2]

"어떤 재앙이 먼저 나타났죠?"

"메뚜기 재앙이 먼저 나타났고, 이어서 전염병이 덮쳤습니다. 성경적 차원의 엄청난 재앙 두 가지가 세계를 강타했어요. 이 두 재앙이 역대하 7장 13절에 분명하게 언급된 후 14절이 이어지죠."

"그러면 하늘이 닫히는 것은요?"

"그건 가뭄과 기근이었어요."

"어떤 신호가 있었나요?"

"두 재앙이 나타난 해에 수세기 만에 엄청난 가뭄이 최장 기간 지속되었다는 보고가 있습니다. 그와 동시에 유엔은 또다시 '성경적 차원'의 세계적인 기근의 조짐이 보인다고 경고했죠.[3] 그리고 식량 부족과 더불어 가뭄이나 기근이 덮치면 한 나라의 경제가 위축됩니다. 재앙이 있던 해도 마찬가지였어요. 역대하 7장 13절은 세 가지 상황 중 하나만 요구하고 있으니, 충분하고도 넘칩니다."

"전혀 몰랐어요…"

"하지만 당신 책에 있는 내용이에요. 당신은 처음에 미국을 덮칠 진동, 흔들림에 대해 기록한 후, 2020년까지 19년 동안 나타난 일들의 원형, 틀에 대해 말했죠. 그다음에 역대하 7장 14절의 약속, 전염병과 메뚜기의 때 이후의 약속에 대해 기록했어요. 그러므로 지금 이 모든 것이 한꺼번에 하나로 합쳐지고 있는 거예요."

"하지만 그 모든 걸 얘기해 준 건 당신이었어요."

"그러나 다른 사람들이 볼 수 있게 기록한 건 누리엘 당신이었죠."

"그러면 이 모든 것이 나타내는 건 뭐죠?"

"징조들은 다가오는 심판을 경고합니다. 지금이 그때라고… 더는 시간이 없을지도 모른다고 외치고 있어요. 바로 지금이 기도와 겸손, 간구와 회개 가운데 하나님께 돌아올 때라고 말이에요."

"그분은 지금도 하늘에서 들으시고, 죄를 용서하시며, 이 땅을 고쳐 주실까요?"

"그분을 대적하여 벌인 모든 일에도 불구하고… 그분을 대적하며 싸우는 나라와 모든 이들에게도… 그분은 팔을 벌리십니다. 하나님은 그분께 나아오는 모든 이들에게 자비를 베풀고 싶어 하세요."

"그러면 심판은요?"

"여전히 필요하죠. 돌아오지 않으면, 반드시 심판이 임합니다. 그래서 또다시 시간… 때가 중요한 것입니다."

"그렇다면 앞에 있는 건 뭐죠? 재난과 심판인가요, 아니면 부흥과 회복인가요?"

"미국이 돌아오지 않으면, 돌이킬 수 없는 지경에 이를 것입니다. 미국의 빛이 제거될 거예요. 하지만 돌아온다면, 재난을 피하고 부흥이 올 수도 있습니다. 그럼에도 재앙과 위기, 그리고 힘든 시기 가운데 회개, 돌이킴, 부흥이 오는 경우가 많다는 사실을 다시 한번 기억해야 해요. 그러므로 이 일들이 반드시 일어난다면, 그렇게 해야 하나님이 그들에게 긍휼을 베푸사 구원이 임하게 하실 수도, 그들이 돌아오게 하실 수도 있기 때문이에요."

내가 물었다. "미국은 어떻게 돌아올까요? 만약 그런 일이 일어난다면 어떻게 될까요?"

선지자가 대답했다. "그 일은 이미 일어나고 있습니다."

"무슨 말이죠?"

"누리엘, 다음에는 당신이 아는 미국이 사라졌다면 어떻게 되었을지, 그 은밀한 것들을 보게 될 것입니다."

주

1. "1789년 조지 워싱턴 취임 연설" (연설, 뉴욕, 1789년 4월 30일) https://www.archives.gov/exhibits/american_originals/inaugtxt.html.
2. 취동유(Qu Dongyu), 마크 로우콕(Mark Lowcock), 데이비드 비즐리(David Beasley) "동아프리카의 메뚜기 : 시간에 맞서는 경주" 2020년 2월 25일, 세계식량계획. https://www.wfp.org/news/locusts-east-africa-race-against-time.
3. 유엔 안전 보장 이사회, "식량 불안, 잠재적인 대(성경적 차원의) 기근에 대한 경고, 고위 관리 경보, 2020년 4월 21일 안보리 브리핑" https://www.un.org/press/en/2020/sc14164.doc.htm

31장
4월의 바람

"나는 집에 돌아오자마자, 돋보기를 꺼내어 인장에 있는 다음 형상을 연구하기 시작했어요."

"무슨 형상이었죠?"

"고대 그리스 신전처럼 생겼지만, 어쩐지 낯이 익더군요. 건물의 정면에 늘어선 기둥의 수를 세어 보았더니, 열두 개였어요. 5달러 지폐를 꺼내어 비교해 보았죠. 생각대로 그건 링컨 기념관이었어요."

애나가 말했다. "이전에 거기서 선지자를 만난 적이 있잖아요. 처음에 말이에요."

누리엘이 말했다. "네. 하지만 그 당시에는 거기에서 그를 만날지 가늠하기 어려웠어요. 하지만 이번에는 정보가 분명했죠."

"왜 그렇게 생각해요?"

"시간이 줄어들었기 때문인 것 같아요. 산들바람이 부는 봄날, 기차를 타고 워싱턴 DC로 갔어요. 호텔에 들어가 짐을 푼 뒤 택시를 타고 링컨 기념관으로 갔죠. 거기 도착한 건 오후 중반이었어요. 계단을 오르며 선지자가 있는지 주변을 둘러보았습니다. 그 후 거대한 기둥을 지나 건물

안으로 들어갔어요.

전염병 때문에 아무도 없었습니다. 그런데 오른쪽에 짙은 색 코트를 입은 선지자가 있었어요. 북쪽 기념비에 새겨진 글을 올려다보고 있어서 그의 뒷모습만 볼 수 있었죠.

그는 내가 들어오는 모습도, 다가서는 모습도 보지 못했습니다. 이런 경우는 처음이었어요. 그의 뒤에 서서 어떻게 인사하는 게 좋을까 생각하고 있었습니다. 하지만 그럴 기회는 주어지지 않았죠."

✦✦✦

선지자는 시선을 돌리지도 않고 말했다. "누리엘, 여기는 우리가 지난번에 왔을 때 서 있던 곳이에요. 그리고 우리 앞에 있는 건 링컨의 두 번째 취임사입니다. 그는 남북전쟁을 노예제도라는 죄를 저지른 나라에 임한 하나님의 심판이라고 언급했어요. '3천 년 전과 마찬가지로 채찍에 흘린 모든 피를 칼에 흘린 피로 갚게 될 것이다. 그러므로 지금도 주님의 심판은 온전히 참되고 의롭다 해야 한다.'(1)

전쟁은 농장을 전쟁터로, 도시를 유혈이 낭자한 폐허로 바꿔 버렸어요. 전쟁이 3년째 접어들 때, 북부 연합군의 전망은 암울했습니다. 최고위 장성들의 실패와 교체가 반복되고 있었죠. 동부에서는 로버트 E. 리 장군이 이끄는 북버지니아군에게 패배를 경험하고 있었고, 서부에서도 남부 동맹의 거점인 빅스버그 공략이 실패를 거듭하고 있었습니다. 끝이 보이지 않았어요.

대다수 북부인들도 전쟁에 염증을 느끼면서 링컨 정부의 투항과 패배, 그에 따른 미연방 분열을 받아들여야 할 위험성이 커지고 있었습니다. 그렇게 되었다면, 우리가 아는 미국은 존재하지 않았겠죠.

그런데 그때 미국의 수도에서 각성이 일어났어요. 미 상원은 죄의 결과로 고통받는 나라에 치유와 회복을 약속하는 성경 말씀을 근거로, 링컨에게 국가적 기도와 회개의 날을 지정할 것을 요청했습니다. 링컨은 미 국민에게 역대하 7장 14절 말씀대로 스스로 낮추고 기도하여 하나님의 얼굴을 찾으라고, 악한 길에서 벗어나 회개하라고 촉구하는 성명을 발표했죠.

이 성명은 나라의 기도를 '하늘에서 들으시고', 하나님이 '나라의 죄를 사하시며', '갈라져 고통받고 있는 미국 땅을 회복'시켜 주실 것이라는 세 가지 은혜와 복을 바라며 마무리되었습니다.(2) 이것은 역대하 7장 14절에 약속된 세 가지 은혜, '그러면 내가 하늘에서 듣고, 그들의 죄를 사하고, 그들의 땅을 고칠지라'는 순서 그대로 낭독되었어요. 암울한 전쟁 가운데 링컨은 미국을 하나님 앞에서 기도하고 회개하게 했습니다.

역사학자들은 남북전쟁의 전환점이 된 해에 대해 의견 일치를 보이는데, 그게 언제인지 알아요?"

"글쎄요…"

선지자가 대답했다. "1863년… 구체적으로는 1863년 7월입니다. 두 전투, 남북전쟁에서 가장 유명한 전투이자 서부 최대 격전이었던 게티즈버그 전투와 그에 못지않게 중요하고 결정적 역할을 한 빅스버그 전투가 있었죠. 두 전투는 동시에 벌어졌는데, 게티즈버그 전투는 7월 3일, 빅스버그 전투는 그다음 날 끝났습니다. 남북전쟁의 전환점은 1863년 7월 1일이었어요. 이날 북부 연합이 승리하고 남부 동맹이 패배하면서 미국의 생존이 결정되었죠.

국가적인 기도와 회개의 날이 언제였는지 알아요? 같은 해인 1863년 4월 말이었어요. 그러므로 전쟁의 전환점은 그로부터 대략 두 달 후에 찾아온 것입니다. 게티즈버그는 남부 동맹의 최전선이었어요. 리 장군은 북부 영토로 들어가 북부 연합이 전쟁을 포기하도록 결정타를 가하려 했습니다. 이 전투로 미국이 해체될 수도 있었지만, 오히려 미국을 유지, 보존시키는 전환점이 되어 버렸죠. 게티즈버그는 리 장군에게 엄청난 재앙이었습니다. 그 이후 그는 북부 연합에 대규모 공세를 가하지 못하고 방어전만 벌이게 되었어요. 게티즈버그에서 남부 동맹이 쇠퇴하기 시작하면서 결국 패배하게 된 거예요.

빅스버그시는 남부에 미시시피강의 통제권을 주어 동맹을 강하게 결속시키는 전략적 요충지였습니다. 링컨은 빅스버그 함락이 승리의 열쇠라고 생각했어요. 남부 동맹은 미국을 둘로 쪼개려 했지만, 1862년 7월 4일 빅스버그가 함락되면서 남부 동맹 자체가 둘로 갈라져 종전은 시간 문제가 되었죠.

빅스버그 함락을 이끈 장군은 율리시스 S. 그랜트였습니다. 빅스버그에서의 승리는 남북전쟁뿐만 아니라 그의 경력의 전환점이 되어 결국 그가 연합군 전체를 이끌고 전쟁을 종식시키게 되었죠.

빅스버그 공격은 이미 전년 겨울부터 진행되고 있었습니다. 그랜트는 다섯 차례나 빅스버그를 점령하려 했지만 모두 실패했어요. 그런데 1863년 봄, 수하들을 이끌고 미시시피강을 건너며 모든 것이 바뀌었습니다. 그는 바로 다음 날 최초의 승리를 거두었어요. 빅스버그를 함락시킨 다섯 번의 승리 가운데 첫 번째인 포트 깁슨 전투였죠. 이 포트 깁슨 전투로 모든 상황이 바뀌었어요. 이것이 남북전쟁의 전환점이 되었습니다."

"그게 언제죠?"

"1863년 5월 1일입니다. 국가적인 기도와 회개의 날은 1863년 4월 30일이었죠."

"바로 다음 날이었네요!"

"그래요. 전쟁의 전환점이자, 전쟁을 종식시키고 미국 땅을 치유로 이끈 그날은 국가적인 기도와 회개가 이루어진 바로 다음 날이었습니다. 다시 말해, 4월 30일은 '내 백성이 스스로 낮추고 기도하면'의 날이었고, 5월 1일은 '내가 그들의 땅을 고칠 것이다'가 시행된 날이었어요."

선지자는 나를 기둥이 늘어서 있는 곳으로 데리고 가더니 물었다.

"여기에는 모두 36개의 기둥이 있습니다. 이유를 아나요?"

"아뇨."

"이 기둥들은 링컨 대통령 재임 당시의 36개 주를 상징합니다. 각 주의 이름이 기둥에 새겨져 있어요. 이 기둥은 펜실베이니아를 상징합니다."

내가 말했다. "펜실베이니아… 게티즈버그… 빅스버그를 함락하게 된 전환점에 대해 이야기해 주었는데, 게티즈버그 전투와 연결된 전환점이 있었나요?"

"네, 바로 챈슬러즈빌 전투입니다. 겉으로 보기에는 로버트 리 장군이 크게 승리한 것처럼 보였지만, 자세히 들여다보면 상황은 매우 달랐어요. 결국 남부 동맹에 재앙이 되었다는 것이 증명되어 전쟁의 세 번째 전환점으로 여기는 사람들도 있습니다. 이 전투로 재앙을 초래할 네 가지 상황이 벌어졌죠. 첫째, 리 장군은 이 전투가 아무런 성과도 없었다고 여기며 의기소침해졌습니다. 좌절한 그는 그 땅에서 북부 연합군에 치명타를 입히겠다고 굳게 결심했죠. 둘째, 이 전쟁으로 그는 충분히 그런 치명타를 입힐 수 있다는 자신감을 얻었습니다. 셋째, 남부 동맹이 확신을 가지고 리 장군의 계획을 승인하게 만들었어요. 챈슬러즈빌 전투는 남부 동맹의 최대 재앙이자 전쟁의 전환점인 게티즈버그 전투에 직접적인 영향을 미쳤습니다."

"네 가지 상황이라면서… 세 가지만 말했어요."

"스톤월 잭슨은 탁월한 장수로 리 장군의 오른팔이었습니다. 그런데 게티즈버그에 그가 함께하지 못하면서 큰 위험에 처하게 되었죠."

"왜 그는 함께하지 않았죠?"

"챈슬러즈빌 전투 때문에요. 어두운 밤, 잭슨의 군대는 말을 탄 군인들이 다가오는 것을 발견했어요. 그들은 연합군 기병대라 여기고 발포했는데, 아군이었어요. 그리고 그들 가운데 스톤월 잭슨이 있었죠. 그는 아군의 총에 맞아 치명상을 입었어요. 리 장군은 남군을 위해 차라리 자신이 총에 맞는 편이 나았을 거라고 했답니다. 스톤월 잭슨의 죽음으로 남부의 사기는 꺾였지만 북부의 사기는 높아졌습니다. 미 역사상 가장 뛰어난 지휘관 중 한 명이 남부 동맹에서 사라져 버렸죠.

역사가들은 결정적으로 게티즈버그에 잭슨이 없었기 때문에 리 장군이 패했고, 결국 남부 동맹도 패배하게 되었다고 말합니다."

"그런데 그는 언제 총에 맞은 거죠?"

"1863년 5월 2일… 국가적인 기도의 날로부터 이틀 후였습니다."

"챈슬러즈빌 전투에서 이 모든 것이 시작되었군요. 그러면 챈슬러즈빌 전투는 언제 시작되었죠?"

"1863년 5월 1일, 국가적인 기도 바로 다음 날 시작되었어요. 리 장군의 또 다른 수하 중 한 명인 제임스 롱스트리트 장군은 챈슬러즈빌 전투가 '미래의 먹구름이… 남부 동맹 위로 내려오기 시작하며' 전쟁의 전환점이 되었다고 말했죠.[3]"

"빅스버그에서 그랜트의 첫 승리처럼 전환점의 전환점이 되었군요."

"네, 챈슬러즈빌 전투와 포트 깁슨 전투, 이 두 전환점은 같은 날, 국가적인 기도 바로 다음 날 시작되었어요."

"내 백성이 스스로 낮추고 기도하면…"

"그들은 그렇게 했습니다. 그리고 바로 다음 날, 모든 것이 바뀌기 시작했죠. 불과 두 달여 만에 세상에 변화가 나타났습니다. 그날 모든 것이 시작되었어요. 그 끝이 확정되며 미국이 살아남게 되었죠."

우리는 다시 안으로 들어가 동상 앞에 섰다. 무거운 짐을 지고 의자에 앉아 깊은 생각에 잠겨 있는 거대한 인물을 바라보며 선지자가 말했다.

"링컨의 업적은 여러 가지로 유명하지만, 1863년 봄, 미국을 기도와 회개의 자리로 불러낸 것은 결국 세계 역사의 흐름을 바꾸어 놓았습니다. 그가 기도와 회개를 촉구하지 않았다면… 사람들이 스스로 낮추고 기도하며 악한 길에서 돌이켜 하나님의 얼굴을 구하지 않았다면… 어떻게 되었을까요? 그날 그랜트 장군이 미시시피강을 건너 첫 번째 승리를 얻으며 빅스버그를 점령하고 남부 동맹을 둘로 나누지 않았다면… 챈슬러즈빌 전투가 없었고, 게티즈버그 전투도 일어나지 않았다면… 스톤월 잭슨이 살아서 게티즈버그에서 싸웠고 남부가 계속해서 북부에 공세를 가했다면… 어떻게 되었을까요?"

"그 모든 게 미국의 해체로 이어졌겠죠. 우리가 알고 있는 미국은 존재하지 않았을 겁니다. 남부는 노예 국가로, 북부는 예전의 자원과 힘 일부만 가진 미 연방의 잔재로 남았겠죠."

"또 나치즘이 유럽 대륙에서 일어나 퍼져 나갈 때, 우리가 아는 미국이 존재하지 않았거나 그 악을 물리칠 만한 힘이 없었다면… 공산주의의 어둠이 세계를 집어삼키기 시작할 때, 그것을 대적하고 저지할 미국이라는 나라가 존재하지 않았다면… 어떻게 되었을까요?

1863년 4월, 하나님의 백성이 드린 기도로 단 하루 만에 이 모든 것이 바뀌었습니다. 모든 어둠과 악이 1863년 4월의 마지막 날에 드려진 기도로 결국 힘을 잃었어요. 나치즘의 패배와 공산주의의 몰락, 그리고 세계사의 수많은 변화와 결과들은 모두 돌이킴의 미스터리, 곧 깨지고 상한 나라에 주어진 고대 성경의 약속에서 시작되었어요."

"모든 것이 그라운드 제로로 거슬러 올라가는군요."

"무슨 말이죠?"

"역대하 7장 14절은 솔로몬 왕이 이스라엘의 성별된 땅에서 드린 기도의 응답으로 주어진 말씀이었습니다. 미국은 그라운드 제로에서 하나님께 바쳐졌어요. 그리고 9.11은 미국을 그 땅으로 되돌려 놓았죠. '만일 내 이름으로 일컫는 내 백성이…' 그라운드 제로의 폐허에서 그렇게 외치고 있었던 거예요."

"날짜를 눈치챘나요, 누리엘?"

"기도와 회개의 날이요?"

"네."

"4월 말…"

선지자가 말했다. "4월 30일… 이날은 미국이 기도 가운데 하나님께 바쳐진 날이었습니다… 취임식 날… 그라운드 제로에서요! 그리고 조지 워싱턴이 미국에 예언적인 경고를 한 날이죠. 모든 게… 링컨의 회개의 날, 미국을 하나님께 바친 날, 조지 워싱턴의 예언적 경고, 역대하 7장 14절, 그라운드 제로, 9.11… 전부 연결되어 있어요. 모든 것이 하나로 합쳐집니다. 그라운드 제로는 징조, 경고와 신호들 그리고 그 과정의 시작입니다. 전부 동일한 미스터리의 일부예요. 우리는 지금도 그 안에 있습니다."

"그가 뭐라고 했죠?"

"누구요?"

"링컨이요. 그는 뭐라고 선언했죠?"

"낭독해 달라는 건가요?"

"네."

"여기서요?"

"그럴 수 있어요?"

기념관을 지키는 경비원들 외에는 우리 둘밖에 없었다. 선지자는 링컨 동상을 뒤로 하고 입구가 있는 복도 쪽으로 돌아섰다. 그의 시선은 기둥 사이로 먼 곳을 바라보는 것처럼 진지하고 그윽했다. 그런데 역사적인 기록을 낭독하는 게 아니라, 마치 지금 그 자리에서 하나님을 떠나 깨지고 상한 나라에 호소하는 것 같았다. 나는 청중의 위치에서 그것을 들으려고 입구 쪽으로 물러섰다. 선지자가 말하기 시작했다.

"그러나… 진정한 회개가 자비와 용서를 이끌어 낼 것을 확신하고 소망하면서도, 겸손히 슬퍼하며 자신의 죄악을 고백하고, 모든 역사를 통해 증명된 성경 말씀, 곧 하나님을 주님으로 모신 나라들만 복을 받는다는 최고의 진리를 깨닫는 것이, 만물 위에 계신 하나님을 의지하는 사람과 나라들의 의무입니다.

또 우리는 개인뿐만 아니라 나라도 하나님의 거룩한 법으로 이 세상에서 처벌과 징계를 받는다는 것을 압니다. 그러므로 지금 이 땅을 황폐화시키는 내전이라는 끔찍한 재앙은 국민적이고 국가적인 개혁이 필요한 뻔뻔스러운 죄에 대한 징계가 아닐까요?

우리는 하늘의 가장 좋은 것을 받은 자들이었습니다. 오랜 세월 평화와 번영을 누렸습니다. 다른 어떤 나라보다도 강하고 부유하고 세력이 커졌습니다. 그러나 우리는 하나님을 잊었습니다. 우리에게 평화와 번영과 풍요와 힘을 주신 은혜의 손길을 잊고, 마음을 속이며 이 모든 복이 우리의 뛰어난 지혜와 능력의 결실이라는 터무니없는 착각에 빠졌습니다. 계속되는 성공에 도취되어 구속하시고 보호해 주시는 은혜의 필요성도 느끼지 못할 정도로… 우리를 만드신 하나님께 기도하지 않을 정도로 교만해졌습니다.

따라서 우리는 마땅히 그분 앞에 스스로 낮추고 이 나라의 죄를 고백하며 관용과 용서를 구하는 기도를 드려야 합니다.

그러므로 이제 상원의 의견과 요청에 전적으로 동의하며 1863년 4월 30일 목요일을 국가적인 수치, 금식, 기도의 날로 지정하고 구별합니다. 이에 온 국민이 평범한 일상을 내려놓고, 공적인 예배처와 각자의 가정에서 연합하여, 이 중대한 시기에 합당한 종교적 의무들을 겸손히 이행하는 거룩한 주님의 날로 지킬 것을 당부합니다.

이 모든 것을 진심으로 행하여, 거룩한 가르침대로 나라의 연합된 부르짖음을 하늘에서 듣고, 이 나라의 죄를 사하며, 분열되어 고통받고 있는 이 땅을 연합되고 평화로운 이전 상태로 회복시켜 주실 것을 겸손히 소망합시다."[2]

이후 침묵이 흘렀다. 선지자의 진지하고 그윽한 시선은 사라지고 없었다. 그는 출구가 있는 기둥 쪽으로 걸어가기 시작했다. 나도 그와 함께 계단을 내려오며 말했다.

"놀랍네요. 방금 당신이 한 말이 당시의 미국에 어느 정도 전달되었을까요? 그런 일이… 그때와 같은 변화가 또 일어날 수 있을까요?"

"세인트폴교회에서 어떻게 미국이 하나님께 돌아갈 수 있는지 물었죠. 그 일은 이런 식으로 일어날 수 있습니다."

내가 대답했다. "하지만 그건 오래전 일이에요. 지금의 미국은 다릅니다. 오늘날에는 그 일이 어떤 식으로 일어나게 될까요?"

"성경은 영원합니다. 솔로몬이 받은 약속은 3천 년 후에 미국과 세계의 역사를 바꾸어 놓았어요. 하나님의 말씀은 시간의 제한을 받지 않아요."

우리는 계속 계단을 내려갔다. 선지자가 말했다.

"그런데 그 일이 일어났습니다."

"무슨 말이죠?"

"그 일이 현대에 일어났어요, 누리엘. 우리가 살아가는 이 시대에요. 돌이킴의 미스터리가 나타났고, 그것은 다시 역사를 바꾸어 놓았습니다."

"그 일이 이 시대에 일어났는데, 어째서 내가 모르는 거죠?"

"그건 하나님의 은밀한 일들, 역사 이면의 숨겨진 영역이에요. 그래서 당신이 몰랐던 거예요. 하지만 곧 알게 될 겁니다."

주

1. 링컨 "아브라함 링컨의 두 번째 취임사"
2. 아브라함 링컨 "선언 97 - 국가적 겸손, 금식, 기도의 날 지정" 1863년 3월 30일 미국 대통령직 프로젝트 https://www.presidency.ucsb.edu/documents/proclamation-97-appointing-day-national-humiliation-fasting-and-prayer.
3. 제닝스 크로퍼 와이즈(Jennings Cropper Wise), 리의 긴팔, 2권 (링컨, NE : 네브래스카 대학교 출판부, 1991), 557 https://books.google.com/books?id=KHSn_TeKbZIC&pg.

32장
서쪽 계단

우리는 계단을 내려와 광장을 가로지르며 더 많은 계단을 지나 리플렉팅 풀(반사의 연못)을 따라 걸었다.

"여기에서 처음으로 내셔널 몰(National Mall)을 걸었을 때를 기억해요?"

"네, 그럼요."

"우리는 다시 그곳으로 가는 중입니다. 다음에 뭐가 있는지 인장을 연구해 봤나요?"

"자세히 보지는 않았지만 다음 형상은 국회의사당이었어요. 그러면 지금 거기로 가는 건가요?"

"네."

링컨 기념관과 마찬가지로 내셔널 몰에도 사람이 거의 없었다.

"그렇게 남북전쟁이 끝나고, 미국은 그대로 유지되었습니다. 그리고 다음 세기에 세계 역사상 가장 강력하고 큰 번영을 이룩한 나라가 되었죠. 제2차 세계대전 이후 나라들의 수장으로 부상했지만, 하나님을 떠나면서 수년간 사회 불안, 사회적 격변, 지도자들의 암살, 정치적 스캔들, 군사적 패배 외에도 문명의 쇠퇴와 부패를 보여 주는 수많은 현상과 지표들을 경험하게 되었어요.

　1970년대 후반까지, 많은 이들이 미국의 시대가 끝났다고 말했어요. 경제 불황에 인플레이션이 두 자릿수로 폭발했고, 석유 파동으로 차에 기름을 넣기 위해 길게 줄을 서서 기다려야 했습니다. 게다가 1979년 말에는 미국의 최대 적인 소련이 아프가니스탄을 침공했죠.

　동시에 과격 이슬람교도들이 이란 주재 미 대사관을 점령하고, 52명의 미 국민과 외교관들을 인질로 잡았습니다. 미국인들은 매일 밤 텔레비전을 켜고 테헤란의 거리를 가득 메운 사람들이 '미국에 죽음을!'이라고 외치는 모습을 지켜봤어요. 위기는 며칠, 몇 주, 몇 달 동안 계속되었습니다. 전 세계가 무력해 보이는 미국의 새로운 모습을 목격했죠.

　1980년 봄, 대통령은 군사력으로 인질들을 구출하기로 결정했습니다. 그러나 기계 고장과 먼지 폭풍, 헬리콥터의 추락 등 재난이 발생하며 여덟 명의 미군이 사망했습니다. 이란인들은 이들의 시신을 미 대사관 앞 광장에 전시해 놓았어요. TV마다 사망한 미군의 영상과 대참사 소식으로 도배되자, 짙은 어둠이 미국을 덮었죠.

　참사가 있고 나흘 후, 워싱턴 DC에서 어떤 일이 일어났습니다. 믿는 자들이 성회를 위해 전국에서 모여들었어요. 그것은 단 한 구절 역대하 7장 14절에 기초한 행사였어요. 그들은 스스로를 낮추고, 기도하며, 하나님의 얼굴을 구하고, 악한 길에서 돌이키려고 모인 것이었습니다."

　내가 말했다. "다시 그 말씀이네요. 그들은 그 사건 때문에 모인 것이었나요?"

　"아뇨. 그 집회는 참사가 있기 훨씬 전, 미국인들이 인질로 잡히기도 전에 계획된 것이었는데, 1980년의 봄날에 하나로 합쳐진 것이었어요."

　"워싱턴 어디에서요?"

"바로 여기에요, 누리엘. 그들은 바로 여기 내셔널 몰에서 집회를 열었습니다. 그리고 역대하 7장 14절 말씀을 그날 내내 선포했어요. 심지어 기도와 회개를 촉구하는 링컨의 성명서까지 읽었죠."

"그래서 그들은 무엇을 기도했죠?"

"자신들의 죄와 나라의 죄를 용서하시고, 미국에 자비와 긍휼을 베푸사, 그 땅을 고쳐 달라고 기도했습니다. 그러나 그 모임에서 가장 눈에 띄는 기도는 두 가지였습니다. 그들은 한낮에 손을 잡고 미군이 인질들을 구출할 수 없으니 하나님의 손으로 친히 그들을 풀어 달라고 기도했습니다. 다른 기도는 그날의 모임이 끝나갈 무렵에 드렸는데… 그때 그들은 이렇게… 손을 들었어요."

그러면서 선지자는 내셔널 몰 끝에 있는 국회의사당 건물을 향해 오른손을 뻗었다.

"누리엘, 함께해요. 손을 뻗어요."

그래서 나도 손을 뻗었다.

"뭐가 보이죠?"

"국회의사당 건물이요?"

"국회의사당 서편이죠. 저기가 서쪽 계단입니다. 그날 그들은 바로 저곳을 향해 손을 뻗어 이 나라의 수도와 정부에 하나님이 원하시는 이들을 세워 달라고 기도했습니다."

"그래서 어떻게 되었죠?"

"그 모임이 있고 한 달도 지나지 않아 공화당은 사실상 로널드 레이건 전 캘리포니아 주지사를 후보로 지명했죠. 이듬해 11월에 대통령 선거가 있었는데, 선거 전날 레이건은 미국에 대한 자신의 비전을 설명하며 이렇게 말했습니다.

'처음으로 많은 미국인들이 묻고 있습니다. 역사에는 아직도 미국의 자리가 있는가? 미 국민과 위대한 이상의 자리가 있는가? 아니라고… 우리의 에너지는 고갈되었고, 우리의 위대한 시대는 끝났다고 답하는 사람들도 있습니다.[1]'

이어서 그는 무엇이 미국의 진정한 힘인지 이야기했습니다.

'궁극적으로 미국이라는 나라의 힘의 근원은 폭탄이나 미사일이 아니라 믿음과 결단력, 하나님 앞에서의 겸손입니다. 우리 국민은 처음부터 이 믿음과 비전을 변함없이 굳게 지켰습니다. 1630년 신대륙으로 향하던 아벨라호가 매사추세츠 해안에 도달하기 직전, 존 윈스롭은 갑판에 모인 정착민들에게 우리가 산 위의 동네가 될 것이라고 말했습니다.[1]'"

"레이건이 윈스롭과 산 위의 동네에 대해 말했군요!"

"네."

"수세기 전에 주어진 영적 비전을 말하는 대통령 후보였네요…"

"마치 미국에 오랫동안 잊혀진 거룩한 소명을 상기시켜 주는 것 같았죠. 그날 밤, 그는 하나님을 떠나지 말라는 윈스롭의 경고도 언급했습니다.

'모든 사람의 눈이 우리에게 향해 있습니다. 그러므로 우리가 맡은 이 일에 하나님을 거짓되이 대하여 우리에게서 그분의 도움의 손길이 거두어지면, 우리는 온 세상의 이야기거리와 웃음거리가 될 것입니다.[1]'"

"심판의 경고… 레이건이 그것을 말했다니… 놀랍네요."

"그 후 그는 이렇게 말하며 연설을 끝냈어요. '그리하여 그들이 우리 시대와 세대에 대해 하나님과의 약속을 지켰고, 스스로 합당하게 행했으며, 산 위의 빛나는 동네를 정성껏 지키고 보호하여 전달해 주었다고 말하게 합시다.[1]'

그는 미국을 다시 하나님께로, 건국 비전으로 부르고 있었습니다. 마지막 말은 '산 위의 동네'였어요."

우리는 계속 국회의사당 쪽으로 걸어갔다.

"그 연설을 한 다음 날, 투표 결과는 혁명적이었습니다. 레이건은 성경적 가치를 지지한다고 맹세한 이들과 더불어 압도적인 표 차이로 대통령에 당선되었죠."

"그날 그들이 모임 가운데 드린 기도대로 되었네요."

"그리고 또 다른 변화가 있었습니다. 앤드류 잭슨 시절부터 대통령 취임식은 항상 대법원 맞은편 국회의사당 동쪽에서 열렸어요. 그런데 1981년에는 내셔널 몰과 마주보는 서쪽 계단으로 장소가 변경되었죠. 그래서 새로운 대통령은 집회 가운데 그 기도가 드려진 장소 맞은편, 하나님이 택하신 자들을 권세의 자리에 세워 달라고 기도하며 손을 뻗었던 그 자리에 서게 되었습니다."

"레이건은 내셔널 몰에서 무슨 일이 있었는지 알았나요?"

선지자가 말했다. "아뇨. 레이건은 그 일과 아무 상관도 없었습니다. 그렇게 취임 합동위원회에서 150년 전통을 깨고 그해의 취임식을 이전과는 다른 곳에서 열게 되었죠. 그래서 1981년 1월, 레이건은 믿는 자들이 그런 기도를 드리며 손을 뻗었던 그 자리… 서쪽 계단에서 취임 연설을 했습니다. 마치 하나님이 그 자리로 취임식 장소를 옮기셔서 내셔널 몰에서 드려진 기도를 들었다고 알려 주시는 것 같았죠."

내가 말했다. "내 백성이… 스스로 낮추고 기도하면, 내가 하늘에서 듣고…"

우리는 서쪽 계단 앞에서 멈춰 섰다.

내가 말했다. "그런데 다른 기도는 어떻게 되었죠? 인질들을 풀어 달라는 기도 말이에요."

"첫 번째 기도는 1981년 1월 20일 내셔널 몰에서 취임식이 열리면서 응답되었습니다. 그리고 같은 날인 1981년 1월 20일에 444일 동안 감금되어 있던 인질들도 풀려났습니다. 두 기도는 정확히 같은 날 한 시간 차이로 응답되면서, 그 기도가 드려진 장소에서 하나가 되었죠."

"역사 뒤에 숨겨진 비밀들이… 놀랍군요."

"취임식 날 일어난 일은 어떤 의식이나 정치적 의제, 행정, 또는 사람에 대한… 불완전한 것들이 아니었습니다. 그건 고대의 약속에 대한 것이었어요. 믿는 자들은 내셔널 몰에 모여 미국을 위해 기도하면서 하나님이 솔로몬 왕에게 주신 약속 위에 서 있었습니다. 그 약속은 '그들의 땅을 고치리라'로 끝나죠."

선지자는 계속해서 말했다. "취임식은… 엄청난 변화와 회복의 시작이었습니다. 미 경제를 파탄 내며 치솟던 인플레이션이 곧 사라지고, 악화되던 경제가 다시 살아나며 '7년의 풍년'이라는 기간에 수조 달러 규모로 확장되었어요. 1981년 취임식 날 미국 역사상 가장 놀랍고도 긴 경제 성장과 번영의 시대가 시작되었으며, 레이건 대통령의 임기가 끝난 후에도 그 영향은 계속되었죠. 그리고 이러한 변화는 국경 밖에서도 나타나기 시작하여 미국의 세계적인 영향력이 부활하면서 군사력도 회복되었습니다.

그 후 상상하기 어려웠던 일이 벌어졌죠. 거의 70년 동안 동유럽을 지배하던 공산주의가 무너지기 시작하더니, 이어서 소련이 붕괴되었습니다. 미국은 세계 유일의 초강대국이라는 전례 없는 위치에 서게 되었어요. 레이건이 그날 취임하지 않았다면, 당시 쇠퇴하던 미국의 상황이 그대로 계속되었다면, 그 모든 일이 그대로 일어났을지 의문입니다.

그렇게 미국 역사뿐 아니라 세계 역사가 바뀌었습니다. 취임식 날, 특히 레이건이 오른손을 들고 대통령 선서를 하는 순간, 모든 게 달라지기 시작했어요. 세계는 그가 맹세하며 들어 올린 오른손만 보고, 왼손은 보지 못했죠."

"그게 중요한가요?"

"주님은 역사의 왼편에서도 오른편 못지않게 역사하시는 분입니다. 그리고 인간사에서는 보이는 것보다 보이지 않는 영역이 더 중요한 경우가 많아요."

"아직도 이해가 되지 않아요."

"그의 왼손은 자신이 미리 택한 특정 성경 구절 위에 놓여 있었는데, 미국의 역사를 바꾼 것이 바로 그 구절이었습니다."

"그게 어떤 구절이죠?"

"'내 이름으로 일컫는 내 백성이 그들의 악한 길에서 떠나 스스로 낮추고 기도하여 내 얼굴을 찾으면 내가 하늘에서 듣고 그들의 죄를 사하고 그들의 땅을 고칠지라'는 말씀이었습니다."

"그건…"

선지자가 말했다. "그래요. 모든 것을 변화시킨 구절은 하나님이 솔로몬 왕을 통해 고대 이스라엘에 주신 국가 회복의 약속이었습니다. 바로 그 말씀이 3천 년 후, 미국과 세계사의 흐름을 바꾸어 놓은 거예요."

"왜 그는 그 구절을 택했을까요?"

"기이한 역사적 순간 중 하나죠. 그가 맹세한 성경은 어머니의 것이었습니다. 그 구절 옆 여백에는 '나라를 회복시키는 놀라운 말씀'이라는 어머니의 메모가 있었습니다.[2]"

내가 말했다. "그렇게 그 순간 모든 것이 하나로 합쳐지게 되었군요. 몇 달 전 내셔널 몰에서 기도한 구절과 그들의 기도를 들으시고 그들의 땅을 고칠 것이라는 표적, 곧 하나님의 손길이 연결되었어요."

"그러므로 그때 이후에 일어난 모든 일은 한 구절, '내가 그들의 땅을 고칠지라'는 고대의 약속에서 시작된 것입니다. 미국의 회복, 소련의 몰락, 공산주의의 붕괴, 여러 나라의 자유화 등 모든 것이 그 구절의 성취였어요. 대통령의 손 밑에 있던 고대의 약속이 세계사의 흐름을 결정지은 거예요."

"세계의 역사가… 하나님의 말씀과 백성들의 기도로 변화되었군요. 그게 역사의 비밀이에요."

선지자가 말했다. "말씀과 백성의 기도는 근본적으로 왕이나 왕국의 권세보다 힘이 있어요. 그런 것들이 세계사를 결정합니다. 남북전쟁 때도 그랬고, 우리 시대도 마찬가지예요. 세계사뿐만 아니라 우리의 인생도요."

내가 말했다. "그렇게 모든 것이 바뀌었어요. 하지만 지금은 어떻죠?"

"그 구절에 대통령의 손이 놓이면서 마치 미국에 다시 기회가 주어진 것 같았습니다. 그는 임기를 마치고 고별 연설을 하면서 다시 한번 산 위의 동네를 언급하여 미국 최초의 소명을 상기시켜 주었어요.[3] 하지만 그렇게 다시 일어선 미국은 지속적으로 하나님과 멀어졌습니다. 그리하여 9.11이 일어났고 기회의 시간이 주어졌지만, 더욱 하나님과 멀어졌죠.

당신은 미국에 아직 희망이 있는지, 미국이 돌이켜 회복될 수 있는지, 그렇다면 어떻게 될지 물었어요. 이제 어둠과 빛, 하나님을 떠난 나라의 몰락과 심판의 징조들 그리고 자비의 약속과 구원의 소망을 모두 보았습니다. 그 약속은 과거나 고대와 마찬가지로 지금도 실재적이에요. 하지만 경고도 마찬가지입니다. 이제 시간이 더 흘렀고 위험은 커졌습니다. 그리고 돌이키는 것이 더욱 급박해졌어요."

선지자는 국회의사당을 뒤로 하고 걷기 시작했다. 나도 그 뒤를 따랐다.

"이제 그걸 집으로 가져가요… 한 가지 미스터리를 더 보게 될 겁니다. 그러려면, 한 번 더 여행을 해야겠죠?"

내가 물었다. "어디로요?"

"산 위의 동네로요."

주 ———————

1. 로널드 레이건, "미국의 비전을 위한 선거 전야 연설", 1980년 11월 3일 로널드 레이건 대통령 도서관 & 박물관 https://www.reaganlibrary.gov/11-3-80.
2. 마이클 레이건(Michael Reagan)과 짐 데니(Jim Denney), 평범하지 않은 남자의 상식 (네쉬빌: 토마스 넬슨, 1998) https://books.google.com/books?id=bFriCQAAQBAJ&.
3. 로널드 레이건, "국가에 대한 작별 연설", 레이건 재단, 1989년 1월 11일, https://www.reaganfoundation.org/media/128652/farewell.pdf.

33장

섬

애나가 말했다. "산 위의 동네요? 하지만 산 위의 동네는 미국이잖아요. 이미 미국에 있는데 어떻게 간다는 거죠?"

"나도 그게 이해가 되지 않았어요."

"하지만 인장이 있었잖아요. 다음 형상은 뭐였죠?"

"불규칙한 형태로 윤곽이 그려져 있는데, 뿔이나 꽃다발처럼 보였어요. 안쪽에는 안경 하나가 들어 있었고요."

"그건 뭘 나타내는 거죠?"

"윤곽 주변의 표시들을 보기 전까지는 전혀 몰랐어요. 그것은 곡선으로 이루어져 있었고, 물을 표현한 것 같았어요. 그래서 그 윤곽을 섬이라고 생각하게 되었죠."

"그러면 안경은요?"

"섬과 안경(glasses), 유리 섬, 유리로 된 섬 등을 인터넷으로 검색했지만, 의미가 통하는 것을 찾을 수 없었어요. 그래서 안경을 뜻하는 또 다른 단어 spectacles와 섬을 검색해 보았죠. 그때 그걸 발견했어요."

"안경섬(Spectacles Island)이 있어요?"

누리엘이 말했다. "아뇨. 하지만 스펙터클섬이라는 곳이 있었습니다."

"스펙터클섬(Spectacle Island)이요?"

"그 섬은 인장에 있는 형상과 똑같은 모습이었어요."

"그 섬은 어디에 있는데요?"

"매사추세츠 만 청교도들의 바다에요. 모든 게 일치했습니다. 그래서 다시 뉴잉글랜드로 갔어요. 보스턴 외곽에 있는 호텔에서 하룻밤 쉬고, 다음 날 아침 그 섬을 찾아 출발했습니다. 그 섬은 육지에서 6.5킬로미터 정도 떨어져 있었어요. 그곳에 데려다 줄 사람을 돈을 주고 고용했는데, 짧게 자른 하얀 수염에 얼굴이 햇볕에 붉게 그을린 건장한 노인이었습니다. 섬에 도착해서 내가 떠날 때까지 기다려 주기로 노인과 약속한 뒤, 선지자를 만나기 바라며 배에서 내렸어요. 황량한 섬이었어요. 섬 둘레에 산책로가 있어서 그 길을 따라가기로 마음먹었죠. 섬 끝에 작은 언덕 같은 것이 있어서 그리로 올라갔는데, 정상에 마치 나를 기다리던 것처럼 선지자가 서 있었어요."

❖❖❖

선지자가 말했다. "우리는 돌아왔어요, 누리엘."

"우리가 재회한 매사추세츠 만으로 다시 왔죠."

"그게 아니라, 우리가 시작, 곧 기초로 돌아왔다는 말이에요. 저길 봐요."

선지자가 오른쪽을 가리키며 말했다.

"당신이 저 방향으로 왔다면, 4백 년 전에 메이플라워호가 상륙한 해안으로 온 거예요."

"그러면 존 윈스롭도 저기에 상륙했나요?"

선지자는 왼쪽을 가리키며 말했다. "아뇨. 윈스롭은 저기… 북쪽에 상륙했어요."

"새로운 문명에 대한 비전을 제시한 후에 말이죠."

"산 위의 동네요."

"그리고 당신은 우리가 그곳에 갈 거라고 말했죠."

"그래서 우리가 여기 있는 거예요… 산 위의 동네를 찾으려고요."

"하지만 산 위의 동네는 미국이잖아요."

선지자가 말했다. "산 위의 동네가 미국이 된 거죠. 하지만 당신은 미국을 찾으려고 여기에 온 게 아니에요. 그렇다면 산 위에 동네는… 처음에는 무엇이었을까요?"

내가 말했다. "여기… 뉴잉글랜드요?"

"매사추세츠 만은 매사추세츠 만 식민지, 새로운 세계에 심겨져 윈스롭이 직접 다스리던 문명이었습니다. 하지만 그게 다가 아니에요. 산 위의 동네는 세상 가운데 들어 올려진 민족이나 사회를 상징하지만, 실제 도시가 있었어요. 윈스롭과 함께 대서양을 건너와 산 위의 동네라는 비전에 동참한 사람들이 도시의 기초를 놓기 시작했죠."

"실제 도시라고요?"

"그들은 비전을 구현한 실제 도시를 세웠어요."

내가 물었다. "그래서 어떻게 되었죠? 그게 아직도 존재하나요?"

"그렇다고 할 수 있습니다. 당신도 들어 봤을 거예요. 이쪽으로 와요."

그러면서 그는 나를 언덕 왼편으로 데려갔다.

"봐요, 누리엘. 저기요."

선지자가 말했다. "저기에… 산 위의 동네가 있습니다."

바다 건너로 고층 건물들이 빽빽하게 늘어서 있는 현대 도시의 모습이 보였다.

"당신도 저 도시를 알 거예요… 보스턴입니다."

"보스턴이라고요? 산 위의 동네가?"

"그래요. 보스턴은 윈스롭의 비전이 처음으로 구현된 곳이며, 새로운 영연방의 중심이자, 장차 미국이 될 산 위의 동네였습니다."

"보스턴이요?"

"산 위의 동네는 그곳의 이름 중 하나입니다. 보스턴은 매사추세츠 만 식민지의 수도로 윈스롭의 본거지가 되었어요. 그는 보스턴에서 살아가며 다스리다가, 그곳에 묻혔습니다. 보스턴은 존 윈스롭이 세운 도시예요."

선지자는 이후 아무 말도 하지 않았다.

내가 물었다. "왜 아무 말도 하지 않죠?"

선지자가 말했다. "아직 그걸 못 봤군요. 그렇죠?"

"뭘 말이죠? 눈앞에 있는 도시요?"

"미국은 하나님의 목적과 영광을 위해 세워졌어요. 세상의 빛, 산 위의 동네로 말이에요. 모든 것이 여기, 이 해안에서 시작되었죠. 이곳은 미국의 소명과 비전이 처음으로 구현된 곳입니다. 그러나 미국은 하나님의 목적과 소명을 버리고 떠났어요. 그러자 이 모든 흔들림, 신호, 징조들이 시작되었죠. 그러면 이 모든 게 시작된 곳은 어디죠? 9.11은 어디에서 시작되었나요?"

그 순간 나는 깨달았다.

"모든 게 여기서 시작되었군요…"

선지자가 말했다. "그래요. 9.11은 산 위의 동네에서 시작되었습니다. 첫 번째 비행기가 이곳에서 이륙했죠…"

"미국의 진동이 산 위의 동네에서 시작되었다니…"

"원칙을 기억합시다. 심판 때에 그 나라는 기초로 돌아가게 됩니다. 그래서 9.11 당시 미국은 그 힘의 기초로 돌아갔어요. 발견 당시의 맨해튼 남부로, 착공 당일의 펜타곤으로, 그리고 건국 첫날 하나님께 바쳐진 그라운드 제로로 말이에요. 하지만 미스터리는 거기서 더 나아가 처음으로, 기초의 기초로, 여기 산 위의 동네까지 거슬러 올라갑니다. 미국은 이 기초에서 벗어났다가, 단 하루 만에 그 기초로 돌아왔어요."

내가 말했다. "모든 게 돌이키라는… 돌아오라는 부르심이었군요."

"윈스롭의 비전은 뭐라고 예언했죠?"

"미국이 하나님의 길을 따르면 평화와 안전, 번영, 권력, 그리고 탁월함 등 이스라엘의 복이 임하겠지만, 하나님의 길에서 돌아서면 이스라엘의 심판이 임할 거라고요."

"그러면 9.11과 이후의 징조들은 뭐죠? 그 모든 것은 무엇을 반복하는 것이었습니까?"

"이스라엘의 심판이요… 9.11은 산 위의 동네와 연결되어 있고요."

선지자가 말했다. "9.11 자체가 산 위의 동네에서 시작되었다는 것이 미스터리입니다. 파괴를 가져올 비행기들은 산 위의 동네에서 이륙했어요. 미국의 재난이 산 위의 동네에서 시작된 거예요."

"그러면 그 일은 미국에 재앙을 경고한 사람의 도시에서 시작된 거네요."

"그리고 그의 경고는 모세가 이스라엘에 경고한 신명기 28장에서 비롯된 것이었죠. 그런데 9.11 주간이 시작되며 읽게 되어 있는 성경 말씀이 뭐였죠?"

"신명기 28장이요."

"무엇을 경고하는 말씀이죠?"

"멀리 땅끝에서 온 적이 내리 덮치는 독수리처럼 파멸을 가져올 거라는 말씀이었어요."

"윈스롭은 그렇게 이스라엘의 심판 중 하나를 경고했습니다. 그리고 이 모든 것은 적이 그날에 산 위의 동네 보스턴에서 독수리처럼 날아오르며 시작되었죠."

"모든 것이 하나로 연결되는군요."

"그 미스터리에는 아직도 더 많은 것이 있어요."

"더 받아들일 수 있을지 모르겠네요."

"윈스롭이 소유한 특별한 곳이 있었는데, 섬이었습니다."

"이 섬은 아닌가요?"

"네. 하지만 이곳만큼 작은 섬이었습니다. 윈스롭은 그 섬에 정원과 포도밭, 과수원 등을 만들었어요. 뉴잉글랜드 최초의 사과나무와 배나무가 윈스롭에 의해 그 섬에 심겨졌다고 합니다. 그 섬이 본토 가까이 있어서 윈스롭은 산 위의 동네를 바라보며 그 소명을 생각하고 미래를 위해 기도할 수 있었다고 해요. 그곳은 통치자(또는 주지사)의 섬(Governer's Island)이라고 불리게 되었죠."

"왜요?"

"윈스롭 때문에 붙여진 이름입니다. 그는 통치자였어요. 그건 윈스롭의 섬을 가리키는 또 다른 표현이었습니다."

바로 그때 비행기가 시끄럽게 저공비행을 하며 우리 앞쪽을 지나갔다. 하루 종일 인근 공항에서 수많은 비행기가 이착륙하고 있다는 사실을 알고 있었지만, 이것은 놓칠 수가 없었다.

선지자가 물었다. "이 모든 비행기가 어디로 오고 가는지 알아요?"

"저 공항이요."

"저 공항이 뭔지 알겠어요?"

"그건 생각해 본 적이 없는데요."

"저기가 모든 것이 시작된 곳입니다, 누리엘. 9.11은 단순히 보스턴에서 시작된 게 아니에요. 저기… 저 공항에서 모든 것이 시작되었습니다."

"저 공항은…"

"로건 공항입니다. 바로 저기서 테러리스트들이 그들의 사명을 시작하려고 이륙했죠. 9.11은 저곳에서 시작되었습니다."

"비행기가 지나가기 전에 우리는 윈스롭의 섬에 대해 이야기하고 있었어요. 이유가 뭐죠?"

"윈스롭의 섬에서 무슨 일이 있었는지 알아요, 누리엘?"

"아뇨."

선지자는 잠시 말을 멈추었다.

"그곳은 공항이 되었어요."

"설마요!"

"존 윈스롭의 섬은 9.11이 시작된 바로 저… 로건 공항이 되었습니다."

"로건 공항!"

"흔들림, 신호와 징조들… 모든 것이 존 윈스롭 섬에서 시작되었어요."

"어떻게 그런…"

"미국의 기초를 세우고 하나님을 떠나면 어떤 일이 벌어질지 경고한 사람… 그 재앙은… 그의 땅, 그의 섬, 그가 거하며 기도하던 곳에서 시작되었습니다."

"이건 너무…"

선지자가 말했다. "이것은 미스터리 이면의 미스터리예요. 9.11의 재앙이 그라운드 제로, 미국이 건국 첫날 하나님께 바친 땅을 덮쳤습니다.

하지만 그 모든 것은… 건국 이전에 미국을 하나님께 성별한 이곳… 미스터리의 땅 너머 미스터리의 땅에서 시작되었어요."

선지자는 공항 바로 옆쪽을 가리키며 말했다. "땅 얘기가 나와서 말인데, 저쪽을 봐요. 로건 공항 가까이 있어서 거의 닿을 것처럼 보이죠. 저곳을 뭐라고 부르는지 알아요?"

나는 고개를 저었다.

"윈스롭… 윈스롭 타운입니다."

"모든 미스터리 조각이… 맞춰졌네요."

선지자가 말했다. "네, 전부 모였어요. 적이 독수리처럼 이 땅에 나타날 거라고 예언된 두루마리가 펼쳐지고 사흘 만인 9월의 아침, 테러리스트들이 산 위의 동네 존 윈스롭 땅에서 날아올랐습니다. 같은 날 아침, 뉴욕과 미 전역에서 고대의 슬리콧 기도가 울려 퍼졌어요. 적이 그 땅을 공격하여 파괴가 남겨질 거라는 내용이었죠. 또 그날 아침, '하프문'이라는 배가 수백 년 전 9월 11일에 뉴욕시가 시작된 것을 재연하기 위해 허드슨강을 거슬러 올라갈 준비를 했습니다.

뿐만 아니라 그날 아침, 뉴욕시와 동부 해안, 그리고 미 전역에 거하는 믿는 자들의 침실과 서재, 부엌 식탁에 그날 읽게 되어 있는 성경 말씀이 펼쳐져 있었어요. 적이 그 땅을 공격하여 건물이 무너지고 뽕나무가 쓰러질 것을 예언한 이사야 9장 10절, 한 나라에 심판이 시작되는 내용이었죠. 그 모든 게 그것을 읽은 날 아침에 시작되었습니다. 그리고 같은 날 아침, 미 동부 해안과 뉴욕시 전역에서 임박한 재난을 경고하는 고대의 경보음, 파수꾼의 소리가 울려 퍼지기 시작했죠. 존 윈스롭의 예언이 존 윈스롭의 땅에서 날아올라 미국을 덮친 것이 바로 그날 아침이었습니다."

내가 말했다. "그렇게 우리는 시작의 시작으로 돌아온 것이군요."

선지자가 대답했다. "모든 것이 원점으로 돌아가기에 처음부터 시작해야 해요."

"돌아오라고… 정신 차리라고 외치는 소리였군요."

선지자가 말했다. "귀가 먹어 듣지 못하는 사람들을 향한 강하고 맹렬한 경고음이었습니다. 하지만 경보가 울리는 목적은 심판이 아니라, 잠들어 있는 자들을 깨워 심판을 피하게 하는 것이에요."

"그렇게 모든 것이 그 기초와 그것이 시작된 날로 돌아가는군요… 전부 돌이킴에 대한… 벗어난 기초로 돌아오라고 나라를 부르는 소리였어요."

"그래요. 하지만 그 기초는 어떤 장소나 원칙, 도덕적 교훈이 아니에요. 그분, 바로 하나님 자신이에요."

"윈스롭은 미국의 끝이 복일지 심판일지 암시하지는 않았나요?"

"그는 모세의 말씀을 한 번 더 언급하며 산 위의 동네에 대한 비전을 마무리지었습니다. 그는 이렇게 말했어요. '사랑하는 여러분, 지금 우리 앞에는 생명과 죽음, 선과 악이 있습니다. 오늘 우리는 주 우리 하나님을 사랑하고, 서로 사랑하며, 그분의 길로 행하라는 명령을 받았습니다… 그러므로 생명을 선택합시다.'[1]"

내가 물었다. "그래서 어느 쪽이 될까요? 생명, 아니면 죽음?"

선지자가 말했다. "답은 우리에게 달려 있습니다. 우리 앞에 심판과 구원, 생명과 죽음이 있어요. 우리가 생명을 찾는 것이 그분의 뜻이에요. 하지만 생명을 찾으려면 돌이켜야 합니다. 그 끝이 복과 구원이라면 하나님의 뜻이겠지만, 심판이라면 그건 우리의 것이 될 것입니다. 그래서 하나님은 '내게 돌아오라. 내가 너에게 돌아가겠다' 외치고 계시는 겁니다(말 3:7). 다시 말해…"

"다시 말해?"

"생명을 선택하라."

우리는 따뜻한 바람을 맞으며 산 위의 동네를 바라보았다. 둘 다 한동안 말 없이 그 자리에 서 있다가 내가 침묵을 깼다.

"이제 우리는 원점으로 돌아왔습니다. 두 탑의 섬에서 만났을 때, 당신은 산 위의 동네에 대해 말했어요. 우리는 거기서 시작해 다시 돌아왔습니다. 그러면 이게 우리의 마지막 만남인가요?"

선지자가 말했다. "당신에게 보여 줄 게 한 가지 더 있습니다."

"이게 마지막 미스터리인 줄 알았는데요."

"내가 보여 줄 것은… 다른 거예요."

"다른 거라니요?"

"어떤 비밀이요."

주

1. 윈스롭 "그리스도인의 사랑의 표준".

34장
어린양

애나가 물었다. "비밀이요?"

"소수만 아는 것, 세상이 모르는 곳에서 일어난 일이요."

"그런데 선지자는 아는 일이군요."

누리엘이 말했다. "그래요. 선지자도 그 소수에 포함되는 거죠."

"무슨 일이었는데요?"

"나는 인장을 꺼내어 살펴보기 시작했어요. 섬으로 나를 이끈 형상에서 시계 방향으로 또 다른 형상이 있었어요."

"이전에는 그게 있는지 몰랐나요?"

"산 위의 동네를 둘러싼 고리에 아주 작은 형상들이 있었기 때문에 그전부터 알고 있었어요. 하지만 그게 전부 나를 위해 거기 있다고 생각하지는 않았습니다. 그리고 그 섬에서 마주친 것이 우리의 마지막 만남이 될 거라고 확신했기 때문에 인장의 모든 것을 다 해독할 필요는 없다고 생각했어요. 하지만 선지자가 계시할 것이 한 가지 더 있다고 했을 때 그 생각은 바뀌었죠."

애나가 물었다. "그래서 그 형상은 뭐였죠?"

"문… 고대의 문이었습니다."

애나가 말했다. "모든 게 그렇게 시작되었잖아요. 첫 번째 미스터리가 문이었어요."

"모든 게 꿈과 함께 시작되었죠. 꿈에서 태양과 횃불과 물줄기, 그리고 산들이 새겨진 문을 보았어요. 그것은 인장에 있는 것과 똑같았습니다. 인장은 그것의 축소판이었죠."

"그래서 그게 의미하는 건 뭐죠?"

"꿈에서 의미하는 것과 같았어요. 그건 미국의 성문인 뉴욕시를 나타내는 것이었어요. 더 구체적으로는 맨해튼섬과 자유의 여신상 사이에 있는 허드슨강으로 들어가는 통로요."

"그래서 어디로 갔죠?"

"뉴욕 만과 허드슨강이 만나는 그 문에 최대한 가까이 가기로 마음먹고, 맨해튼 남단에 있는 배터리 파크로 갔어요."

"그렇게 하면서 선지자도 거기 있을 거라고 믿었던 거죠?"

"그랬던 것 같아요."

"그래서 어떻게 되었어요?"

"배터리 파크에 도착해 보니, 그냥 지나칠 수 없는 한 사람 외에… 아무도 없었어요. 평소에 자유의 여신상 분장을 하고 공원에 온 관광객들과 포즈를 취하는 일을 하는 사람들을 보는 것은 이상한 일이 아니에요. 내가 본 사람은 자유의 여신상 분장을 한 여성이었어요. 그녀는 물빛 옷에, 물빛 페이스 페인팅을 하고, 오른손에는 물빛 횃불을 들고 있었습니다. 그리고 하얀 마스크를 쓰고 있었어요.

마스크를 쓴 자유의 여신상이라니… 당황스러운 모습이었어요. 그날 공원에는 아무도 없었는데 무엇을 하고 있는 걸까 궁금하더군요. 선지자를 만나려고 공원을 헤매는 동안 그녀는 눈으로 나를 좇을 뿐 그 자리에서 꼼짝도 하지 않았어요.

그러다가 찾는 걸 포기하려는데, 그녀가 횃불을 내리더니 강가를 가리키는 거예요. 나는 무슨 일인지, 그녀가 누구이고, 왜 그렇게 하는 건지 알아내려 하지 않았어요. 하지만 더는 할 일이 없었기 때문에, 그것을 따라 보기로 마음먹었죠. 그래서 항구로 내려갔는데. 선지자가 있었어요. 그는 작은 보트를 선착장에 대고 나를 기다리고 있었습니다."

❖ ❖ ❖

선지자가 말했다. "어서 와요, 누리엘! 가야 할 곳이 있습니다. 배를 놓치고 싶지 않겠죠? 당분간 다른 배는 없을 겁니다."

나는 선착장으로 내려가서 그의 보트에 탔다. 선지자와 이런 배를 탄 것은 지난번 센트럴 파크의 호수에 이어 두 번째였다. 이번에는 그가 노를 저었다.

내가 물었다. "이쪽으로 나를 인도한 여자는 잠시 고용한 건가요?"

선지자가 대답했다. "아뇨."

"어디로 가는 거죠?"

"가 보면 압니다."

"비밀을 보여 주겠다고 약속했잖아요."

"그건 밝혀질 거예요… 이틀간의 성일에 대한 미스터리입니다."

우리는 배터리 파크 남쪽의 뉴욕 만으로 출발했다. 선지자는 아무 말도 하지 않고 노를 젓는 데만 집중했다. 그리고 뉴욕 만에 도달한 후에야 입을 열었다.

"역사상 처음으로 수십억 명이 집 안에 숨어 전염병이 지나가기를 기다리면서 전 세계가 멈추는 상황이 벌어졌습니다. 한 번을 제외하고는 유례없는 일이죠…"

"한 번이요? 언제 말인가요?"

"고대에도 전염병이 지나가는 동안 집 안에 머물러 있던 적이 있습니다. 그건 지도자들이 내린 명령이었어요. 정해진 때에 집 안에 머물러 있지 못한 사람들은 전염병에 쓰러질 각오를 해야 했죠."

"전에 그런 일이 있었다는 이야기는 들어 본 적이 없는데요."

선지자가 대답했다. "그럴 거예요. 유월절 얘기니까요."

"유월절!"

"이스라엘은 재앙, 곧 전염병이 이집트 땅을 지나가는 동안 집 안에 머물러 있어야 했습니다. 그들은 아침까지 집 밖으로 나가지 말라는 모세의 지시를 받았어요. 모두가 전염병이 그 땅을 지나갈 때까지 집 안에 머물러 있어야 했죠."

내가 말했다. "그게 최초의 국가적인 봉쇄였군요."

"다시는 그런 일이 없었는데, 2020년, 3천 년 만에 처음으로 이스라엘 사람들은 집 안으로 들어가 나오지 말라는 지도자들의 명령을 받았습니다. 고대 이집트에서처럼 전염병이 그 땅을 지나가고 있었어요. 그런데 문제는 고대의 요소들이 그렇게 다시 합쳐지고 있었을 뿐만 아니라, 한데 모이는 때였다는 겁니다."

"언제가요?"

"유월절이요. 그 모든 것이 유월절에 합쳐졌습니다. 2020년 봄, 이스라엘 총리는 유월절 전날 오후 6시부터 국가 전체를 봉쇄한다는 명령을 내렸어요. 모두가 직계 가족과 함께 집 안에 머물러 있어야 했죠. 봉쇄는 다음 날 아침 7시까지 지속되어 아무도 아침까지 집에서 나갈 수 없었습니다.

그렇게 이스라엘 사람들은 전염병이 그 땅을 지나가고 있었기에 집 안에 머물러 있었어요. 고대에 재앙이 이집트 땅을 지나가는 동안 집 안에 머물러 있던 것을 기념하는 밤이었죠. 고대의 미스터리가 그것을 기념하는 밤에 다시 재연된 것입니다."

"하지만 그것은 이스라엘에서만 일어난 일이 아니에요."

선지자가 말했다. "그래요. 그것이 요점입니다. 미스터리가 전 세계에서 나타나고 있었죠. 전 세계 지도자들이 전염병 때문에 자국 국민들에게 집에 머물러 있으라고 당부했어요. 전 세계가 유월절의 미스터리 속으로 들어갔어요. 공산주의, 기독교, 무슬림, 힌두교도, 온 세계가 유월절 기간인 이른 봄에 유월절의 미스터리에 빠져들었어요."

내가 말했다. "심판의 유월절이었군요."

"그렇게 말할 수도 있겠네요."

"그러면 그 모든 게 무슨 의미이죠?"

선지자가 물었다. "유월절의 중심은 뭐였죠? 유월절 어린양입니다. 첫 번째 유월절에 이스라엘 백성은 어린양을 잡아 그 피를 문설주에 발라야 했어요. 재앙, 곧 전염병이나 심판이 그들의 집을 덮칠 때, 어린양의 피가 발라져 있으면, 재앙이 그들을 지나가 구원 받았죠. 어린양은 어떤 의미에서 재앙을 흡수하여 그들 대신 죽으면서 그 안에 피한 자들을 심판에서 구원하였습니다. 모든 것의 중심에 어린양이 있었어요."

그는 한동안 말없이 노를 저으며 내가 그의 말을 받아들일 시간을 주었다.

선지자가 물었다. "성경은 예수님을 뭐라고 부르죠?"

"어린양이요?"

"이사야는 메시아가 '도살장으로 끌려가는 어린양 같았다' 예언했고(사 53:7), 침례 요한은 그분에 대해 '보라! 세상 죄를 지고 가는 하나님의 어린양이로다!'(요 1:29)라고 했습니다. 그러면 왜 그분을 어린양이라 부를까요?"

"그분이 제물이 되실 것이기 때문이에요."

"그래요. 하지만 그게 다가 아닙니다. 그분은 특별히 유월절 어린양으로 오셨어요. 예수님이 언제 목숨을 바치셨죠? 바로 유월절입니다. 십자가는 뭐죠? 유월절을 상징하는 어린양의 피를 바른 문설주, 나무 기둥입니다. 그러면 복음은 뭔가요? 어린양이 대신 죽어 심판 받음으로 우리가 자유로워지고 구원 받게 되었다는 것입니다. 그게 바로 유월절의 메시지이며, 한결같은 유월절 신앙이에요.

그런데 우리는 이제까지 무엇을 목격했죠, 누리엘? 한 나라, 문명, 세계 문화가 하나님뿐 아니라 어린양, 유월절 어린양을 중심으로 한 믿음에서 멀어지고 있습니다. 그리고 지금 재앙, 전염병이 그런 세상을 덮쳤고, 사람들은 전염병이 지나갈 때까지 집 안에 머물러 있어야 해요. 이 모든 것은 유월절 기간에 세상을 덮쳤어요. 그리하여 유월절 어린양을 떠난 세상이 그 미스터리 속으로 다시 돌아오게 되었습니다. 유월절은 무엇을 유일한 해결책으로 계시하죠?"

"어린양이요."

"심판의 유일한 해결책은… 단순히 이집트만 심판 받으면 끝나는 것이 아니에요. 모든 죄악에 심판이 임해야 합니다."

"그렇게 세상을 다시 부르고 계신 거로군요."

"그런데 전염병의 세계적인 진원지는 어디였죠?"

"뉴욕이요."

"그러면 그라운드 제로에서 자라난 징조, 에레즈 나무, 곧 희망의 나무가 쓰러진 것은… 언제죠?"

"유월절이요."

"뉴욕에서 전염병이 절정에 달했던 이틀을 기억해요?"

"4월 9일과 10일이요?"

"그런데 4월 9일이 무슨 날이었는지 알아요?"

"아뇨."

"바로 유월절 첫날이었습니다!"

"그러면 뉴욕에서 전염병의 기세가 정점을 찍었을 때가 재앙이 지나간 것을 기념하는 히브리 성일이었군요."

선지자가 대답했다. "네, 게다가 뉴욕은 미국에 있는 유대인들의 중심지예요. 그래서 전염병이 뉴욕을 할퀴고 지나가던 날, 유대인들은 유월절을 지키고 있었죠. 유월절은 어린양의 피로 재앙, 전염병을 이긴 것을 기념하는 성일입니다. 그리고 바로 그 유월절 직후 뉴욕에서 전염병의 기세가 약화되며 지나가기 시작했죠."

내가 말했다. "그건 4월 9일이에요. 하지만 전염병의 고비는 이틀이었습니다. 나머지 4월 10일은 어땠죠? 그것도 의미가 있나요?"

선지자가 말했다. "그렇다고 할 수 있습니다. 4월 10일은 성금요일이었어요. 사실 성금요일은… 재앙, 전염병이 우리 삶을 지나가도록 예수님이 유월절 어린양으로 십자가에서 희생하신 것을 기념하는 날로, 유월절과 같은 날입니다…"

◆◆◆

브라이턴 해변에 새벽이 밝아오기 시작했다. 애나는 바다 먼 곳을 멍

하니 바라보고 있었다.

누리엘이 물었다. "무슨 생각해요?"

"모르겠어요."

"무슨 생각하는지 말해 봐요."

애나가 말했다. "모든 게 그분께 거슬러 올라가는 거요… 지난번에도… 모든 것이 그분께 거슬러 올라갔어요."

"예수님이요?"

"네…"

"그런 경향이 있어요. 모든 만물이 그분께 거슬러 올라갑니다. 모든 세대… 모든 인간사… 우리 삶의 모든 순간이 그분의 탄생에 맞추어져 있어요. 심지어 미국도, 그분 때문에 건국되어 그분의 목적을 위해 바쳐졌죠. 미국의 건국 비전인 산 위의 동네를 제시한 것도… 윈스롭이 아니라 예수님이었어요. 예수님이 제자들에게 어떤 존재가 되어야 하는지 비유로 말씀해 주신 것이었죠. 유월절의 중심이 어린양인 것처럼 세상은 그분을 중심으로 돌아갑니다… 역사 자체가 그분의 삶으로 나눠지는데… 역사뿐만 아니라… 결국… 이건 역사나 국가에 관한 것이 아니에요."

"그럼 뭐죠?"

"애나, 결국 이건 우리 각자의 문제예요. 나라들이 심판 받는 것은 이 세상에 속한 일입니다. 하지만 이 세상은 아주 작은 부분… 영원의 가장 작은 부분에 불과해요. 우리 앞에는 영원이 있는데, 하나님과 함께하는 영원과 함께하지 않는 영원이 있어요. 선지자가 한 말을 기억해요. 하나님은 악을 심판하실 수밖에 없어요. 빛은 어둠을 이기고, 선은 악을 끝장내야 하죠. 그렇게 모든 죄는 심판 받아야 해요. 단 하나의 악이 우리를 선에서 분리시킬 수 있고, 딱 한 가지 죄가 우리를 하나님에게서 영원히

떼어놓을 수 있어요."

"영원한 심판…"

"우리는 모두 심판 날에 빛 가운데 서게 되어 있어요."

애나가 말했다. "하지만 죄가 없는 사람은 없어요. 그래서 아무도 구원받을 수 없어요."

"그런데 그게 바로 유월절의 미스터리예요. 심판이 모두에게 다가오고 있어요. 하지만 어린양에게 피하면 심판이 그들을 넘어갑니다. 어린양에게 나아가는 자마다 구원을 받아요."

"어린양 예수님…"

"어린양 예수님은 우리를 구원하시려고 우리 대신 죽으시고 심판 받으셨어요… '하나님이 세상을 이처럼 사랑하사 독생자를 주셨으니, 이는 그를 믿는 자마다 멸망하지 않고 영생을 얻게 하려 하심이라(요 3:16)' 기록되어 있죠."

"하지만 하나님을 너무 멀리 떠난 사람도 있어요."

"당신은 결코 나보다 멀리 있지 않아요. 그리고 당신이 얼마나 멀리 있는지는 중요하지 않아요. 유월절 밤에는 당신이 누구인지, 과거가 어땠는지, 얼마나 선하거나 악한지, 얼마나 고결하거나 죄를 지었는지는 중요하지 않았어요. 아무 상관도 없었죠. 그들의 과거, 그들이 했거나 하지 않은 일 때문에 구원 받거나 버림 받은 사람은 없었어요. 문으로 들어가 어린양에게 피한 사람은 누구나 심판에서 벗어났지만, 그렇게 하지 않은 사람은 심판을 피할 수 없었죠.

지금도 다르지 않아요. 당신이 누구인지, 과거가 어땠는지, 종교가 뭐였고, 어떻게 태어났는지, 하나님을 얼마나 멀리 떠나 있는지는 중요하지 않아요. 나를 봐요, 애나. 나는 그분에게서 가장 먼, 가능성이 거의 없는 사람이었어요. 우리가 누구인지는 중요하지 않아요. 그분이 누구신지가 중요하죠. 결국 그분의 사랑이 전부예요. 어린양의 피가 발라져 있는 그 문… 이제 십자가 모양의 그 문은 모든 사람에게 열려 있어요. 그러므로 그 문을 통해 들어오는 사람은 누구나 구원을 받지만, 그렇게 하지 않으면 구원 받을 수 없어요.

하나님의 공의는 심판에 있지만, 하나님의 마음은 십자가, 어린양 안에 있어요. 하나님은 사랑이에요. 가장 큰 사랑은 자신을 내어 주어 우리 대신 고통과 슬픔을 짊어지고 지옥과 심판을 담당하심으로 구원 받게 하는 것입니다. 그것이 하나님의 마음이에요. 그러므로 심판에 대해 말할 때는, 하나님이 친히 모든 심판을 담당하셔서 우리가 심판 받을 필요가 없다는 사실을 기억해요. 하나님은 사랑이시고… 사랑은 어린양이십니다."

"정말 전도자가 되었네요, 누리엘."

누리엘이 대답했다. "그런 게 아니에요. 나는 그냥 마음이 가는 사람에게 가장 중요한 것을 나누는 것뿐이에요. 그분은 당신에게서 멀리 계시지 않아요, 애나. 그리고 어려운 일도 아니에요. 그냥 사랑이신 그분께 나아가기만 하면 돼요… 그분은 당신에게 영생을 주시려고 당신의 죄를 위해 죽으시고 심판 받으셔서 죽음을 이기셨어요. 그분을 … 그분의 사랑과 용서, 죄를 깨끗게 하심과 임재, 부활, 능력, 성령, 평강 그리고 은혜와 복을 마음으로 받아들여요. 그분의 사랑이 삶의 모든 영역에 영향을 미치도록 허락해 드려요. 그리고 그분을 본받는 거예요. 마치 유월절처럼… 모든 옛것을 버려 두고 그 문으로 걸어 들어가면, 그 문에서 나올 때 모든 것이 새로워져요."

애나가 말했다. "다시 태어나는 것처럼요… 그래야 한다는 것을 알지만…"

"기다리지 말아요, 애나. 내일로 미루지 말아요. 내일은 결코 오지 않아요. 이 모든 것은 우리 삶이 얼마나 짧고, 연약하고, 덧없는지 생각나게 할 뿐이에요. 죽음은 우리에게서 멀지 않은 곳에 있어요. 우리의 모든 순간은 단 한 번의 심장박동으로 영원과 분리됩니다. 모든 숨결이 우리에게 생명을 주셨고 다시 주실 수 있는 유일하신 분의 선물이고, 빚진 것이에요. 그리고 마지막 심장박동과 호흡이 언제가 될지는 아무도 몰라요. 때가 되면 두 가지 영원 중 하나가 임할 텐데… 그때는 너무 늦어요. 바로 지금 선택해야 해요. 심장이 뛰는 동안에는 선택할 수 있습니다. 그래서 그분은 우리 각자를 부르며 '생명을 택하라', '내게로 오라'(마 11:28) 말씀하시는 거예요, 애나."

애나는 한동안 말이 없다가 입을 열었다.

"그들은 아침까지 집에 머물러 있어야 했어요. 그러면 아침에는…"

"자유로워졌습니다. 모든 것이 새로워졌어요."

"새로운 탄생인가요?"

"그래요. 새로운 탄생, 새로운 시작… 나라의 부활이었죠. 유월절은 부활로 끝이 납니다. 죽음에서 생명이 시작되고, 밤에서 낮이 되죠. 그렇게 밤이 가고 아침이 밝았습니다. 그리고 그들은 약속의 땅으로 여정을 시작했어요."

"근데 그거 알아요, 누리엘?"

"뭐요?"

"아침이에요."

"그렇군요."

✦✦✦

두 사람은 한동안 말 없이 바다 위로 새벽이 밝아오는 모습을 지켜보왔다.

　마침내 애나가 침묵을 깨며 말했다. "그런데 선지자와 배를 타고 어디로 간 거예요? 그리고 그 비밀은 뭐였죠?"

35장
파수꾼의 날

　선지자는 뉴욕과 뉴저지 중간 지점에 도달할 때까지 남서쪽으로 계속 노를 저으며 말했다.
　"이 모든 미스터리, 신호와 징조, 경고는 처음으로 진동이 있던 날 시작되었습니다."
　"9.11 말이군요."
　"하지만 재난이 닥치기 전에 하나님이 경고하신다고 기록되어 있습니다. 그렇다면 이 모든 것이 시작되기 전에 경고가 있었을까요? 만약 그랬다면, 그 안에 현재에 대한 계시와 메시지가 있었을까요?"
　"그렇지 않을까요?"
　"하나님은 고대에 예언적 행위를 통해 재난이 임박했음을 보여 주셨습니다."
　"예언적 행동이라면?"
　"아직 일어나지 않을 일들을 상징적으로 예언하는 행동을 말합니다. 예레미야 선지자는 흙 항아리를 깨뜨리며 예루살렘의 멸망을 예언했고, 아히야는 옷을 찢으며 왕국의 분열을 예언했으며, 에스겔은 백성이 보는 앞에서 짐을 나르며 그들이 사로잡혀 가게 될 것을 예언했죠(렘 19장, 왕상 11:29-39, 겔 12:1-16). 심지어 예언적 행동을 하면서 스스로 깨닫지 못하는 경우도 있어요. 그릇이 망가지자 그것으로 다른 그릇을 만드는 예레미야서의 토기장이처럼 말이에요. 그것은 이스라엘이라는 나라에 대한 하나님의 주권을 상징하는 것이었죠(렘 18:4).

예언적 행동은 성경 전반에 나타나는데, 재앙의 날을 앞서 보여 주는 경우가 많습니다. 이처럼 모든 것이 시작된 9.11 전에도 예언적인 행동이 있었을까요? 그랬다면, 그것을 암시하는 행위였을까요?"

"글쎄요…"

"그건 은밀한 영역이에요. 당신에게 마지막 인장을 달라고 한 적이 없는데, 가져왔나요?"

"네."

선지자에게 인장을 넘겨주면서 다른 인장을 받을 거라고는 기대하지 않았다. 이게 마지막이라는 것을 알았기 때문이다. 그런데 그는 다른 인장을 주었다. 긴 옷에 턱수염을 기른 남자가 양각 나팔을 부는 인장이었다.

내가 말했다. "파수꾼이군요! 이건 내가 받은 첫 번째 인장이에요. 밝혀질 것이 더 있다는 사실을 알려 주며 이 모든 것을 시작한 인장이었죠. 모든 게 원점으로 돌아왔네요. 하지만 이것을 내게 준 건 어린 여자아이였고, 그 아이에게 돌려줬는데… 어떻게 당신 손에 있죠?"

"그게 중요한가요?"

바람이 강해지더니 폭풍이 올 것처럼 하늘이 점점 흐려지고 있었다.

선지자가 물었다. "그런데 파수꾼은 뭘 하는 사람이었죠?"

"성벽에서 감시하다가 적이 공격할 조짐이 보이면, 경보를 울렸습니다."

"구체적으로 성벽 어디죠? 성문 앞이었습니다. 성문 앞의 파수꾼이었어요. 우리가 어디에 있죠, 누리엘?"

내가 대답했다. "뉴욕 만이요."

"오른쪽을 봐요. 수백만 이민자들이 미국으로 들어오며 통과하는 엘리스섬입니다. 여기가 통로… 미국의 문이에요. 그리고 내 뒤에 있는 것이 자유의 여신상이 있는 리버티섬입니다. 이민자들이 미국으로 들어오면서 가장 먼저 보게 되는 것이죠. 여기가 문이에요. 심지어 받침대의 시에도 여신상이 '바닷물에 씻겨진 우리의 석양 문'에 서 있다고 선언합니다.[1] 누리엘, 가장 먼저 적의 공격을 본 사람은 누구였죠?"

"파수꾼이요."

"그래요. 파수꾼은 도시 끝 성벽과 성문에 서서 멀리 내다보았습니다. 그리고 우리도 여기 미국의 끝자락, 미국의 문… 파수꾼의 위치에 서 있어요."

우리는 자유의 여신상이 우뚝 솟아 있는 리버티섬에 다가가고 있었다.

"자유의 여신상으로 가고 있군요."

"맞아요."

"왜죠?"

선지자가 말했다. "재앙이 있기 전에 그 일… 예언적 사건이 벌어진 곳을 보여 주려고요."

"언제 그런 일이 있었죠?"

"재앙이 있기 2년 전… 어떤 파수꾼이 이 문에 나타났습니다."

"파수꾼이라니요?"

"일어날 일을 보고 경보를 울리게 되어 있는 사람 말이에요."

"누군가 9.11이 일어나기 2년 전에 이곳에 왔었다는 말이군요."

"그는 혼자 오지 않았습니다. 다른 사람들과 함께 왔고, 여기서 합류했어요. 그들은 모두 같은 목적으로 여기에 왔죠."

바로 그때 배가 선착장에 도착했다. 선지자는 수면 위로 솟아 있는 나무 기둥에 밧줄을 걸어 배를 고정시켰다.

내가 물었다. "이래도 되는 건가요? 내 말은… 우리에게 권한이 있느냐는 겁니다."

선지자가 대답했다. "있어요. 어느 정도는요."

우리는 배에서 내려 선착장을 지나 섬에 이르렀다. 최근 우리가 만남을 가진 다른 공공장소들과 마찬가지로 거의 사람이 없었다. 우리는 물가의 산책로에서 멈춰 섰다.

"그러면 같은 목적으로 여기 온 사람들은 누구죠?"

선지자가 대답했다. "하나님의 사람들… 영적 전사들이요."

"그들은 어디에서 왔죠?"

"뉴욕시와 주변 지역, 그리고 전국 각지에서요."

"이유가 뭐죠?"

"그들 대부분은… 나라에 재난이 닥칠 것을 알고 있었어요."

"그들은 어떻게 그걸 알 수 있었죠?"

"그들은 성령으로 이 나라에, 특히 뉴욕시에 재난이 닥칠 것을 알았습니다."

"그들은 재난의 이유가 뭐라고 생각했나요?"

"미국은 하나님을 떠나면서 위험에 처해 있었습니다. 그들은 미국을 보호하는 울타리가 해제되는 것을 본 것이에요."

"재앙이 어떻게 닥칠지 그들은 알고 있었나요?"

"그들은 재앙이 테러의 형태로 뉴욕시에 집중될 것을 알았어요. 그래서 뉴욕시와 미국을 위해 기도하려고 이곳에 온 것입니다."

"그들은 이 섬에서 무엇을 했죠?"

선지자가 말했다. "이쪽으로 와요. 보여 줄게요."

그는 나를 자유의 여신상으로 데려갔다. 받침대에 다가가자, 두 명의 보안요원이 보였다. 관광객들에게 개방된 섬이 아니라서 제지당할 거라고 생각했는데, 선지자는 마치 그들을 아는 사람처럼 다가갔다. 그들도 선지자를 아는 것 같았다. 선지자가 그들에게 뭐라고 했는지는 모르겠다. 묻지도 않았다. 그들은 내 쪽을 대충 훑어보더니 위험이 되지 않을 것을 확인한 듯 우리를 통과시켜 주었다. 우리는 받침대 안으로 들어가 계단을 오르기 시작했다. 받침대는 10층 건물 정도의 높이였다. 선지자는 꼭대기에 이르기 전에 전망대 같은 곳으로 나가더니 네 모퉁이 중 한 곳으로 나를 데려갔다.

"여기가 그날 파수꾼이 일행을 데리고 온 북동쪽 모퉁이입니다."

내가 말했다. "성벽 같은 곳이네요. 여기 서 있는 파수꾼의 모습이 그려져요."

"뭐가 보이죠, 누리엘?"

맞은편으로 맨해튼 남단, 특히 뉴욕 서부 남단이 내려다보였다.

내가 말했다. "징조가 보여요… 탑, 세계무역센터요."

"네, 하지만 그들이 본 건 당시의 세계무역센터 건물, 쌍둥이 빌딩이었습니다. 그들은 공격이 올 것을 알고 여기에 왔지만, 이 모퉁이로 인도한 건 파수꾼이었죠."

"그러면 그들은 공격이 있을 현장을 봤겠네요."

"누리엘, 파수꾼은 성문에 있다가 공격의 조짐, 위험이 다가오는 것을 보면, 어떻게 하죠?"

"경보를 울리고, 나팔을 붑니다."

"그래요. 그래서 그날 파수꾼도 여기 오면서 나팔, 곧 쇼파르를 가지고 왔습니다. 그는 이 모퉁이에 서서 미국과 하나님의 목적을 위해 선포하고 기도하는 사람들을 인도했어요. 그리고 나팔을 들어 도시, 곧 세계무역센터의 두 탑을 향해 불었죠. 고대에 임박한 공격을 경고하던 파수꾼의 소리가… 미국의 문에서, 공격의 목표물이 될 뉴욕시의 탑을 향해 울려 퍼졌습니다.

'나팔 소리… 패망이 소리지른다(렘 4:19-20)', '그 사람이 그 땅에 칼이 임함을 보고 나팔을 불며(겔 33:3)', '내가 또 너희 위에 파수꾼을 세웠으니 나팔 소리를 들으라(렘 6:17)', '성읍에서 나팔이 울리는데, 백성이 어찌 두려워하지 아니하겠느냐?(암 3:6)'라고 기록되어 있죠."

내가 물었다. "그게 예언적인 행동이었나요?"

"그게 아직 일어나지 않은 일을 예언한 것이라면, 그렇습니다. 주님은 에스겔 선지자에게 어떤 모습과 관련된 예언적 행위를 하라고 말씀하셨죠. 그는 토판에 예루살렘의 모습을 새기고 '그 성읍을 포위해야'(겔 4:2) 했습니다. 그것은 예루살렘에 닥칠 재앙, 공격을 가상으로 보여 주는 예언적 표현이었어요."

"설마 그들이 자유의 여신상이 새겨진 토판을 가지고 있었던 건 아니겠죠?"

"그래요. 하지만 그들은 다른 것을 가지고 있었죠. 바로 카메라입니다. 파수꾼이 나팔을 불자 사람들이 그 모습을 찍었어요. 그런데 거기에 예언적 모습이 있었습니다."

"어떤 모습이요?"

"나팔 소리가 세계무역센터에 울려 퍼지는 모습이었어요. 그런데 그보다 더 명확한 것은… 사진 속 쇼파르가 실제로 세계무역센터에, 아니 쌍둥이 빌딩 중 하나에 닿아 있었다는 거예요."

"어느 빌딩이요?"

"9.11의 시작을 알리는 북쪽 탑, 먼저 충돌하며 재앙의 시작을 알린 탑이에요."

내가 물었다. "북쪽 탑의 어느 부분이요?"

"쇼파르가 탑 꼭대기, 9.11 참사가 시작될 정확한 지점에 닿아 있었어요. 나팔과 탑… 고대에는 '나팔을 불어 경고하며… 높은 망대(탑)를 치는 날이로다'(습 1:16)라고 기록되었습니다. 사진 속에는 나팔이 말 그대로 높은 탑(망대) 위에 기대어 세워져 있었죠."

내가 말했다. "에스겔 시대처럼 이 도시에 닥칠 공격… 9.11에 대해… 그렇게 상징적으로 보여 주었군요…"

"그런데 고대에는 어디에서 처음으로 그런 공격이 있었죠?"

"성벽과 성문, 파수꾼의 망대에서요."

"그래서 처음으로 공격에 대해 계시된 곳이 바로 미국의 성문이었습니다… 공격 받을 장소과 위치뿐만 아니라 공격 자체가 계시되었죠."

"무슨 말이죠?"

"파수꾼은 나팔을 분 뒤, 손을 들고 히브리어로 고대의 기도를 외쳤습니다. 그러자 뒤에 서 있던 사람들 가운데 한 명이 그것을 녹화했어요. 그런데 나중에 녹화된 것을 살펴보다가, 당시에는 알아차리지 못한 것을 발견하게 되었습니다. 그 영상은 공격이 어떻게 나타날지… 그것이 하늘에서 시작될 것을 보여 주었어요."

"어떻게요?"

"파수꾼이 기도하는데, 어떤 물체가 하늘에 나타났습니다. 그것은 왼쪽에서 나타나 오른쪽으로 날아가고 있었어요."

"오른쪽으로 날아간다는 게 무슨 뜻이죠?"

"그 물체가 세계무역센터로 향하고 있었다는 말이에요. 그것은 9.11 당시 첫 번째 비행기의 경로를 그대로 보여 주었어요. 북쪽 타워로 향하며, 재앙의 날에 유나이티드 항공 11편이 충돌하게 될 바로 그 지점을 지나갔죠. 그 영상은 2년 후 온 나라와 전 세계가 바로 그 자리에서 무엇을 목격하게 될지 미리 보여 주는 것이었어요. 적의 공격은 '나팔을 네 입에 댈지어다! 원수가 독수리처럼 덮칠 것이다(호 8:1)'라고 기록된 그대로였습니다."

"그렇게 성문에 서 있던 사람들은 무슨 일이 있을지 처음으로 보게 되었군요."

"고대처럼요."

"그래서 그 후에는 어떻게 되었죠?"

"그 후 파수꾼은 모인 사람들에게 말했습니다. 큰일이 일어날 거라고, 그리고 그곳에서 있었던 일을 기억하게 될 것이라고 말이에요."

내가 물었다. "알려지지 않은 일이라면서… 당신은 어떻게 그런 일들을 알죠? 그 파수꾼을 아나요?"

"그렇다고 할 수도 있겠네요."

"그 사람은 누구죠?"

"파수꾼이 누구인지는 중요하지 않아요. 중요한 건 2년 후, 그 모든 일이 일어났다는 사실입니다. 적이 파수꾼의 날에 예언된 길을 독수리처럼 날아와 미국의 문을 덮쳤어요. 파수꾼의 나팔이 표시한 곳에 있던 탑을 공격했죠. 하지만 그건 2년 후에 일어난 일만을 말하는 것이 아니었어요."

"그게 무슨 말이죠?"

"그들은 그날을 기억하게 될 것이라고 했어요. 그날 자체가 하나의 표였습니다."

"이해가 되지 않아요."

"그날 벌어진 일뿐 아니라 날짜도 신호였습니다."

"며칠이었는데요?"

"그들이 문에 서 있던 파수꾼의 날은 특정 날짜였어요. 바로… 9월 11일이었습니다."

"그럴 리가!"

선지자가 말했다. "그래요. 모든 게 9월 11일에 일어났습니다. 다가오는 테러 공격에 초점을 맞춘 기도, 성문에 모인 사람들, 경보음, 일어날 일에 대한 사진과 영상… 모두 9월 11일에 있던 일이에요. 누군가 그 날짜를 재앙, 곧 뉴욕이 공격 받는 것이나 탑의 파괴와 연관 짓기 훨씬 전에 모든 것이 연결되어 있었고, 이미 계시되었어요."

바람이 전망대를 휩쓸고 지나가자 그는 잠시 멈추었다가 말했다.

"하지만 나는 이틀의 성일에 대한 미스터리를 이야기해 주겠다고 약속했어요. 유월절에 대해 한 가지만 말했는데, 유월절은 봄이고, 심판은 가을에 시작됩니다."

"가을이요?"

"또는 여름이 끝나가며 가을이 다가올 때에요."

"무슨 말이죠?"

"고대 성서력에서는 여름이 끝나고 가을이 시작될 때 심판 받게 되어 있어요. 바로 이때 모든 눈이 하나님께 향하게 됩니다. 사람이 하나님 앞에 서서 모든 죄를 심판 받게 될 때가 다가오고 있기 때문에 자신의 삶을 돌아봐야 하죠."

"무슨 뜻이죠?"

"여름이 끝나며 엘룰월, 이른 나팔의 달, 예비하는 달이 됩니다."

"무엇을 예비한다는 거죠?"

"심판의 관점에서 회개하고 하나님께 돌아오도록 주어진 시간, 경외의 날들, 회개의 날들, 돌이킴의 날들이요."

"정확히 언제인가요?"

"모든 것이 나팔절, 로쉬 하샤나로 알려진 거룩한 날부터 시작됩니다. 하루 종일 파수꾼의 경보인 쇼파르 소리가 울려 퍼지는 날이죠."

"그게 몇 월인데요?"

"보통 9월입니다."

"나팔 소리가 울려 퍼지는 날…? 그게 무슨 뜻이죠?"

"나팔 소리는 두렵고 떨리는 경고의 소리입니다. 나팔절은 공포와 떨림, 흔들림의 날이며, 다가오는 심판을 경고하는 날이자, 대속죄일인 욤 키푸르에 이를 때까지 열흘간 경외의 날들이 시작되는 날입니다. 대속죄일은 모든 죄가 심판 받고 모든 심판이 확정되는 심판의 날의 그림자예요. 욤 키푸르가 심판의 확정이라면, 나팔절은 그것의 시작입니다. 실제로 나팔을 부는 날을 욤 하딘(Yom Ha Din)이라고도 하죠."

"그게 무슨 뜻이죠?"

선지자가 대답했다. "심판의 날이라는 뜻이에요. 그러므로 나팔절에서 대속죄일까지 열흘은 심판과 연결되어 있고, 다가올 심판의 관점에서 여전히 회개하고 구원 받을 수 있는 기회의 시간입니다.

그러므로 나팔절의 메시지는… 심판이 오고 있으니 하나님 앞에 설 준비를 하라, 바르게 살라, 회개하라, 하나님과의 관계를 바로잡기 위해 무엇이든 하라, 바로 지금이 돌아와서 구원 받을 때, 주어진 시간이 끝나는 날이 올 것이니… 돌아오라는 것입니다."

"왜 나팔절에 대해 이야기하는 건가요?"

"미스터리가 아직 끝나지 않았기 때문이에요. 미국의 문에 재앙이 닥칠 것을 경고한 파수꾼의 날은 9월 11일이었는데, 이날은 또 다른 날이었어요."

"무슨 날이요?"

"그날은 나팔절이었습니다."

"그날은 '심판이 다가오고 있으니, 준비하라, 회개하라' 말하면서… 다가올 재앙에 대비하라고… 9.11이 다가오고 있다고 경고하고 있었군요."

선지자가 말했다. "그렇습니다. 하지만 그게 전부가 아니에요. 참사가 있기 2년 전 경고의 날은 9월 11일이었고, 나팔절이었습니다. 그러나 나팔절은 문제의 끝이 아니라 심판의 날들의 시작이에요. 따라서 9.11 자체는 문제의 끝이 아니라 한 나라의 심판의 시작이었습니다. 그것은 아직 일어나지 않은 일에 대한 경고였어요. 첫 번째 흔들림은 더 큰 흔들림이 있을 것에 대한 징조입니다."

"그렇다면 9.11 이후의 시간은 경외의 날들, 회개하고 하나님께 돌아오도록 주어진 시간, 정해져 있기에 반드시 끝나게 되어 있는 날들이 되는군요… 하지만 우리는 돌아가지 않았어요."

"아니에요."

"그날 무슨 희망의 신호가 보였나요?"

"파수꾼은 나팔을 불기만 한 것이 아니라, 미국에 부흥과 구원의 추수가 있게 해 달라고 기도했어요. 미국이 다시 하나님의 불로 타오르며, 세상에 천국의 빛을 비추게 해 달라고 구했죠. 그는 횃불이 빛나려면 때로는 등불이 꺼져야 한다는 것을… 빛을 발하려면 어둠이 와야만 한다는 사실을 알면서 그렇게 한 것이었어요."

내가 말했다. "이미 많이 늦었어요, 그렇지 않나요?"

선지자가 말했다. "그건… 이 일들뿐만 아니라, 그 너머에 있는 것 때문이에요. 이 땅에서 우리의 날들은 정해져 있습니다. 결국 끝나게 되어 있죠. 그리고 영원이 시작됩니다. 하지만 지금은… 우리의 영원을 결정 짓는 날들이에요. 바로 지금이 우리가 돌이켜 하나님께 나아가 회개하고, 바르게 살며, 속량 받아 구원을 얻을 유일한 날들입니다. 영원은 영원하지만, 이 땅의 날들은 그렇지 않아요. 단 한 번뿐인 인생이지만, 그것이 영원을 결정하죠. 굉장하지 않아요? 이것이 바로 경외의 날들입니다."

선지자는 이어서 말했다.

"우리는 나팔의 날과 각자가 하나님 앞에 서게 될 심판의 날 사이를 살아가고 있어요. 그래서 지금도 나팔 소리가 울려 퍼지며 이렇게 외치고 있죠. '우리에게는 영원한 것이 없다. 이 땅의 날들은 정해져 있고 끝이 있다. 그러니 무엇을 하려거든 지금 하라. 하나님을 의지하려거든, 지금 의지해야 한다. 회개하고 돌아오려면, 지금이다. 용서를 구하려면 지금 구하라. 깨끗해지고 새로워지려면, 지금 그렇게 하라. 삶을 바로잡으려면, 지금 당장 그렇게 하라. 구원 받으려면, 지금 받아야 한다. 창조되고 부르심 받은 대로 살아가려면, 지금 그렇게 하라. 우리는 다시는 이 길을 통과하지 않는다. 그러므로 이 땅에 있는 시간이 바로 경외의 날들이다.'"

바람이 더욱 거세지며 사정없이 우리를 때렸다.

"그러면 이제 나는 어떻게 해야 할까요?"

그러자 선지자는 외투 안에서 양각 나팔을 꺼냈다.

내가 말했다. "쇼파르네요. 지난번에 헤어질 때는 쇼파르에 가득한 기름을 내게 부었죠."

선지자가 대답했다. "오늘은 이번 만남의 마지막 날입니다. 그리고 이게 더 커요."

그는 쇼파르를 내 손에 놓았다.

"파수꾼의 나팔이에요. 누리엘, 이제 당신 것입니다. 우리가 지난번에 헤어졌을 때보다 더 늦었어요. 따라서 지금은 당신이 파수꾼의 소명을 다하는 것이 더욱 시급합니다. 많은 이들이 당신을 반대하고, 미워하고, 외면할 거예요. 하지만 듣는 이들도 있을 겁니다. 당신이 경고하는 나팔 소리에 귀 기울이며 돌아와 구원 받는 이들도 있을 거예요.

그러므로 이 모든 것을 위해 당신은 나팔을 불어야 해요. 그들이 숨쉬는 한, 그들의 심장이 계속 뛰고 있는 한, 주님은 그들을 향해 돌아오라고 외치십니다. 당신은 그들을 위해 나팔을 불어야 해요. 지금이 이 땅에서 보내는 그들의 유일한 날들… 바로 경외의 날들입니다."

그 후 선지자는 내 어깨에 손을 얹고 내 눈을 바라보며 말했다.

"당신은 책임을 다하고 있습니다. 이제 여정을 마치세요. 당신의 부르심을 완수하십시오. 주님이 당신과 함께하실 겁니다."

그 순간 그는 살짝 미소 지으며 고개를 끄덕이더니 눈을 감았다. 그리고 돌아서서 받침대 안으로 들어가 버렸다.

✦✦✦

"다시는 그를 보지 못했어요. 섬을 떠나려는데, 부두에서 나를 기다리는 배를 발견했습니다. 하지만 선지자의 모습은 보이지 않았어요."

"그는 어떻게 섬을 떠났을까요?"

"모르겠어요. 하지만 모든 게 그렇게 되도록 계획된 것 같아요. 처음으로 경고 소리가 울려 퍼진 그 자리에 나를 남겨 두도록 말이에요."

"그렇게 그는 당신에게 두 번째 책임을 주었네요."

"네… 그래서 선지자가 내 손에 쥐여 준 쇼파르를 들어 올려 살펴보았어요. 파수꾼은 사람들이 위험한 상황 가운데 구원 받도록 쇼파르를 불어야 했습니다. 그는 사람들이 깨어났든 계속 자든, 그것에 불안해하든 아니든, 경고에 귀 기울이든 아니든, 반응에 상관없이 소리를 내야 했죠. 내가 무엇을 해야 하는지 알았어요. 경고하고, 경보를 울려야 했습니다."

애나가 말했다. "그래요, 누리엘. 첫 번째 책 이후에 일어난 일들, 선지자가 지금까지 보여 준 것을 계시하는 속편을 출간하여 경고하고 경보를 울려야 해요."

해가 지기 시작하자 바람이 전보다 더 강하게 불기 시작했다. 나는 그곳, 미국의 문이 있는 파수꾼의 자리에 서 있었다.

나는 도시를 향해 나팔을 불었다.

✦✦✦

지금 나팔 소리가 울려 퍼지고 있다.
귀 있는 사람은 들으라.
그 소리를 듣고 돌아와 구원받으라!

주 ───

1. 라자루스(Lazarus), "새로운 거상".

역자 후기

2011년에 출간된 저자의 전작 《징조》(*The Harbinger*)는 9.11 참사를 고대 이스라엘의 심판 역사와 연결 지으며 미국을 향해 회개하고 하나님께 돌아오라고 호소하는 메시지를 소설 형태로 발표한 것이다. 이 책은 미국은 물론 전 세계에 엄청난 반향을 일으키며 베스트셀러가 되었다.

저자인 조나단 칸은 홀로코스트를 겪은 유대인 가정에서 태어났지만, 스무 살에 예수님을 믿고 기독교로 개종한 독특한 배경을 가지고 있다. 그래서 그의 작품에는 전통적인 유대인 가정에서 성장하며 자연스럽게 익힌 토라에 근거한 히브리적 세계관과 해석이 그대로 녹아 있다. 1년을 주기로 매주 정해진 하나님의 말씀의 분량을 읽는 토라포션(Torah Portion)과 9.11 테러를 연결시킨 저자의 인식과 해석, 세계관은 감탄이 절로 나올 정도이다. 뿐만 아니라 미국 주류 사회가 하나님이 허락해 주신 풍요와 평안에 취해 지속적으로 하나님을 떠나 그분의 길에서 돌아서고 있는 것에 대한 안타까운 마음과 외침이 고스란히 담겨 있다.

이번에 번역하게 된 《징조Ⅱ》(*The Harbinger Ⅱ*)는 그 후의 이야기들과 최근 전 세계를 강타한 코로나19(Covid-19)에 대한 영적 해석이 담겨 있다. 소설이라는 형식으로 풀어냈지만, 강렬한 현실과 하나님의 마음과 메시지가 생생하게 담겨 있어 현대판 선지서 번역에 참여하는 기분이 들 정도였다.

저자는 사람이 세상의 역사를 주도하는 것처럼 보이지만, 그 이면에는 인류 구원의 역사를 이루어 가시는 하나님 나라의 세계 경영이 있음을 다시 한번 확인시켜 준다. 그리고 마지막에 유월절 어린양이신 예수님을 증거하며 하나님의 마음을 강조한다. 전 세계를 강타한 코로나 팬데믹 상황이 오히려 복음을 증거하는 선교의 현장이 될 수 있는 치열한 격전지임을 고백하게 되는 귀한 작품이다.

번역할 기회를 주신 하나님께 감사드린다.

역자 이재진

THE HARBINGER II